Anna Katharina Busch

Ist die strafwürdige Beeinflussung und Beeinflussbarkeit von Bundestagsabgeordneten durch § 108e StGB hinreichend geregelt?

Schriften zum Straf-, Strafprozess- und Strafvollzugsrecht

Band 10

LIT

Anna Katharina Busch

Ist die strafwürdige Beeinflussung und Beeinflussbarkeit von Bundestagsabgeordneten durch § 108e StGB hinreichend geregelt?

Eine die Möglichkeiten des akzessorischen Strafrechts berücksichtigende Untersuchung

LIT

Gedruckt auf alterungsbeständigem Werkdruckpapier entsprechend
ANSI Z3948 DIN ISO 9706

Bibliografische Information der Deutschen Nationalbibliothek
Die Deutsche Nationalbibliothek verzeichnet diese Publikation in der
Deutschen Nationalbibliografie; detaillierte bibliografische Daten sind
im Internet über http://dnb.d-nb.de abrufbar.

ISBN 978-3-643-13677-0
Zugl.: Hamburg, Bucerius Law School, Diss., 2016

© LIT VERLAG Dr. W. Hopf Berlin 2017
Verlagskontakt:
Fresnostr. 2 D-48159 Münster
Tel. +49 (0) 2 51-62 03 20
E-Mail: lit@lit-verlag.de http://www.lit-verlag.de
Auslieferung:
Deutschland: LIT Verlag Fresnostr. 2, D-48159 Münster
Tel. +49 (0) 2 51-620 32 22, E-Mail: vertrieb@lit-verlag.de
E-Books sind erhältlich unter www.litwebshop.de

Vorwort

Diese Arbeit wurde im Sommertrimester 2016 von der Bucerius Law School – Hochschule für Rechtswissenschaft – als Dissertation angenommen. Die mündliche Prüfung fand am 16. November 2016 statt. Literatur und Rechtsprechung wurden bis November 2016 berücksichtigt.

Dank gilt zunächst meinem verstorbenen Doktorvater Herrn Prof. Dr. Erich Samson, ohne den diese Arbeit nicht entstanden wäre. Ferner möchte ich Herrn Prof. Dr. Karsten Gaede für die Übernahme der Betreuung meiner Arbeit, die hilfreichen Anregungen und die zügige Erstellung des Erstgutachtens danken. Herrn Prof. Dr. Thomas Rönnau danke ich für die Übernahme des Zweitgutachtens.

Meinen Eltern danke ich für ihre Unterstützung während meiner gesamten Ausbildung. Ihnen ist diese Arbeit gewidmet.

München, im Januar 2016   Anna Busch

Inhaltsverzeichnis

Einleitung 1
Problemaufriss 2
Gang der Untersuchung und Forschungsziel 3

1. Teil: Vor der Novellierung des § 108e StGB a.F. 5
A. Regelungen bis zum Erlass von § 108e StGB a.F. 5
B. Reformbedürftigkeit des § 108e StGB a.F. 6
    I. Tatbestand des § 108e StGB a.F. 7
    II. Reformbedarf einzelner Tatbestandsmerkmale des § 108e StGB a.F. 10
        1. Wahlen und Abstimmungen in einer Volksvertretung des Bundes 10
        2. Konkrete Unrechtsvereinbarung 11
        3. Immaterielle Zuwendungen und Drittzuwendungen 13
        4. Bestimmung des strafbaren Stimmverhaltens 14
    III. Reformbedarf aus Sicht des Bundesgerichtshofs 14
    IV. Reformbedarf aufgrund internationaler Abkommen 16
        1. Europäische Union 16
        2. Organisation für wirtschaftliche Zusammenarbeit 17
        3. Europarat 18
        4. Vereinte Nationen 20
C. Ergebnis 21

2. Teil: Der neue § 108e StGB 23
A. Regelungszweck des § 108e StGB 23
B. Tatbestand des § 108e StGB 24
    I. Mitglied einer Volksvertretung 26
        1. Verhältnis von § 108e StGB zu Art. 2 § 2 IntBestG 28
        2. Keine Erfassung von Mandatsbewerbern 31
    II. Ungerechtfertigter Vorteil für sich oder einen Dritten 33
        1. Vorteilsbegriff 34
            a) Immaterielle Vorteile 35

b) Drittvorteile 35
2. Bestimmung des „ungerechtfertigten" Vorteils 36
   a) Rechtliche Einordnung der Ausklammerung in Absatz 4 37
      aa) Ausklammerung durch das Strafgesetzbuch selbst 37
      bb) Ausklammerung durch Vorschriften außerhalb des
          Strafgesetzbuchs 37
         (1) Ausklammerung durch akzessorisches Strafrecht 38
         (2) Teilblankett oder normatives Tatbestandsmerkmal? 39
            (a) Abgrenzung unter Zuhilfenahme der gängigsten Kriterien 39
            (b) Einordnung von Absatz 4 Satz 1 als normative Verweisung 42
            (c) Einordnung von Absatz 4 Satz 2 Nummer 2 als
                Teilblankettverweisung 44
            (d) Zwischenergebnis 45
   b) Inhalt der Ausklammerung in Absatz 4 45
      aa) Im Einklang mit den für die Rechtsstellung des Mitglieds
          maßgeblichen Vorschriften 46
         (1) Die für die Rechtsstellung des Mitglieds maßgeblichen
             Vorschriften 46
         (2) Im Einklang mit den maßgeblichen Vorschriften 48
            (a) Einkünfte aus Nebentätigkeiten 51
               (aa) Grundregel gemäß § 44a Abs. 2 S. 1 AbgG 51
               (bb) Verbot von Interessentenzahlungen,
                    § 44a Abs. 2 S. 2 AbgG 52
               (cc) Verbot arbeitsloser Einkommen, § 44a Abs. 2 S. 3 AbgG 53
               (dd) Zusammenspiel der Sätze 1 bis 3 55
            (b) Spenden 56
            (c) Sonstige geldwerte Zuwendungen 59
            (d) Private Zuwendungen 63
         (3) Im Einklang nach Auslegung der maßgeblichen Vorschriften 64
      bb) Sonstige nicht ungerechtfertigte Vorteile („insbesondere") 65
         (1) Inhalt 65

Inhaltsverzeichnis IX

  (2) Erforderlichkeit 68
  cc) Politisches Mandat oder politische Funktion 68
  dd) Eine nach dem Parteiengesetz oder entsprechenden Gesetzen
    zulässige Spende 69
 c) Bedeutung von „ungerechtfertigt" über Absatz 4 hinaus 70
  aa) Nicht durch Absatz 4 ausklammerte Vorteile 70
  bb) Prüfung der nicht durch Absatz 4 ausklammerten Vorteile 71
   (1) Eigenständige Prüfung des Begriffs „ungerechtfertigt" 71
   (2) Alle nicht durch Absatz 4 ausgeklammerten Vorteile sind
     „ungerechtfertigt" 73
 d) Verfassungsrechtliche Bestimmtheit des Absatz 4 74
  aa) Art. 103 Abs. 2 GG als Maßstab 75
   (1) Bestimmtheit der „anerkannten parlamentarischen
     Gepflogenheiten" 76
   (2) Weitere Bedenken im Zusammenhang mit der mangelnden
     Bestimmtheit 79
  bb) Art. 20 Abs. 3 GG als Maßstab 80
   (1) Spendenannahmeverbot 82
   (2) Interessentenzahlungsverbot 82
   (3) Verbot arbeitsloser Einkommen 84
   (4) Zwischenergebnis 84
  cc) Ergebnis 85
 3. Zusammenfassung 85
III. Als Gegenleistung für eine Handlung im Auftrag oder auf Weisung 86
 1. Begriff der Unrechtsvereinbarung 86
 2. Inhalt und Form der qualifizierten Unrechtsvereinbarung 87
 3. Feststellung der qualifizierten Unrechtsvereinbarung 90
 4. Erforderlichkeit einer qualifizierten Unrechtsvereinbarung 92
  a) Vorgaben internationaler Übereinkommen 93
  b) Straflosigkeit unspezifischer Zuwendungen als Folge 93

c) Nachweisbarkeit 96
   d) Zwischenergebnis 97
   IV. Fordern, Versprechen-Lassen, Annehmen und Anbieten, Versprechen, Gewähren 97
   V. Bei der Wahrnehmung seines Mandats 99
      1. Erweiterung des Anwendungsbereichs im Vergleich zu § 108e StGB a.F. 100
      2. Beschränkung auf Handlungen innerhalb der parlamentarischen Zuständigkeit 100
      3. Erforderlichkeit der Beschränkung 101
   VI. Eine Handlung vornehmen oder unterlassen 103
      1. Ausklammerung nachträglicher Vorteile 104
      2. Unbeachtlichkeit der tatsächlichen Vornahme oder Unterlassung der Handlung 105
   VII. Im Auftrag oder auf Weisung 106
      1. Keine Konkretisierung der Art der Interessenübermittlung 107
      2. Anknüpfung an die inneren Einstellung des Abgeordneten 108
         a) Prozessuale Nachweisbarkeit von „im Auftrag oder auf Weisung" .. 109
            aa) Keine eigenständige Bedeutung von „im Auftrag oder auf Weisung" 110
            bb) Eigenständige Bedeutung von „im Auftrag oder auf Weisung" ... 111
         b) Erforderlichkeit von „im Auftrag oder auf Weisung" unter Schutzzweckgesichtspunkten 111
      3. Gesamtwürdigung und Zwischenergebnis 113
   VIII. Vorsatz und Irrtümer 114
C. Versuch 114
D. Vollendung und Beendigung 116
E. Täterschaft und Teilnahme 118
F. Strafe und Nebenfolgen 120
G. Sonderzuständigkeit der Oberlandesgerichte 121
H. Immunität 122

Inhaltsverzeichnis XI

I. Ergebnis 123
3. Teil: Möglichkeiten einer alternativen Ausgestaltung des § 108e StGB 127
A. Notwendigkeit einer strafrechtlichen Regelung 127
B. Gleichstellung von Abgeordneten und Amtsträgern 129
C. Ausgestaltung durch einen Sondertatbestand 131
   I. Beschränkung durch ein gesamttatbewertendes Tatbestandsmerkmal . 133
      1. Bündnis 90/Die Grünen 133
      2. Die Linke 134
      3. Ergebnis 135
   II. Beschränkung durch konkrete Auflistung von Vorteilen 136
   III. Beschränkung durch Blankettgesetze 138
      1. Arten von Blankettgesetzen 139
      2. Zweck von Blankettgesetzen 140
      3. Ausgestaltung des § 108e StGB als Blankettgesetz 141
         a) Inhaltliche Bedenken 142
            aa) Ausfüllung eines reinen Blankettgesetzes durch Annahmeverbote 142
            bb) Ausfüllung eines reinen Blankettgesetzes durch Anzeigepflichten 143
            cc) Ausfüllung eines Teilblanketts durch Annahmeverbote 144
            dd) Ausfüllung eines Teilblanketts durch Anzeigepflichten 147
            ee) Zwischenergebnis 148
         b) Verfassungsrechtliche Bedenken (Art. 103 Abs. 2 und Art. 104 Abs. 1 S. 1 GG) 149
            aa) Dynamische Verweisungen 150
               (1) Verweis auf die Annahmeverbote 152
                  (a) Bestimmtheit des Wortlauts 152
                  (b) Vorhersehbarkeit hinsichtlich Auffindbarkeit und Fachkompetenz 153
                  (c) Vorhersehbarkeit hinsichtlich Änderungshäufigkeit der Ausfüllungsnormen 156

(d) Gesamtbetrachtung 157
(2) Verweis auf die Verhaltensregeln 159
    (a) Bestimmtheit des Wortlauts 159
    (b) Vorhersehbarkeit hinsichtlich Auffindbarkeit und
        Fachkompetenz 159
    (c) Änderungshäufigkeit, Gesetzesvorbehalt und
        Wesentlichkeitsgebot 160
    (d) Gesamtbetrachtung 161
bb) Statische Verweisung 163
    (1) Bestimmtheit des Wortlauts 164
    (2) Vorhersehbarkeit hinsichtlich Auffindbarkeit und
        Fachkompetenz 164
    (3) Änderungshäufigkeit, Gesetzesvorbehalt und
        Wesentlichkeitstheorie 165
    (4) Gesamtwürdigung 166
c) Exkurs: Problem der Ausfüllung bei Erfassung verschiedener
    Mandatsträger 167
d) Ergebnis 169
IV. Beschränkung durch ein normatives Tatbestandsmerkmal 171
    1. Denkbare Ausgestaltungsmöglichkeiten 172
        a) „ungerechtfertigt" als normatives Tatbestandsmerkmal 172
        b) Normative Ausklammerung durch außerstrafrechtliche
            Vorschriften 174
        c) Ausklammerung durch „anerkannte Gepflogenheiten" 175
    2. Ergebnis 176
V. Vereinbarkeit mit internationalen Abkommen 177
VI. Ergebnis 178
D. Ergänzung durch außerstrafrechtliche Regelungen 180
    I. Verhaltensregeln und §§ 44a, 44b AbgG 181
    II. Lobbyistenregister 183
    III. Ergebnis 184

4. Teil: Änderungsvorschlag und Ausblick ... 187
A. Zusammenfassung der Änderungsempfehlungen ... 187
  I. Beschränkung des Vorteilsbegriffs ... 187
  II. Beschränkung der Handlung ... 189
  III. Erweiterung um Mandatsbewerber ... 189
B. § 108e StGB-E ... 190
C. Abschließende Bewertung und Ausblick ... 191

Literaturverzeichnis ... **193**

Einleitung

Korruption ist ein nahezu ubiquitäres Phänomen, welches Staat, Wirtschaft und Gesellschaft bedroht. Nachdem Korruption lange Zeit vornehmlich als Problem von Schwellen- und Entwicklungsländern begriffen wurde, hat sich inzwischen die Erkenntnis durchgesetzt, dass auch viele Industriestaaten in nicht unerheblichem Ausmaß von Korruption betroffen sind. Neben wirtschaftlichen Einbußen[1] verursacht Korruption vor allem gravierende immaterielle Schäden. Dies gilt in besonderem Maße für den Bereich der Politik.

Korruptes Verhalten von Abgeordneten führt nicht nur zu Akzeptanz- und Vertrauensverlusten der Bevölkerung in das politische System, sondern gefährdet den Bestand unserer parlamentarischen Demokratie insgesamt. Abgeordnete sind Vertreter des ganzen Volkes. Durch Wahlen entscheidet der Bürger darüber, welcher Kandidat ihn vertreten soll. Grundlage für die Wahlentscheidung des Bürgers ist dabei regelmäßig die politische Ausrichtung des jeweiligen Kandidaten. Dabei kann ausschlaggebend sein, dass der betreffende Kandidat sich für Themen einsetzen will, die den Wähler persönlich betreffen, dass der Wähler die politischen Ansichten einem bestimmten Kandidaten ganz generell teilt oder dass es mit diesem politisch mehr übereinstimmt als mit allen anderen Kandidaten. Nach erfolgter Wahl ist es die Aufgabe des Abgeordneten, seine politischen Interessen und Absichten, aufgrund derer er schließlich gewählt wurde, im Parlament voranzutreiben und durchzusetzen. Selbstverständlich muss er dabei Zugeständnisse machen und Kompromisse eingehen. Auch ist denkbar, dass sich die innere Überzeugung eines Abgeordneten im Laufe der Zeit ändert und er seine Politik entsprechend angleicht.

Hiervon strikt abzugrenzen ist jedoch der Fall, in dem der Abgeordnete sich nur deswegen für etwas einsetzt, weil er im Gegenzug irgendeinen

---

[1] Laut Bundeslagebild Korruption wurde für das Jahr 2014 ein monetärer Schaden von rund 358 Millionen Euro gemeldet, wobei zu beachten ist, dass die Zahl aufgrund der schwierigen Messbarkeit von finanziellen Schäden durch Korruptionsdelikte nur einen ganz groben Anhaltspunkt liefern kann, https://www.bka.de/SharedDocs/Downloads/DE/Publikationen/JahresberichteUndLagebilder/Korruption/korruptionBundeslagebild2014.html?nn=28078 (Stand: 30.11.2016).

persönlichen Vorteil erhält oder erhalten soll. In diesem Fall missbraucht der Abgeordnete sein politisches Mandat und übt dieses nicht mehr unabhängig aus. Er wird weder seiner Funktion als Volksvertreter gerecht, noch handelt er ausschließlich an seinem Gewissen orientiert. Statt die Interessen der Gesamtheit seiner Wähler zu vertreten, setzt sich der Abgeordnete verstärkt für die Interessen einzelner Personen oder Gruppierungen ein, welche seinen Einsatz im Gegenzug belohnen.

Dies steht im Widerspruch zu dem aus der Verfassung abgeleiteten Prinzip der demokratischen Gleichheit, wonach jeder Bürger die gleiche Möglichkeit erhalten soll, auf die Legislative Einfluss zu nehmen.[2] Gleichzeitig gefährdet korruptes Verhalten die Integrität parlamentarischer Prozesse, die demokratische Legitimation und die Sachbezogenheit parlamentarischer Entscheidungen[3] – alles wesentliche Elemente der parlamentarischen Demokratie. Korruption und Willensbindung bei Abgeordneten treffen somit einen zentralen Nerv des demokratischen Systems.

Problemaufriss

Nachdem Bestechung und Bestechlichkeit von Abgeordneten jahrzehntelang überhaupt nicht mit Strafe bedroht war, hat der Gesetzgeber 1994 mit § 108e StGB a.F. den Straftatbestand der „Abgeordnetenbestechung" geschaffen. Vom Tag ihres Inkrafttretens an war die Norm Gegenstand vielseitiger Kritik. Bemängelt wurden vor allem die zu restriktive Tatbestandsfassung und die daraus resultierende praktische Bedeutungslosigkeit der Norm. Im Jahre 2006 stellte schließlich auch der Bundesgerichtshof gesetzgeberischen Handlungsbedarf fest. Hinzu kam, dass Deutschland ab Mitte der Neunziger Jahre mehrere völkerrechtliche Verträge unterzeichnete, welche teilweise Änderungen in Bezug auf die Abgeordnetenbestechung erforderlich machten. Insbesondere das Übereinkommen der Vereinten Nationen gegen Korruption konnte elf Jahre lang nicht ratifiziert werden, weil § 108e StGB a.F. dessen Anforderungen nicht erfüllte. Das Strafrechtsübereinkommen des Europarates aus dem Jahre 1997 hat Deutschland bis heute nicht ratifiziert.

---

[2] So auch BT-Drucks. 12/1630, S. 4 und 12/5927, S. 4 zu § 108e StGB a.F.
[3] Siehe BT-Drucks. 18/476, S. 6.

Einer der Hauptgründe für die lange Untätigkeit des Gesetzgebers ist zweifellos die Schwierigkeit, einen Tatbestand zu formulieren, dem die eindeutige Abgrenzung zwischen noch zulässiger Einflussnahme und bereits strafwürdiger Manipulation gelingt. Probleme bereitet dabei vor allem, dass bestimmte Vorteilszuwendungen an Abgeordnete, zum Beispiel in Form von Spenden oder Einkünften aus Nebentätigkeiten, nicht nur zulässig, sondern sogar verfassungsrechtlich erwünscht sind. Gleichzeitig gehört auch der Versuch, Abgeordnete zu beeinflussen, sie etwa von der Notwendigkeit eines bestimmten Gesetzesvorhabens zu überzeugen, zum alltäglichen politischen Geschäft.

Andererseits sind Bundestagsabgeordnete bei der Ausübung ihres Mandats gemäß Art. 38 Abs. 1 S. 2 GG ausschließlich ihrem Gewissen unterworfen. Ihre Handlungsentscheidungen sollen Ausdruck ihrer inneren Überzeugung und nicht durch die Aussicht auf wirtschaftliche Vorteile veranlasst sein. Diese Gegebenheiten gilt es bei der Tatbestandsfassung mit dem verfassungsrechtlichen Bestimmtheitsgebot aus Art. 103 Abs. 2 GG in Einklang zu bringen gebracht werden. Neben dem Problem einer randscharfen Abgrenzung bereitet auch die Regelungsweite Schwierigkeiten. Die Norm darf nicht so weit gefasst sein, dass sie zulässiges Verhalten kriminalisiert. Aus Angst vor einem Strafverfahren würde die politische Arbeit der Abgeordneten hierdurch sonst möglicherweise gelähmt. Demgegenüber birgt eine zu enge Fassung das Risiko, strafwürdiges Verhalten nicht hinreichend zu erfassen und insofern keinen effektiven Schutz vor Abgeordnetenkorruption zu bieten.

Gang der Untersuchung und Forschungsziel

Mit dem neuen § 108e StGB, welcher am 1. September 2014 in Kraft getreten ist, versucht der Gesetzgeber die teils gegensätzlichen Anliegen in Bezug auf die Strafnorm in einen angemessenen Ausgleich zu bringen. Gleichzeitig sollen einige Lücken der Vorgängernorm geschlossen, der Ermahnung durch den Bundesgerichtshof Folge geleistet und die internationalen Vorgaben umgesetzt werden. Ob dem Gesetzgeber dies mit der Novellierung des § 108e StGB gelungen ist, soll in dieser Arbeit untersucht werden.

Hierzu wird im ersten Teil der Untersuchung zunächst die Vorgängerfassung von § 108e StGB in den Blick genommen. Nach einer kurzen Darstellung des Tatbestandes werden die wesentlichen Gründe für die Reformbedürftigkeit von § 108e StGB a.f. erläutert und herausgearbeitet, inwieweit die Norm den Anforderungen der von Deutschland unterzeichneten internationalen Abkommen genügte.

Im zweiten Teil der Arbeit folgt eine ausführliche Darstellung und Bewertung von § 108e StGB in seiner aktuellen Fassung. Dabei fließt in die Untersuchung der einzelnen Tatbestandsmerkmale auch mit ein, inwieweit die Neufassung die Vorgaben internationaler Abkommen erfüllt. Des Weiteren wird aufgezeigt, inwiefern dem Gesetzgeber die Novellierung – auch im Vergleich zu § 108e StGB a.f. – gelungen ist und welche Schwachstellen sie aufweist. Im Mittelpunkt stehen dabei das Tatbestandsmerkmal des ungerechtfertigten Vorteils, das Erfordernis einer qualifizierten Unrechtsvereinbarung sowie das Tatbestandsmerkmal „im Auftrag oder auf Weisung. Abschließend folgen eine kurze Zusammenfassung der wesentlichen Erkenntnisse und eine Darlegung der an diese Erkenntnisse anknüpfenden Änderungsempfehlungen.

Der dritte Teil greift eines der zentralen, zuvor in der Arbeit festgestellten Probleme des § 108e StGB auf: die Notwendigkeit einer Beschränkung des Tatbestandes, um den Besonderheiten des Abgeordnetenmandats hinreichend Rechnung zu tragen. Den Schwerpunkt der dargestellten Alternativen einer Tatbestandsbeschränkung bilden dabei die vielfältigen Möglichkeiten einer akzessorischen Ausgestaltung unter Bezugnahme auf das Abgeordnetenrecht. Zudem wird kurz dargestellt, inwieweit parlamentsrechtliche Regelungen die prozessuale Nachweisbarkeit der qualifizierten Unrechtsvereinbarung erleichtern und auch darüber hinaus einen Beitrag bei der Korruptionsbekämpfung im Bereich der Politik leisten können.

Der vierte und letzte Teil der Arbeit fasst die Ergebnisse und Änderungsempfehlungen der vorangegangenen Teile zusammen und präsentiert einen konkreten Änderungsvorschlag zur Neufassung des § 108e StGB. Schließlich folgt ein kurzer Ausblick, in dem auf mögliche Lösungsansätze außerhalb des Strafrechts verwiesen wird.

1. Teil: Vor der Novellierung des § 108e StGB a.F.

Das deutsche Strafgesetzbuch enthält sowohl in seinem allgemeinen als auch in seinem besonderen Teil die Mitglieder des Deutschen Bundestages betreffende Regelungen. Von den Vorschriften des allgemeinen Teils ist § 45 StGB hervorzuheben, welcher als Nebenstrafen bestimmte Statusfolgen für Abgeordnete vorsieht. Straftatbestände finden sich hingegen nur im besonderen Teil des Strafgesetzbuchs, das in § 108b StGB die Wählerbestechung und in § 108e StGB die Bestechlichkeit und Bestechung von Mandatsträgern regelt.

Mit § 108b StGB stellt der Gesetzgeber die Bestechung und Bestechlichkeit von Wählern bei Wahlen zu einer der in § 108d StGB genannten Volksvertretungen unter Strafe. Auf diese Weise soll die Sachlichkeit der Stimmenabgabe des wahlberechtigten Bürgers bei den in § 108b StGB genannten Wahlen geschützt werden.[4] In Abgrenzung hierzu stellt § 108e StGB die Bestechlichkeit und Bestechung gewählter Mandatsträger unter Strafe. Zur Beantwortung der Frage, ob das Strafgesetzbuch die strafwürdige Beeinflussung und Beeinflussbarkeit von Bundestagsabgeordneten hinreichend regelt, ist somit allein die Vorschrift des § 108e StGB maßgeblich.

A. Regelungen bis zum Erlass von § 108e StGB a.F.

Vor mehr als 160 Jahren wurden die ersten strafrechtlichen Regelungen über die Käuflichkeit von Abgeordneten eingeführt. So stellte bereits Artikel 86 des preußischen Strafgesetzbuches von 1851[5] das Kaufen und Verkaufen einer Wahlstimme unter Strafe. Auch das Reichsstrafgesetzbuch

---

[4] *Fischer*, § 108b Rn. 1.
[5] § 86 [Stimmenkauf] PrStGB lautet:
„Wer eine Wahlstimme kauft oder verkauft, wird mit Gefängniß von drei Monaten bis zu zwei Jahren bestraft; auch kann gegen denselben auf zeitige Untersagung der Ausübung der bürgerlichen Ehrenrechte erkannt werden."

von 1871 bedrohte den Stimmenkauf in § 109 RStGB[6] mit Strafe, wobei über die Weite des Tatbestands lange Zeit Uneinigkeit herrschte. Während teilweise die Ansicht vertreten wurde, dass sich das Merkmal „Wahlstimme" nur auf die Wahl von Personen beziehe,[7] erfasste § 109 RStGB nach anderer Auffassung auch Abstimmungen über Sachfragen und damit die eigentliche Abgeordnetenbestechung.[8] Die Bemühungen um eine Beseitigung dieser sowie weiterer Kontroversen im Zusammenhang mit § 109 RStGB waren zunächst verhalten.[9] Erst nach dem Ende des Zweiten Weltkrieges wurde erneut diskutiert. Anstelle einer Überarbeitung des bis zu diesem Zeitpunkt mehrdeutigen § 109 StGB a.F.[10] stellte der Gesetzgeber die Abgeordnetenbestechung durch das dritte Strafrechtsänderungsgesetz vom 4. August 1953[11] gänzlich straflos. Bei dieser viel kritisierten Rechtslage blieb es trotz zahlreicher Initiativen bis zum achtundzwanzigsten Strafrechtsänderungsgesetz vom 13. Januar 1994,[12] das die Abgeordnetenbestechung in Form des § 108e StGB a.F. in das Strafgesetzbuch einfügte.[13]

B. Reformbedürftigkeit des § 108e StGB a.F.

Nach § 108e StGB a.F. wurde derjenige, der „es unternimmt, für eine Wahl oder Abstimmung im Europäischen Parlament oder in einer Volksvertretung des Bundes, der Länder, Gemeinden oder Gemeindeverbände eine Stimme zu kaufen oder zu verkaufen, [...] mit Freiheitsstrafe bis zu fünf Jahren oder mit Geldstrafe bestraft".

---

[6] § 109 RStGB lautet:
„Wer in öffentlichen Angelegenheiten eine Wahlstimme kauft oder verkauft, wird mit Gefängnis von einem Monat bis zu zwei Jahren bestraft; auch kann auf Verlust der bürgerlichen Ehrenrechte erkannt werden."
[7] Siehe etwa *Binding*, S. 825; ferner *Frank*, § 109 RStGB, Anm. I.
[8] Hierzu RGSt 62, 6 f.; LK-*Jagusch*, 1944, § 109 RStGB Anm. 1; LK-*Willms*, 1988, Vor § 105 Rn. 4.
[9] Vgl. *Möhrenschlager*, in: FS Weber, S. 217 (218 f.).
[10] Mit der Gründung der Bundesrepublik Deutschland wurde das RStGB zum StGB.
[11] BGBl. I, 1953, S. 735.
[12] BGBl. I, 1994, S. 84.
[13] Einen Überblick gibt *Schaller*, S. 12 ff.

B. Reformbedürftigkeit des § 108e StGB a.F.

I. Tatbestand des § 108e StGB a.F.

Der Tatbestand des § 108e StGB a.F. war schon seinem Wortlaut nach nicht auf personenbezogene Entscheidungen in Form von Wahlen begrenzt, sondern bezog mit dem Merkmal Abstimmungen auch Sach- und Verfahrensentscheidungen jeder Art in den Anwendungsbereich ein.[14] Erfasst wurden Wahlen und Abstimmungen in den Volksvertretungen des Bundes, der Länder, der Gemeinden und Gemeindeverbände sowie dem Europaparlament.

Uneinigkeit bestand über die Reichweite des Tatbestandsmerkmals „Volksvertretung". Dabei ging es um die Frage, ob neben Wahlen und Abstimmungen der jeweiligen Volksvertretung als ganzer, das heißt des Plenums, auch Entscheidungen von bloßen Teileinheiten dem Tatbestand des § 108e StGB a.F. unterfallen. Während vereinzelt die Ansicht vertreten wurde, dass der Tatbestand auf Wahlen und Abstimmungen im Plenum begrenzt sei,[15] erstreckte sich der Tatbestand einer weiteren Auffassung zufolge auch auf Wahlen und Abstimmungen in den Ausschüssen, Kommissionen und Fraktionen.[16] Unter Verweis auf den eindeutigen Wortlaut der Gesetzesbegründung wollte die Mehrheit der Autoren § 108e StGB a.F. auf Entscheidungen im Plenum und in den Ausschüssen, Kommissionen und dergleichen beschränken, die Einflussnahme auf Tätigkeiten in den Fraktionen dagegen aus dem Bereich der Strafbarkeit ausklammern.[17]

Anlass weiterer Meinungsverschiedenheiten waren Umfang und Auslegung der Tathandlung. Tathandlung des § 108e StGB a.F. war das Kaufen

---

[14] Schönke/Schröder-*Eser*, § 108e Rn. 3.
[15] So *Wiehen*, in: v. Alemann (Hrsg.), Dimensionen politischer Korruption, S. 397 (411); siehe auch *Schaupensteiner*, Kriminalistik 1997, 514 (523); ferner *Becker*, S. 35.
[16] *Fischer*, 2014, § 108e Rn. 3; siehe auch *Dölling*, Gutachten DJT, C 83, der eine solche Tatbestandserweiterung forderte.
[17] Schönke/Schröder-*Eser*, § 108e Rn. 4; Lackner/Kühl, § 108e Rn. 2; SK-*Rudolphi*, 2001, § 108e Rn. 9; LK-*Bauer/Gmel*, § 108e Rn. 9; MüKo-*Müller*, § 108e Rn. 13; BT-Drucks. 12/1630, S. 6 und 12/5927, S. 6.

beziehungsweise Verkaufen einer Stimme. Damit wurde eine konkrete Unrechtsvereinbarung gefordert.[18] Das Vorliegen einer solchen Unrechtsvereinbarung wurde bejaht, wenn die Gewährung einer materiellen Zuwendung zu dem Zweck erfolgte, den Abgeordneten im Sinne eines finalen Kausalzusammenhangs zu einem bestimmten Stimmverhalten zu veranlassen.[19] Zwischen dem gewährten Vorteil und dem konkret angestrebten Stimmverhalten musste die gleiche synallagmatische Verknüpfung bestehen, die im Kaufrecht das Verhältnis von Leistung und Gegenleistung kennzeichnet.[20] Keine hinreichende Absprache über ein unsachliches Stimmverhalten wurde im bloßen Erkaufen von allgemeinem Wohlverhalten oder genereller Aufgeschlossenheit und Kooperationsbereitschaft hinsichtlich der Anliegen des Zuwendenden gesehen.[21] Mangels hinreichenden Bezugs zu einer bestimmten Stimmabgabe fielen derartige Zuwendungen zur „Pflege der politischen Landschaft" aus dem Bereich der Strafbarkeit heraus.[22] Auch langjährige, beständige Verbindungen zwischen Abgeordneten und Lobbyisten, aufgrund derer der Abgeordnete gar nicht mehr frei gegen die Interessen des Dritten stimmen kann, unterfielen mangels konkreter Unrechtsvereinbarung nicht dem Tatbestand der Abgeordnetenbestechung.[23]

Neben der konkreten Stimmabgabe wurde auch die Stimmenthaltung vom Tatbestand erfasst.[24] Die normativen Tatbestandsmerkmale Stimmenkauf und Stimmenverkauf sollten nach dem Willen des Gesetzgebers nicht durch die Heranziehung von zivilrechtlichen Regelungen näher bestimmt, sondern im Sinne des allgemeinen Sprachgebrauchs bildlich verstanden werden.[25] Erfasst werden sollte jenes Stimmverhalten, durch das die

---

[18] Siehe SK-*Rudolphi*, 2001, § 108e Rn. 11.
[19] Schönke/Schröder-*Eser*, § 108e Rn. 9; MüKo-*Müller*, § 108e Rn. 20; LK-*Bauer/Gmel*, § 108e Rn. 12.
[20] Siehe *Geilen*, in: Ulsamer (Hrsg.), Lexikon, S. 1117.
[21] Siehe *Geilen*, in: Ulsamer (Hrsg.), Lexikon, S. 1117 f.; SK-*Rudolphi*, 2001, § 108e Rn. 12.
[22] SK-*Rudolphi*, 2001, § 108e Rn. 3.
[23] *Barton*, NJW 1994, 1098 (1099); *van Aaken*, ZaöRV 65 (2005), 407 (427).
[24] So RGSt 48, 70 zu § 109 StGB a.F.
[25] BT-Drucks. 12/1630, S. 7 und 12/5927, S. 7.

B. Reformbedürftigkeit des § 108e StGB a.F. 9

Stimme des Abgeordneten „zur Ware erniedrigt wird", nicht hingegen sozial übliche und politisch adäquate Verhaltensweisen.[26] Zur eindeutigen Bestimmung des strafrechtlich relevanten Verhaltens musste eine sorgfältige Abwägung aller Umstände des Einzelfalls vorgenommen werden, wobei insbesondere die Art und Höhe der geldwerten Zuwendung, der zeitliche Zusammenhang und das Verhältnis zwischen Leistung und Gegenleistung sowie parlamentarische Gepflogenheiten Berücksichtigung finden sollten.[27]

Wie die Leistung an den Abgeordneten im Einzelnen beschaffen sein musste und ob auch immaterielle Vorteile und Drittzuwendungen erfasst wurden war dem Wortlaut des § 108e StGB a.F. indes nicht eindeutig zu entnehmen und dementsprechend umstritten. Die Annahme einer Strafbarkeit nach § 108e StGB a.F. aufgrund der Zuwendung rein immaterieller Vorteile lehnte der Großteil des Schrifttums ab.[28] Gestützt wurde diese Ansicht vor allem auf die vom Gesetzgeber gewählte restriktive Formulierung „Kaufen" beziehungsweise „Verkaufen" anstelle der im Rahmen der §§ 331 ff. StGB verwendeten Formulierung „Vorteil erlangen", welche unstreitig auch immaterielle Vorteile erfasst.[29] In Bezug auf Drittzuwendungen sprachen sich einige Autoren für deren Erfassung aus und verwiesen dabei auf die Bestechungstatbestände der §§ 331 ff. StGB, deren Wortlaut Drittvorteile seit dem Inkrafttreten des Korruptionsbekämpfungsgesetzes vom 13. August 1997[30] ausdrücklich einbeziehen.[31] Die Gegenansicht hielt dem entgegen, dass § 108e StGB a.F. noch an die §§ 331 ff. StGB a.F. angelehnt gewesen und die Neufassung der Bestechungsdelikte in § 108e StGB a.F. gerade nicht nachvollzogen worden sei.[32]

---

[26] BT-Drucks. 12/1630, S. 7 und 12/5927, S. 7.
[27] Schönke/Schröder-*Eser*, § 108e Rn. 8; LK-*Bauer/Gmel*, § 108e Rn. 10.
[28] *Fischer*, 2014, § 108e Rn. 4; Schönke/Schröder-*Eser*, § 108e Rn. 8; LK-*Bauer/Gmel*, § 108e Rn. 10; kritisch MüKo-*Müller*, § 108e Rn. 17.
[29] Siehe hierzu MüKo-*Müller*, § 108e Rn. 17 m.w.N. und MüKo-*Korte*, § 331 Rn. 64.
[30] BGBl. I, 1997, S. 2038.
[31] LK-*Bauer/Gmel*, § 108e Rn. 11.
[32] So MüKo-*Müller*, § 108e Rn. 17.

Der Tatbestand des § 108e StGB a.F. erfasste nur künftiges Stimmverhalten.[33] Sogenannte nachträgliche Zuwendungen, die als Ausdruck des Dankes für ein vorangegangenes Stimmverhalten gewährt werden, waren straflos.[34]

II. Reformbedarf einzelner Tatbestandsmerkmale des § 108e StGB a.F.

Seit seinem Inkrafttreten war der Straftatbestand des § 108e StGB a.F. Gegenstand vielseitiger Kritik. Beanstandet wurde vor allem die restriktive Tatbestandsfassung der Norm, welche nach Ansicht vieler Autoren die Fälle strafwürdiger Korruption nicht hinreichend erfasste, unschwer zu umgehen war und den internationalen Vorgaben nicht gerecht wurde.[35] Während sich viele Jahre lang nur das Schrifttum mit § 108e StGB a.F. auseinandersetzte, stellte im Jahr 2006 schließlich auch der Bundesgerichtshof die Reformbedürftigkeit der Strafnorm fest.[36]

1. Wahlen und Abstimmungen in einer Volksvertretung des Bundes

Der Hauptkritikpunkt an den Merkmalen „Wahl" beziehungsweise „Abstimmung" war deren Limitierung auf Stimmenkäufe innerhalb des Parlaments sowie in den dazugehörigen Ausschüssen, während jegliches (Stimm-)Verhalten in den Fraktionen straflos blieb.[37] Dies ermöglichte es den Abgeordneten, sich für die Vornahme beziehungsweise Unterlassung einer bestimmten Handlung in der Fraktion oder auch für die Weitergabe fraktionsinterner Informationen bezahlen zu lassen, ohne strafrechtliche

---

[33] BT-Drucks. 12/1630, S. 6 und 12/5927, S 6; siehe Schönke/Schröder-*Eser*, § 108e Rn. 10 m.w.N.
[34] Schönke/Schröder-*Eser*, § 108e Rn. 10.
[35] Siehe hierzu Schönke/Schröder-*Eser*, § 108e Rn. 1; ferner LK-*Bauer/Gmehl*, § 108e Rn. 3; SK-*Rudolphi*, 2001, §108e Rn. 2; MüKo-*Müller*, §108e Rn. 6; zu den internationalen Vorgaben siehe *van Aaken*, ZaöRV 65 (2005), 407 (424 ff.) und *Zieschang*, NJW 1999, 105 (107).
[36] BGHSt 51, 44 (60).
[37] *Dölling*, Gutachten DJT, C 83; ebenso *Bannenberg*, in: Wabnitz/Janovsky, 12. Kapitel, Rn. 102.

B. Reformbedürftigkeit des § 108e StGB a.F.

Konsequenzen fürchten zu müssen.[38] In Anbetracht des wesentlichen Anteils der Fraktionen am Prozess der parlamentarischen Willensbildung schien eine Einbeziehung des Stimmverhaltens in den Fraktionen erforderlich.[39]

Zudem wurde die mit der Beschränkung auf Wahlen und Abstimmungen einhergehende Ausklammerung anderer Mandatshandlungen der Parlamentswirklichkeit nicht gerecht.[40] Regelmäßig bilden Wahlen und Abstimmungen nur den formalen Abschluss eines langwierigen Prozesses, dem zahlreiche und langwierige Anhörungen, Beratungen und Verhandlungen vorausgehen. Dementsprechend wichtig erschien es, vor allem die im Vorfeld von Wahlen und Abstimmungen stattfindenden parlamentarischen Prozesse in den Anwendungsbereich der Strafnorm einzubeziehen. Mithin war § 108e StGB a.F. sowohl wegen der Beschränkung der strafbaren Mandatshandlungen auf Wahlen und Abstimmungen als auch hinsichtlich der fehlenden Einbeziehung von Fraktionen reformbedürftig.

2. Konkrete Unrechtsvereinbarung

Als weitere Einengung wurde das Erfordernis einer konkreten Unrechtsvereinbarung bemängelt, aufgrund dessen die mittelbaren und indirekten Formen der Beeinflussung von Abgeordneten aus dem Anwendungsbereich der Abgeordnetenbestechung herausfielen.[41] Hervorgehoben wurde insbesondere die Straflosigkeit von Zuwendungen zur Erlangung allgemeinen Wohlwollens in Form der Klimapflege oder des Anfütterns. Ebenso kritisch wurde die Straflosigkeit sogenannter Danke-Schön-Zuwendungen bewertet. Da diese regelmäßig nicht nur im Hinblick auf ein vorangegangenes Stimmverhalten sondern zugleich in der Erwartung erbracht würden,

---

[38] Vgl. *Barton*, NJW 1994, 1098 (1100).
[39] So etwa *Dölling*, Gutachten DJT, C 83.
[40] Hierzu LK-*Bauer/Gmehl*, § 108e Rn. 3.
[41] So etwa *Wiehen*, in: v. Alemann (Hrsg.), Dimensionen politischer Korruption, S. 397 (410 f.).

dass der Mandatsträger auch in Zukunft im Sinne des Zuwendenden stimmen werde, wurde vielfach gefordert, zumindest das nachträgliche Belohnen dem Tatbestand des § 108e StGB a.F. zu unterwerfen.[42]

Kritikern zufolge bedrohten besonders die Fälle mittelbarer Beeinflussung die Unabhängigkeit von Abgeordneten, da diese regelmäßig unauffälliger und leiser verliefen und zudem schwerer zurückzuweisen seien, als das direkte Ansinnen nach einer konkreten Handlung des Mandatsträgers.[43] Da § 108e StGB a.F. aufgrund seiner restriktiven Tatbestandsfassung aber nur äußerst simple Formen der Bestechung und Bestechlichkeit erfassen konnte, wurde der Norm eine lediglich symbolische Bedeutung zuerkannt, während ihr praktischer Anwendungsbereich weitgehend verneint wurde.[44] Es ist nicht von der Hand zu weisen, dass die Mehrzahl der Korruptionsfälle leise verläuft oder gänzlich im Verborgenen stattfindet. Auch wird die Kritik an der praktischen Bedeutungslosigkeit der Norm in Bezug auf Bundestagsabgeordnete durch den Umstand gestützt, dass während des zwanzigjährigen Bestehens der Norm nicht ein einziger Bundestagsabgeordneter gemäß § 108e StGB a.F. verurteilt worden ist.[45]

Andererseits sprachen auch zahlreiche Aspekte für das Erfordernis einer engen Unrechtsvereinbarung. Dem Gesetzgeber zufolge war eine enge Unrechtsvereinbarung im Rahmen des § 108e StGB a.F. vor allem deswegen notwendig, um einer Instrumentalisierung des Straftatbestands als Kampfmittel der politischen Auseinandersetzung vorzubeugen.[46] Hätten nämlich schon zur Erlangung von allgemeinem Wohlwollen geleistete Zuwendungen die Strafbarkeit gemäß § 108e StGB a.F. begründet, hätte bereits die schlichte Behauptung, ein Parlamentarier habe zu Unrecht Zuwendungen

---

[42] *Van Aaken*, ZaöRV 65 (2005), 407 (427) m.w.N.
[43] *Hoven*, ZIS 2013, 33 (42); siehe auch *van Aaken*, ZaöRV 65 (2005), 407 (426 f.).
[44] Hierzu *Barton*, NJW 1994, 1098 (1100); ferner *van Aaken*, ZaöRV 65 (2005), 407 (426 f.); vgl. Fischer, 2014, § 108e Rn. 2; vgl. SK-*Rudolphi*, 2001, § 108e Rn. 1.
[45] Allerdings gab es mehrere Verfahren gegen kommunale Mandatsträger, siehe hierzu den Überblick von *Hartmann*, S. 74 ff.; zuletzt Verurteilung des früheren thüringischen Innenministers Christian Köckert durch das Landgericht Meiningen, BGH NJW 2015, 2678.
[46] Vgl. BT-Drucks. 12/5927, S. 6.

B. Reformbedürftigkeit des § 108e StGB a.F.

erhalten, genügt, um ein staatsanwaltschaftliches Ermittlungsverfahren gegen diesen auszulösen; dabei hätte noch nicht einmal konkretisiert werden müssen, zu welchem Zweck die Zuwendung erfolgen sollte.[47]

Außerdem sollte durch die enge Unrechtsvereinbarung sichergestellt werden, dass politisch übliches und sozialadäquates Verhalten, worunter auch Beeinflussungen fallen können, aus dem Bereich der Strafbarkeit ausgeklammert werden.[48] Die finanzielle Unterstützung von Bundestagsabgeordneten ist ebenso legitim und alltäglich wie der Versuch, parlamentarische Entscheidungen zu beeinflussen.[49] Ein reger Austausch zwischen Politik und Gesellschaft ist wiederum eine der Grundvoraussetzungen für eine funktionierende parlamentarische Demokratie und darf daher keinesfalls kriminalisiert werden.[50] Insofern ist zweifelhaft, ob das Erfordernis einer engen Unrechtsvereinbarung tatsächlich die Reformbedürftigkeit des § 108e StGB a.F. zu begründen vermochte. Angesichts der inzwischen erfolgten Novellierung der Strafnorm, wird an dieser Stelle auf eine abschließende Beurteilung verzichtet und auf die noch folgenden diesbezüglichen Ausführungen im Rahmen des neuen § 108e StGB verwiesen.

3. Immaterielle Zuwendungen und Drittzuwendungen

Hinsichtlich der Tathandlung des § 108e StGB a.F. wurde zudem kritisiert, dass sie weder die Zuwendung immaterieller Vorteile und Vergünstigungen, noch die Zuwendung von Drittvorteilen eindeutig in den Anwendungsbereich der Norm einbezog.[51] Immaterielle wie auch an Dritte fließende Vorteile können einen Abgeordneten allerdings im gleichen Maße beeinflussen, wie materielle Vorteile an ihn selbst. Insofern sprach auch dieser Aspekt für eine Novellierung der Abgeordnetenbestechung.

---

[47] Vgl. BT-Drucks. 12/5927, S. 6.
[48] Vgl. BT-Drucks. 12/1630, S. 4 f. und 12/5927, S. 4 f.
[49] So *Heinrich*, Stellungnahme, S. 41.
[50] Vgl. hierzu *Heinrich*, Stellungnahme, S. 20 ff. und 23.
[51] Siehe MüKo-*Müller*, § 108e Rn. 17; vgl. ferner *Stünker*, in: FS Meyer, S. 589 (599).

4. Bestimmung des strafbaren Stimmverhaltens

Schließlich wurde bemängelt, dass die Norm in Ermangelung eindeutiger Kriterien nicht ausreichend zwischen strafrechtlich relevantem und straflosem Verhalten abgrenzte und deswegen im Hinblick auf das in Art. 103 Abs. 2 GG verankerte Bestimmtheitsgebot verfassungsrechtlich bedenklich war.[52] Die Vertreter dieser Ansicht berücksichtigten allerdings nicht zur Genüge, dass das Bestimmtheitsgebot den Gesetzgeber nicht dazu zwingt, Straftatbestände ausschließlich mit unmittelbar in ihrer Bedeutung für jedermann erschließbaren deskriptiven Tatbestandsmerkmalen zu umschreiben.[53] Je nach Regelungsbereich kann die Verwendung wertausfüllungsbedürftiger Begriffe bis hin zu Generalklauseln auch im Strafrecht den Anforderungen des Art. 103 Abs. 2 GG genügen.[54] In Anbetracht der inzwischen erfolgten Neufassung der Norm, wird auf eine eingehendere Erörterung dieser Problematik verzichtet und auf die diesbezüglichen Ausführungen zum reformierten § 108e StGB verwiesen.

III. Reformbedarf aus Sicht des Bundesgerichtshofs

Mit seinem Urteil vom 9. Mai 2006[55] konstatierte schließlich auch der Bundesgerichtshof gesetzgeberischen Handlungsbedarf im Hinblick auf § 108e StGB a.F. In der Entscheidung des fünften Strafsenats ging es um die Frage, ob die Strafbarkeit kommunaler Mandatsträger bei Bestechungsdelikten sich nach dem Sondertatbestand der Abgeordnetenbestechung gemäß § 108e StGB a.F. richtet oder anhand der Amtsbestechungsdelikte gemäß §§ 331 ff. StGB zu beurteilen ist. Unter Hinweis auf die fehlende Amtsträgereigenschaft eines der Angeklagten, einem ehemaligem Stadtratsmitglied, hob der Senat das Urteil gegen den Angeklagten auf, der in der Vorinstanz vom Landgericht Wuppertal gemäß §§ 331, 332 StGB wegen Vorteilsannahme und Bestechlichkeit verurteilt worden war. Diesbezüglich führte das Gericht aus, dass kommunale Mandatsträger regelmäßig

---

[52] SK-*Rudolphi*, 2001, § 108e Rn. 4; vgl. MüKo-*Müller*, § 108e Rn. 19; LK-*Bauer/Gmel*, § 108e Rn. 10; vgl. ferner *Becker*, S. 58 f.
[53] BVerfGE 48, 48 (56).
[54] Siehe BVerfGE 48, 48 (56 f.).
[55] BGHSt 51, 44.

B. Reformbedürftigkeit des § 108e StGB a.F.

keine Amtsträger im Sinne des § 11 Abs. 1 Nr. 2 StGB seien und ihre Einordnung als Amtsträger nur dann in Betracht komme, wenn sie mit konkreten Verwaltungsaufgaben betraut werden, die über ihre Mandatstätigkeit in der kommunalen Volksvertretung und den zugehörigen Ausschüssen hinausgehen.[56]

Obwohl sich die Ausführungen des Urteils in erster Linie auf die kommunale Ebene bezogen, waren sie nicht auf diese begrenzt. Dies wird anhand der Formulierung des Bundesgerichtshofs deutlich, der zufolge die gegenwärtige „Tatbestandsfassung nicht ausreicht, um alle strafwürdigen korruptiven Verhaltensweisen – insbesondere auf kommunaler Ebene – zu erfassen".[57] In diesem Zusammenhang stellte das Gericht zunächst fest, dass die seinerzeit geltende Fassung des § 108e StGB viele als strafwürdig empfundene Manipulationen im Zusammenhang mit Wahlen und Abstimmungen in Volksvertretungen von Gemeinden und Gemeindeverbänden nicht erfasste.[58] Ausdrücklich genannt wurden dabei zum einen das Anfüttern im Sinne der Vorteilszuwendung zur Erlangung oder Aufrechterhaltung allgemeiner Gewogenheit des Abgeordneten bei künftigen Wahlen und Abstimmungen und zum anderen nachträglich belohnende Zuwendungen als Ausdruck des Dankes für ein vorangegangenes, bestimmtes Stimmverhalten.[59] Zudem betonte der Senat, dass das gewandelte öffentliche Verständnis hinsichtlich der besonderen Sozialschädlichkeit von Korruption an dem Tatbestand der Abgeordnetenbestechung bislang vorbeigegangen sei, während diese Wandlung in allen anderen Bereichen des öffentlichen und privaten Lebens zu einer erheblichen Ausweitung der Strafbarkeit von korrupten Verhaltensweisen geführt habe.[60] Aus diesen Gründen und unter gleichzeitigem Verweis auf die infolge internationaler Abkommen bestehenden Verpflichtungen, hatte der Senat den Gesetzgeber ausdrücklich zu einer entsprechenden Reformierung des § 108e StGB a.F. aufgefordert.

Dem Gericht ist in seinen Feststellungen dahingehend zuzustimmen, dass § 108e StGB a.F. strafwürdiges, korruptives Verhalten von und gegenüber

---

[56] Hierzu BGHSt 51, 44 (49 ff.).
[57] BGHSt 51, 44 (60).
[58] BGHSt 51, 44 (59 f.).
[59] Siehe BGHSt 51, 44 (59).
[60] BGHSt 51, 44 (60).

1. Teil: Vor der Novellierung des § 108e StGB a.F.

Abgeordneten nicht hinreichend erfasste. Das haben die bisherigen Ausführungen belegt. Soweit die Richter zur Begründung der Lückenhaftigkeit der Strafnorm jedoch vor allem auf die fehlende Einbeziehung des sogenannten Anfütterns sowie des nachträglichen Belohnens von Abgeordneten verweisen, greift das Urteil zu kurz. Ungeachtet der an anderer Stelle dieser Arbeit noch zu erörternden Frage, ob die für oder gegen die Straflosigkeit gewisser Formen der mittelbaren Beeinflussung sprechenden Gründe überwiegen, signalisierte das Urteil insgesamt klar den Reformbedarf von § 108e StGB a.F.

IV. Reformbedarf aufgrund internationaler Abkommen

Mitte der Neunzigerjahre vermehrten sich auch auf internationaler Ebene die Bemühungen um konkrete Maßnahmen zur Bekämpfung von Korruption mit Mitteln des Strafrechts. Die Unterzeichnung diverser völkerrechtlicher Verträge blieb auch für Deutschland nicht ohne Folgen. Nachfolgend sollen diese Verträge kurz dargestellt und sodann erläutert werden, inwieweit ihre Unterzeichnung gesetzgeberischen Handlungsbedarf im Hinblick auf § 108e StGB a.F. begründete.

1. Europäische Union

Die ersten internationalen Rechtsinstrumente, welche Deutschland zur Verschärfung des deutschen Antikorruptionsstrafrechts verpflichteten, sind das Protokoll vom 27. September 1996 zum Übereinkommen über den Schutz der finanziellen Interessen der Europäischen Gemeinschaften[61] und das Übereinkommen vom 26. Mai 1997 über die Bekämpfung der Bestechung, an der Beamte der europäischen Gemeinschaften oder der Mitgliedstaaten der Europäischen Union beteiligt sind.[62] Diese Verträge verpflichteten die Vertragsstaaten sicherzustellen, dass die aktive und passive Bestechung sowohl durch inländische wie auch durch ausländische EU-Amtsträger nach dem jeweiligen nationalen Recht strafbar ist. Dieser Ver-

---

[61] ABl. C 313 v. 23.10.1996, S. 2–10.
[62] ABl. C 195 v. 25.6.1997, S. 2–11.

B. Reformbedürftigkeit des § 108e StGB a.F. 17

pflichtung kam der deutsche Gesetzgeber mit dem Erlass des EU-Bestechungsgesetzes (EU-BestG) vom 10. September 1998[63] nach. Da sich der Begriff des Amtsträgers beiden Abkommen zufolge nach nationalem Recht richtet und Abgeordnete nicht dem Amtsträgerbegriff des § 11 Abs. 1 Nr. 2 StGB unterfallen, entstand im Hinblick auf § 108e StGB a.F. keine Änderungsverpflichtung für den deutschen Gesetzgeber.

Darüber hinaus sollten die Vertragsstaaten gewährleisten, dass die nach nationalem Recht strafbewehrten Bestechungstaten, die von oder gegenüber gewählten Vertretern nationaler parlamentarischer Versammlungen begangen werden, auch in den Fällen strafbar sind, in denen die Taten von oder gegenüber Mitgliedern des Europäischen Parlaments begangen werden.[64] Auch zur Erfüllung dieser Vertragspflicht war keine Änderung des Strafgesetzbuches erforderlich, weil § 108e StGB a.F. die Abgeordneten des Europäischen Parlaments bereits ausdrücklich einbezog. Demnach genügte schon § 108e StGB a.F. den vertraglichen Verpflichtungen Deutschlands gegenüber der Europäischen Union.

2. Organisation für wirtschaftliche Zusammenarbeit

Mit dem Gesetz zur Bekämpfung internationaler Bestechung (IntBestG) vom 10. September 1998[65] implementierte der deutsche Gesetzgeber das auf der Ebene der Organisation für wirtschaftliche Zusammenarbeit und Entwicklung (Organisation for Economic Cooperation and Development, OECD) erarbeitete Übereinkommen vom 17. Dezember 1997 über die Bekämpfung der Bestechung ausländischer Amtsträger im internationalen Geschäftsverkehr.[66]

---

[63] BGBl. II, 1998, S. 2340.
[64] Vgl. ABl. C 313 v. 23.10.1996, S. 3 und ABl. C 195 v. 25.6.1997, S. 3; vgl. *Möhrenschlager*, in: FS Weber, S. 217 (227); *Korte*, wistra 1999, 81 (84).
[65] BGBl. II, 1998, S. 2327.
[66] OECD Convention on Combating Bribery of Foreign Public Officials in International Business Transactions, http://www.oecd.org/daf/anti-bribery/ConvCombatBribery_ENG.pdf (englisch) und https://www.admin.ch/opc/de/classified-compilation/19994577/201503250000/0.311.21.pdf (deutsch) (Stand: 30.11.2016).

1. Teil: Vor der Novellierung des § 108e StGB a.F.

Der durch Artikel 1 Absatz 1 i.V.m. Absatz 4 des Übereinkommens statuierten Verpflichtung der Vertragsstaaten, die aktive Bestechung von solchen Personen unter Strafe zu stellen, die in einem anderen Staat durch Ernennung oder Wahl ein Amt im Bereich der Gesetzgebung innehaben, ist Deutschland durch Art. 2 § 2 IntBestG[67] nachgekommen.[68] Indem Art. 2 § 2 IntBestG das Anbieten, Versprechen und Gewähren eines Vorteils als Gegenleistung für die künftige Vornahme einer mit dem Mandat oder seinen Aufgaben zusammenhängenden Handlung oder Unterlassung mit Strafe bedroht, wurde seinerzeit erstmalig die aktive Bestechung eines Mitglieds eines Gesetzgebungsorgans pönalisiert. Damit erfüllte der Straftatbestand hinsichtlich der Bestechung ausländischer Abgeordneter zwar das internationale Übereinkommen, ging aber gleichzeitig erheblich über die auf den Stimmkauf beziehungsweise -verkauf beschränkte, nationale Regelung der Abgeordnetenbestechung in § 108e StGB a.F. hinaus. Dieser Zustand wurde als rechtspolitisch „höchst unbefriedigend"[69] wie auch „inkonsequent"[70] empfunden und dementsprechend häufig kritisiert.[71]

3. Europarat

Das Strafrechtsübereinkommen des Europarates über Korruption vom 27. Januar 1999[72] (ER-Übereinkommen) ist ein weiteres internationales

---

[67] Artikel 2 § 2 IntBestG lautet:
„(1) Wer in der Absicht, sich oder einem Dritten einen Auftrag oder einen unbilligen Vorteil im internationalen geschäftlichen Verkehr zu verschaffen oder zu sichern, einem Mitglied eines Gesetzgebungsorgans eines ausländischen Staates oder einem Mitglied einer parlamentarischen Versammlung einer internationalen Organisation einen Vorteil für dieses oder einen Dritten als Gegenleistung dafür anbietet, verspricht oder gewährt, dass es eine mit seinem Mandat oder seinen Aufgaben zusammenhängende Handlung oder Unterlassung künftig vornimmt, wird mit Freiheitsstrafe bis zu fünf Jahren oder mit Geldstrafe bestraft.
(2) Der Versuch ist strafbar."
[68] *Möhrenschlager*, in: FS Weber, S. 217 (228).
[69] *Wolf*, NJW 2006, 2735 (2737).
[70] *Möhrenschlager*, in: FS Weber, S. 217 (228).
[71] *Dölling*, ZStW 112 (2000), 334 (354); *Korte*, wistra 1999, 81 (87); *Zieschang*, NJW 1999, 105 (107); vgl. *Wiehen*, in: v. Alemann (Hrsg.), Dimensionen politischer Korruption, 397 (411).
[72] ETS Nr. 173, http://www.coe.int/en/web/conventions/full-list/-/conventions/rms/090000168007f3f5 (englisch), SEV Nr. 173, http://www.coe.int/de/web/conventions/full-list/-/conventions/rms/090000168007f589 (deutsch) (Stand: 30.11.2016).

B. Reformbedürftigkeit des § 108e StGB a.F.

Rechtsinstrument, dessen Ratifikation durch die Bundesrepublik allerdings noch aussteht. In Artikel 2 und 3 macht das Übereinkommen Vorgaben dazu, wie die Vertragsstaaten die Bestechung und Bestechlichkeit von inländischen Amtsträgern zu regeln haben. Wie bei den entsprechenden Rechtsinstrumenten der Europäischen Union ist die Definition des Amtsträgerbegriffs gemäß Artikel 1 Buchstabe a des Übereinkommens dem jeweiligen nationalen Recht überlassen, so dass das Übereinkommen keine Änderung des § 108e StGB a.F. erforderlich machte.

Darüber hinaus enthält das Übereinkommen mit Artikel 4, 6 und 10 Vorschriften über die aktive und passive Bestechung von Mitgliedern nationaler, ausländischer und internationaler parlamentarischer Versammlungen. Diese Regelungen gehen in ihrer Reichweite zwar sowohl über § 108e StGB a.F. als auch über Art. 2 § 2 IntBestG hinaus. Jedoch eröffnet Art. 37 Abs. 1 ER-Übereinkommen den Vertragsstaaten die Möglichkeit, Abgeordnete betreffende Strafvorschriften gar nicht oder nur teilweise umzusetzen.[73] Aufgrund dieses Vorbehaltsrechts begründete das Strafrechtsübereinkommen des Europarats keinen zwingenden Reformbedarf im Hinblick auf § 108e StGB a.F. Daran änderte auch der Umstand nichts, dass die Anzahl der erlaubten Vorbehalte durch Art. 37 Abs. 4 ER-Übereinkommen auf fünf Vorbehalte begrenzt ist. Ebenso wenig vermochte die gemäß Art. 38 Abs. 1 S. 1 ER-Übereinkommen auf drei Jahre begrenzte Gültigkeit der Vorbehalte die Notwendigkeit einer Reformierung des § 108e StGB a.F. zu begründen, da die Vorbehalte gemäß Art. 38 Abs. 1 S. 2 ER-Übereinkommen für Zeitabschnitte derselben Dauer unbegrenzt erneuert werden können.

---

[73] Artikel 37 Absatz 1 [Vorbehalte] ER-Übereinkommen lautet:
„Jeder Staat kann sich bei der Unterzeichnung oder bei der Hinterlegung seiner Ratifikations-, Annahme-, Genehmigungs- oder Beitrittsurkunde das Recht vorbehalten, die in den Artikeln 4, 6 bis 8, 10 und 12 genannten Handlungen oder die in Artikel 5 genannten Straftaten der Bestechlichkeit (13) insgesamt oder teilweise nicht nach seinem innerstaatlichen Recht als Straftaten zu umschreiben."

4. Vereinte Nationen

Seit dem 14. Dezember 2005 ist das Übereinkommen der Vereinten Nationen gegen Korruption (VN-Konvention) in Kraft.[74] Deutschland hat die Konvention zwar bereits am 9. Dezember 2003 unterschrieben, aber erst elf Jahre später – am 12. Dezember 2014 – ratifiziert.[75] Grund für diese lange Zeitspanne war, dass eine Ratifizierung unter der Geltung des § 108e StGB a.f. nicht möglich war.

Artikel 2 der Konvention definiert als Amtsträger „jede Person, die in einem Vertragsstaat durch Ernennung oder Wahl, befristet oder unbefristet, bezahlt oder unbezahlt und unabhängig von ihrem Dienstrang ein Amt im Bereich der Gesetzgebung, Exekutive, Verwaltung oder Justiz innehat" und ordnet damit auch Abgeordnete als Amtsträger ein. Des Weiteren verpflichtet Artikel 15 der Konvention die Vertragsstaaten, die aktive und passive Bestechung von Amtsträgern – einschließlich Abgeordneten – als Straftat zu umschreiben. Dabei besteht weitgehende Einigkeit darüber, dass die Vertragsstaaten nicht zur Übernahme der „Amtsträgerversion" der VN-Konvention verpflichtet sind, sondern die Vorgaben des Übereinkommens auch durch einen Sondertatbestand für Abgeordnete umsetzen können.[76] Die Zulässigkeit eines solchen Vorgehens wird durch einen Blick auf andere Staaten bestätigt. So haben auch Finnland und Griechenland die Abgeordnetenbestechung in einem gesonderten Straftatbestand geregelt und die VN-Konvention ratifiziert.[77]

Hinzu kommt, dass ein völkerrechtlicher Vertrag wie die VN-Konvention den Vorrang des Grundgesetzes nicht ausschließen kann.[78] Dementsprechend heißt es in Artikel 65 Absatz 1 der Konvention: „Jeder Vertragsstaat trifft im Einklang mit den wesentlichen Grundsätzen seines innerstaatlichen Rechts die erforderlichen Maßnahmen, einschließlich Gesetzge-

---

[74] BGBl. II, 2014, S. 762.
[75] Siehe hierzu https://www.unodc.org/unodc/en/treaties/CAC/signatories.html (Stand: 30.11.2016).
[76] *Möhrenschlager*, in: FS Weber, S. 217 (231); zustimmend *Jäckle*, Stellungnahme 2014, S. 19; im Ergebnis ebenso *Heinrich*, Stellungnahme, S. 14.
[77] Vgl. hierzu *Schenk*, Gutachten, S. 23 f.
[78] *Kretschmer*, Stellungnahme 2012, S. 4.

bungs- und Verwaltungsmaßnahmen, um die Erfüllung seiner Verpflichtungen aus diesem Übereinkommen sicherzustellen." Der Wortlaut bringt klar zum Ausdruck, dass die Umsetzung sämtlicher Konventionsbestimmungen unter den Vorbehalt der Vereinbarkeit mit den Grundprinzipien des jeweiligen nationalen Rechts steht.[79] Eine Gleichstellung von Amtsträgern und Abgeordneten auf nationaler Ebene ist – wie noch aufzuzeigen sein wird – mit dem unterschiedlichen Verfassungsstatus der beiden Personengruppen nicht vereinbar. Insofern begründete das Übereinkommen hinsichtlich des § 108e StGB a.F. Implementierungsbedarf, erlaubte aber gleichzeitig die Umsetzung durch einen Sondertatbestand.[80]

C. Ergebnis

Zusammenfassend lässt sich festhalten, dass der in § 108e StGB a.F. normierte Straftatbestand der Abgeordnetenbestechung reformbedürftig war. Zu restriktiv war sowohl die Begrenzung des Tatbestands auf Stimmenkäufe innerhalb des Parlaments sowie in den dazugehörigen Ausschüssen, als auch die Beschränkung der strafbaren Mandatshandlungen auf Wahlen und Abstimmungen. Des Weiteren fehlte es an einer Einbeziehung von Drittvorteilen und immateriellen Vorteilen in den Anwendungsbereich des Tatbestands. Problematisch war schließlich die Abgrenzung zwischen strafbarem und straflosem Verhalten anhand der recht vagen Begrifflichkeiten des Stimmenkaufs und Stimmenverkaufs. Inwieweit hingegen das Erfordernis einer konkreten Unrechtsvereinbarung und die damit verbundene Nichterfassung unspezifischer Zuwendungen tatsächlich Änderungsbedarf begründen, wird im nachfolgenden Teil noch zu prüfen sein. Ähnliches gilt in Bezug auf die durch § 108e StGB a.F. ebenfalls straflos gestellten nachträglichen Zuwendungen.

Auch mit Blick auf die von Deutschland unterzeichneten internationalen Übereinkommen war eine Reformierung des § 108e StGB a.F. erforderlich. Sowohl die Diskrepanz zu dem anlässlich des OECD-Übereinkommens geschaffenen Art. 2 § 2 IntBestG als auch das VN-Übereinkommen begründeten eindeutig Reformbedarf. Das Europaratübereinkommen

---

[79] Vgl. *Wolf*, FÖV 31, S. 62; *Wolf*, Korruptionsbekämpfung, S. 30.
[80] So auch *Van Aaken*, ZaöRV 65 (2005), 407 (424); ferner *Möhrenschlager*, in: FS Weber, S. 217 (230 f.).

zwang den deutschen Gesetzgeber zwar nicht zu einer Novellierung, legte diese aber zumindest nahe. Zum damaligen Zeitpunkt hätte Deutschland die bis heute ausstehende Ratifizierung des Europaratübereinkommens nur unter Ausübung eines Vorbehaltsrechts vornehmen können und damit außenpolitisch ein bedenkliches Signal gesetzt. Aus diesem Grund soll in dem nachfolgenden Teil der Arbeit nicht nur die Vereinbarkeit des reformierten § 108e StGB mit den Vorgaben der VN-Konvention untersucht werden, sondern auch die Vereinbarkeit mit den Vorgaben des Europaratsübereinkommen.

2. Teil: Der neue § 108e StGB

Am 21. Februar 2014 hat der Deutsche Bundestag mit großer Mehrheit für eine Erweiterung des Straftatbestands der Abgeordnetenbestechung gestimmt. Die insgesamt abgegebenen 593 Stimmen setzten sich aus 583 Ja-Stimmen, aus drei Nein-Stimmen und sieben Enthaltungen zusammen.[81] Der Inhalt des neuen, nunmehr mit „Bestechlichkeit und Bestechung von Mandatsträgern" überschriebenen § 108e StGB soll im nachfolgenden Abschnitt dargestellt und bewertet werden.

A. Regelungszweck des § 108e StGB

Nach dem Willen des Gesetzgebers soll der Straftatbestand des § 108e StGB die freie Willensbildung und -betätigung in den Parlamenten vor unzulässiger Einflussnahme schützen.[82] Geschützte Rechtsgüter sind das öffentliche Interesse an der Integrität parlamentarischer Prozesse und der Unabhängigkeit der Mandatsausübung sowie der Sachbezogenheit parlamentarischer Entscheidungen.[83] Die vom Gesetzgeber genannten Rechtsgüter überschneiden sich und sind daher nicht eindeutig voneinander abgrenzbar.

Die Integrität parlamentarischer Prozesse ist als Oberbegriff zu verstehen, welcher die Unabhängigkeit der Mandatsausübung wie auch die Sachbezogenheit parlamentarischer Entscheidungen miteinschließt und voraussetzt. Als parlamentarische Prozesse sind nicht nur die Gesetzgebungsverfahren als solche zu verstehen, sondern auch sämtliche parlamentarische Vorgänge, welche diese flankieren. Hierzu zählen etwa die Arbeit in den Ausschüssen, Fraktionen und Arbeitskreisen, welche wiederum sämtliche Anhörungen, Beratungen und Verhandlungen in dem jeweiligen Gremium einschließt. Die Unabhängigkeit der Mandatsausübung knüpft an die Person des Abgeordneten an und bringt zum Ausdruck, dass dessen Mandatstätigkeit losgelöst von äußeren Einflüssen stattfinden soll. Dies gilt für

---

[81] Deutscher Bundestag, Stenografischer Bericht, Plenarprotokoll 18/18 (21.02.2014), S. 1390D.
[82] BT-Drucks. 18/476, S. 6.
[83] BT-Drucks. 18/476, S. 6.

sämtliche parlamentarischen Prozesse, so dass die Unabhängigkeit der Mandatsausübung Voraussetzung für die Integrität parlamentarischer Prozesse ist. Auch die Sachbezogenheit parlamentarischer Entscheidungen ist Voraussetzung für die Integrität parlamentarischer Prozesse, da parlamentarische Entscheidungen ein Bestandteil parlamentarischer Prozesse sind.

Die Integrität parlamentarischer Prozesse setzt voraus, dass die Willensbildung und -betätigung in den Parlamenten frei von unzulässiger Einflussnahme ist. Dabei schließen sich die Integrität parlamentarischer Prozesse und die Verfolgung von Partikularinteressen keinesfalls gegenseitig aus. Es muss jedoch gewährleistet sein, dass der Einsatz eines Abgeordneten für die Interessen bestimmter Gruppen oder gar einzelner Bürger nicht als Gegenleistung für gewährte oder noch ausstehende Vorteilszuwendungen erfolgt. Nur wenn sichergestellt ist, dass parlamentarische Prozesse nicht durch vereinzelte Bürger oder Gruppierungen korrumpiert werden, können die Volksvertreter die Achtung und das Vertrauen ihrer Wähler gewinnen und erhalten. Der Rückhalt und das Vertrauen des Volkes sind elementar für das repräsentative System und sichern den Bestand der Demokratie insgesamt.

B. Tatbestand des § 108e StGB

Entsprechend seiner gleichlautenden Überschrift stellt der neue § 108e StGB die Bestechlichkeit und Bestechung von Mandatsträgern unter Strafe. Während der Gesetzesentwurf zu § 108e StGB mit der Überschrift „Bestechlichkeit und Bestechung von Abgeordneten" zunächst noch an die Vorgängernorm anknüpfte, schloss sich der Gesetzgeber im weiteren Verlauf des Gesetzgebungsverfahrens dem Vorschlag des Ausschusses für Recht und Verbraucherschutz an und ersetzte „Abgeordnete" durch „Mandatsträger".[84] Diese Änderung ist insofern begrüßenswert, weil dem Adressatenkreis von § 108e StGB auch Mitglieder von Gemeinde- und Kreisräten unterfallen. Gemeinde- und Kreisvertretungen sind aber keine Parlamente, sondern Organe einer Selbstverwaltungskörperschaft

---

[84] BT-Drucks. 18/607, S. 1.

B. Tatbestand des § 108e StGB

und gehören als solche der Exekutive an.[85] Entsprechend sind auch die Mitglieder von Gemeinde- und Kreisräten keine Abgeordneten.

Die ersten beiden der insgesamt fünf Absätze des neuen § 108e StGB regeln die Straftatbestände der Bestechlichkeit und Bestechung. Gemäß § 108e Abs. 1 StGB macht sich wegen Bestechlichkeit strafbar, wer als Mitglied einer Volksvertretung des Bundes oder der Länder einen ungerechtfertigten Vorteil für sich oder einen Dritten als Gegenleistung dafür fordert, sich versprechen lässt oder annimmt, dass er bei der Wahrnehmung seines Mandates eine Handlung im Auftrag oder auf Weisung vornehme oder unterlasse. Spiegelbildlich wird wegen aktiver Bestechung nach Absatz 2 bestraft, wer einem Mitglied einer Volksvertretung des Bundes oder der Länder einen ungerechtfertigten Vorteil für dieses Mitglied oder einen Dritten als Gegenleistung dafür anbietet, verspricht oder gewährt, dass es bei Wahrnehmung seines Mandates eine Handlung im Auftrag oder auf Weisung vornehme oder unterlasse.

Die Absätze 3 und 4 enthalten Erläuterungen zu den einzelnen Tatbestandsmerkmalen. Den in den Absätzen 1 und 2 genannten Mitgliedern werden durch Absatz 3 gleichgestellt die Mitglieder 1. einer Volksvertretung einer kommunalen Gebietskörperschaft, 2. eines in unmittelbarer und allgemeiner Wahl gewählten Gremiums einer für ein Teilgebiet eines Landes oder einer kommunalen Gebietskörperschaft gebildeten Verwaltungseinheit, 3. der Bundesversammlung, 4. des Europäischen Parlaments, 5. einer parlamentarischen Versammlung einer internationalen Organisation und 6. eines Gesetzgebungsorgans eines ausländischen Staates.

Absatz 4 bezieht sich auf das Tatbestandsmerkmal „ungerechtfertigter Vorteil". Gemäß Absatz 4 Satz 1 liegt ein ungerechtfertigter Vorteil insbesondere nicht vor, wenn die Annahme des Vorteils im Einklang mit den für die Rechtsstellung des Mitglieds maßgeblichen Vorschriften steht. Keinen ungerechtfertigten Vorteil stellen gemäß Absatz 4 Satz 2 ferner ein politisches Mandat oder eine politische Funktion (Nummer 1) sowie eine nach dem Parteiengesetz oder entsprechenden Gesetzen zulässige Spende (Nummer 2) dar.

---

[85] Vgl. BGHSt 51, 44 (52).

26   2. Teil: Der neue § 108e StGB

Den Abschluss der Norm bildet Absatz 5, der den Gerichten die Möglichkeit eröffnet, neben einer Freiheitsstrafe von mindestens sechs Monaten auch die Fähigkeit, Rechte aus öffentlichen Wahlen zu erlangen, und das Recht, in öffentlichen Angelegenheiten zu wählen oder zu stimmen, abzuerkennen.

I. Mitglied einer Volksvertretung

Der Tatbestand erfasst zunächst alle Mitglieder von Volksvertretungen des Bundes und der Länder. Diesen stehen gemäß § 108e Abs. 3 StGB die Mitglieder einer Volksvertretung einer kommunalen Gebietskörperschaft (Nummer 1), eines in unmittelbarer und allgemeiner Wahl gewählten Gremiums einer für ein Teilgebiet eines Landes oder einer kommunalen Gebietskörperschaft gebildeten Verwaltungseinheit (Nummer 2), der Bundesversammlung (Nummer 3), des Europäischen Parlaments (Nummer 4), einer parlamentarischen Versammlung einer internationalen Organisation (Nummer 5) und eines Gesetzgebungsorgans eines ausländischen Staates (Nummer 6) gleich.

Dabei gelten als Volksvertretungen des Bundes der Deutsche Bundestag und als Volksvertretung der Länder die Landtage. Die in Absatz 3 Nummer 1 genannte „Volksvertretung einer kommunalen Gebietskörperschaft" deckt sich inhaltlich mit der in § 108e StGB Abs. 1 StGB a.F. genannten „Volksvertretung der Gemeinden und Gemeindeverbände".[86] Erfasst werden Gemeinde- und Stadträte, Vertretungen von Gemeindeverbänden sowie Kreistage.[87] Hinsichtlich der Mitglieder einer Volksvertretung von kommunalen Gebietskörperschaften ist zu beachten, dass die dortigen Mandatsträger im Einzelfall auch Aufgaben der öffentlichen Verwaltung wahrnehmen können. Da § 108e StGB nur bei legislativen Tätigkeiten eingreift, findet die Norm bei Handlungen in Amtsträgereigenschaft keine Anwendung. Insofern muss bei Mandatsträgern kommunaler Gebietskörperschaften im Einzelnen geprüft werden, inwiefern eine Tätigkeit eine Mandatsausübung darstellt oder über eine solche hinausgeht und damit in Amtsträgereigenschaft erfolgt.[88] Weil für Bundestagsabgeordnete, um die

---

[86] So auch *Heinrich*, Stellungnahme, S. 3.
[87] *Fischer*, § 108e Rn. 9.
[88] Siehe Schönke/Schröder-*Eser*, § 108e Rn. 6 m.w.N.

B. Tatbestand des § 108e StGB

es in der vorliegenden Arbeit geht, eine solche Prüfung entbehrlich ist, wird auf eine weitere Erörterung dieser Problematik verzichtet.

Zu den in Absatz 3 Nummer 2 genannten Mitgliedern der Vertretungsgremien von Teilgebieten eines Landes oder einer kommunalen Gebietskörperschaft zählen jene Mitglieder, die von den Bürgern des jeweiligen Teilgebiets direkt gewählt werden. Den erforderlichen parlamentarischen Charakter können Vertretungen wie Bezirkstage, Bezirksversammlungen und Ortsbeiräte aufweisen.[89]

Absatz 3 Nummer 3 stellt klar, dass auch korruptive Handlungsweisen im Zusammenhang mit der Wahl des Bundespräsidenten § 108e StGB unterfallen. Die den Bundespräsidenten wählende Bundesversammlung besteht gemäß Art. 54 Abs. 3 GG aus den Mitgliedern des Bundestages und einer gleichen Anzahl von Mitgliedern, die von den Volksvertretungen der Länder nach den Grundsätzen der Verhältniswahl gewählt werden. Demnach gehört nur die eine Hälfte der Bundesversammlung zwingend dem Bundestag und damit einer Volksvertretung des Bundes an. Bei den übrigen Mitgliedern kann es sich sowohl um Mitglieder der Landesparlamente handeln, als auch um parlamentsexterne, von den Mitgliedern der Landesparlamente gewählte Personen. Da diese parlamentsexternen Personen weder einer Volksvertretung des Bundes noch der Länder angehören, wird mit Absatz 3 Nummer 3 ihre Einbeziehung in den Anwendungsbereich von § 108e StGB sichergestellt.[90]

Bezüglich der Erfassung von Mitgliedern des Europäischen Parlaments gemäß Absatz 3 Nummer 4 ist festzuhalten, dass die deutschen Europaparlamentarier uneingeschränkt dem Anwendungsbereich der Abgeordnetenbestechung unterliegen, während eine Strafbarkeit ausländischer Europaabgeordneter nur unter Heranziehung der §§ 3, 7 und 9 StGB beurteilt werden kann.[91] Da sich die Forschungsfrage der vorliegenden Arbeit auf Bundestagsabgeordnete beschränkt, wird von einer Vertiefung dieser Problematik abgesehen.

---

[89] *Fischer*, § 108e Rn. 10.
[90] Zur Notwendigkeit ihrer Einbeziehung vgl. *Fischer*, § 108e Rn. 11.
[91] So schon zu § 108e StGB a.F. *Fischer*, 2014, § 108e Rn. 3a; aktuell *Fischer*, § 108e Rn. 12.

In Erweiterung zu § 108e StGB a.F. werden durch Absatz 3 Nummer 5 und 6 der Neufassung nun auch die Mitglieder einer parlamentarischen Versammlung einer internationalen Organisation sowie die Mitglieder eines Gesetzgebungsorgans eines ausländischen Staates in den Anwendungsbereich einbezogen. Zuvor wurde durch Art. 2 § 2 IntBestG lediglich die Bestechung ausländischer und internationaler Abgeordneter im internationalen Geschäftsverkehr durch den Vorteilsgeber mit Strafe bedroht, während für die spiegelbildliche Bestechlichkeit durch den Vorteilsnehmer keine gesetzliche Regelung vorgesehen war.

1. Verhältnis von § 108e StGB zu Art. 2 § 2 IntBestG

Nach dem Willen des Gesetzgebers soll die in Art. 2 § 2 IntBestG geregelte Bestechung ausländischer und internationaler Abgeordneter im internationalen Geschäftsverkehr auch nach Novellierung des § 108e StGB weiterhin Anwendung finden. Dies sei im Hinblick auf die Besonderheiten der Bestechung im internationalen Geschäftsverkehr, auf den der Anwendungsbereich der Norm beschränkt sei, und das dem Gesetz zugrundeliegende OECD-Übereinkommen angebracht.[92] Anlass für die ausdrückliche Erwähnung der weiterhin geltenden Strafbarkeit nach dem Gesetz zur Bekämpfung internationaler Bestechung ist, dass sich die Anwendungsbereiche von Art. 2 § 2 IntBestG und § 108e StGB teilweise überschneiden. Beide Normen stellen die aktive Bestechung ausländischer und internationaler Abgeordneter unter Strafe. Dies wirft die Frage auf, ob Art. 2 § 2 IntBestG bereits in § 108e StGB enthalten ist und dadurch eine überflüssige Doppelregelung darstellt. Eine im Vergleich zu § 108e StGB weiter gefasste Tatbestandsfassung von Art. 2 § 2 IntBestG würde das Nebeneinander der beiden Normen hingegen rechtfertigen.

Art. 2 § 2 ist insofern restriktiver, als in subjektiver Hinsicht Absicht vorliegen muss, während für die Verwirklichung von § 108e StGB einfacher Vorsatz genügt. Unter diesem Aspekt scheint Art. 2 § 2 IntBestG entbehrlich, weil die Norm insoweit schon in § 108e StGB enthalten ist.

Allerdings gestalten das Strafgesetzbuch und das Gesetz zur Bekämpfung internationaler Bestechung sowohl die Leistung des vorteilsnehmenden

---

[92] BT-Drucks. 18/476, S. 6.

B. Tatbestand des § 108e StGB

Mitglieds als auch die entsprechende Gegenleistung des Vorteilsgebers unterschiedlich aus. § 108e StGB fordert als Leistung, dass das Mitglied „bei der Wahrnehmung seines Mandates eine Handlung im Auftrag oder auf Weisung vornehme oder unterlasse", während Art. 2 § 2 IntBestG bereits die künftige Vornahme einer „mit seinem Mandat oder seinen Aufgaben zusammenhängende[n] Handlung oder Unterlassung" ausreichen lässt. Dem Wortlaut nach ist die Formulierung des Gesetzes zur Bekämpfung internationaler Bestechung weiter gefasst, als die des Strafgesetzbuchs und bezieht auch Tätigkeiten mit ein, die ein Mandatsträger als Mitglied eines parteiinternen Gremiums oder im Rahmen einer Nebentätigkeit verrichtet.[93] Für eine solche Auslegung sprechen auch die Argumente, die im Laufe des Gesetzgebungsverfahrens des Gesetzes zur Bekämpfung der Korruption vom 13. August 1997[94] gegen die Verwendung einer ähnlichen Formulierung vorgebracht wurden. Seinerzeit hatte der Bundesrat vorgeschlagen, die §§ 331, 333 StGB dahingehend auszuweiten, dass bereits die Annahme und Gewährung all jener Vorteile, die „im Zusammenhang mit dem Amt eines Amtsträgers" erfolgen, den Straftatbestand erfüllt.[95] Bundesregierung und Rechtsausschuss lehnten diesen Vorschlag entschieden ab und folgten damit den entsprechenden Beschlüssen der strafrechtlichen Abteilung des Deutschen Juristentages 1996.[96] Als Begründung wurde ausgeführt, dass durch eine solche Formulierung ein breites Spektrum nicht strafwürdiger Handlungen grundsätzlich in die Strafbarkeit einbezogen und eine eindeutige Abgrenzung zu nicht strafwürdigen Zuwendungen zusätzlich erschwert würde.[97]

Auch das OECD-Übereinkommen[98] steht einer weiten Auslegung der vom Mitglied im Rahmen von Art. 2 § 2 IntBestG zu erbringenden Leistung nicht entgegen. Als Leistung fordert Art. 1 Abs. 1 des Übereinkommens,

---

[93] So bereits oben unter Verweis auf *Heinrich*, Stellungnahme, S. 26.
[94] BT-Drucks. 13/6424.
[95] BT-Drucks. 13/3353, S. 5 f.
[96] Mitteilungen zum 61. Deutschen Juristentag, Beschluss Nr. 2 a), NJW 1996, 2994 (2996).
[97] BT-Drucks. 13/6424, S. 13; ebenso der Rechtsausschuss in BT-Drucks. 13/8079, S. 15.
[98] OECD Convention on Combating Bribery of Foreign Public Officials in International Business Transactions, http://www.oecd.org/daf/anti-bribery/ConvCombatBribery_ENG.pdf (englisch) und https://www.admin.ch/opc/de/classified-compilation/19994577/201503250000/0.311.21.pdf (deutsch) (Stand: 30.11.2016).

dass „der Amtsträger in Zusammenhang mit der Ausübung von Dienstpflichten eine Handlung vornimmt oder unterlässt". Gemäß Art. 1 Abs. 4 lit. c des Übereinkommens umfasst diese Formulierung „jede Nutzung der Stellung des Amtsträgers innerhalb oder außerhalb eines ihm übertragenen Zuständigkeitsbereichs". *Francuski* zufolge soll mit dieser Formulierung lediglich klargestellt werden, dass das Ausnutzen der formellen Abgeordnetenstellung vollumfänglich in den strafbaren Bereich einzubeziehen sei und es für eine Strafbarkeit nicht auf die Einhaltung von Kompetenzregeln ankomme.[99] Weil dies aber schon durch § 108e StGB gewährleistet werde, sei Art. 2 § 2 IntBestG überflüssig und solle gestrichen werden.[100]

Dem kann nicht zugestimmt werden. Dem Wortlaut nach fallen Abgeordnete zwar unter den in Art. 1 Abs. 4 lit. a des Übereinkommens legaldefinierten Amtsträgerbegriff. In Anbetracht der unterschiedlichen Stellung von Amtsträgern und Abgeordneten in Deutschland darf jedoch bezweifelt werden, ob sich die Erläuterungen des Übereinkommens in diesem Punkt wortwörtlich auf Mitglieder des Deutschen Bundestages übertragen lassen. Im Gegensatz zu Amtsträgern haben Abgeordnete gerade keinen klar umrissenen Zuständigkeitsbereich, sondern sind Inhaber eines freien Mandats. Aber selbst bei Befürwortung einer Übertragung lässt sich hieraus allenfalls ein Argument für eine weite Auslegung gewinnen. Denn die der Gesetzesbegründung beigefügte Denkschrift zum OECD-Übereinkommen spricht unmissverständlich von einem weiten Verständnis des Begriffs der Diensthandlung.[101] Übertragen auf Abgeordnete müssten dann auch die Handlungen eines Abgeordneten im Zusammenhang mit der Ausübung seines Mandats weit ausgelegt werden.

Auch hinsichtlich der vom Vorteilsgeber zu erbringenden Gegenleistung weisen das Gesetz zur Bekämpfung internationaler Bestechung und das Strafgesetzbuch unterschiedliche Formulierungen auf. Art. 2 § 2 IntBestG fordert als Gegenleistung einen schlichten (Dritt-) Vorteil, während § 108e StGB einen ungerechtfertigten Vorteil voraussetzt. Anders als § 108e StGB, in dessen Absatz 3 verschiedene Vorteile genannt werden,

---

[99] *Francuski*, HRRS 2014, 220 (230).
[100] *Francuski*, HRRS 2014, 220 (230).
[101] BT-Drucks. 13/10428, S. 21.

B. Tatbestand des § 108e StGB

die nicht als ungerechtfertigt einzuordnen sind, sieht das Gesetz zur Bekämpfung internationaler Bestechung keinerlei Einschränkung oder anderweitige Konkretisierung des Vorteilsbegriffs vor. Damit weist das Gesetz zur Bekämpfung internationaler Bestechung sogar einen extensiveren Vorteilsbegriff auf, als vom OECD-Übereinkommen gefordert. Art. 1 Abs. 1 des Übereinkommens spricht nämlich von „einem ungerechtfertigten geldwerten oder sonstigen Vorteil".

Zusammenfassend lässt sich konstatieren, dass sich die Tatbestände von Art. 2 § 2 IntBestG und § 108e StGB inhaltlich zwar in weiten Teilen überschneiden, aber nicht vollständig decken. Die Tatbestände unterscheiden sich sowohl im Hinblick auf Leistung und Gegenleistung, als auch hinsichtlich der subjektiven Anforderungen. Allerdings sind die tatbestandlichen Unterschiede viel weniger gravierend, als es zwischen Art. 2 § 2 IntBestG und § 108e StGB a.F. der Fall war. Sachverhalte, bei denen sich ein Vorteilsgeber aufgrund eines Verhaltens gegenüber einem ausländischen Abgeordneten ausschließlich gemäß Art. 2 § 2 IntBestG verantworten muss, nicht aber gemäß § 108e StGB, sind praktisch kaum vorstellbar. Dennoch legitimiert die unterschiedliche Ausgestaltung der beiden Normen aus formaler Sicht die weiterhin bestehende Geltung des Gesetzes zur Bekämpfung internationaler Bestechung. Eine Streichung von Art. 2 § 2 IntBestG ist demnach nicht geboten.

2. Keine Erfassung von Mandatsbewerbern

Keine Anwendung findet § 108e StGB seinem eindeutigen Wortlaut nach auf Personen, die sich um ein Mandat bewerben. Dies steht im Einklang mit den Vorgaben internationaler Abkommen, die Deutschland unterzeichnet hat. Weder das Strafrechtsübereinkommen des Europarates über Korruption noch das Übereinkommen der Vereinten Nationen gegen Korruption verlangen die Einbeziehung von Mandatsbewerbern.[102]

Allerdings macht es hinsichtlich des Unrechtsgehalts keinen Unterschied, ob korruptive Vereinbarungen bereits vor erstmaliger Mandatsübernahme

---

[102] So auch *Heinrich*, Stellungnahme, S. 48.

getroffen werden oder erst nach erfolgreicher Wahl.[103] Ein Wahlbewerber, der einem Dritten schon vor der Wahl zusagt, sich nach erfolgter Wahl gegen Zahlung eines Geldbetrages für ein bestimmtes Gesetzesvorhaben einzusetzen, verhält sich ebenso strafwürdig, wie ein Mandatsinhaber, der die gleiche Zusage erst nach Erlangung seines Mandats abgibt. Die Gefahr, dass es tatsächlich zu einem Mandatsmissbrauch kommt, ist bezüglich des Mandatsinhabers zwar größer, da der Wahlbewerber erst noch gewählt werden muss. Der Unrechtsgehalt ist aber allein schon aufgrund der Zusage in beiden Fällen vergleichbar hoch.

Zudem ist es im Hinblick auf den in Art. 3 GG verankerten Gleichheitssatz bedenklich, wenn korruptes Verhalten von Mandatsträgern ein Strafverfahren wegen § 108e StGB nach sich zieht, das gleiche Verhalten von einem Mandatsbewerber hingegen keine strafrechtlichen Konsequenzen hat.[104] Dies gilt insbesondere im Hinblick auf Wahlkampfzeiten. Bei Vornahme einer gemäß § 108e StGB strafbaren Handlung muss ein Wiederbewerber, der bis zur erneuten Wahl sein bisheriges Amt noch innehat, mit strafrechtlichen Konsequenzen rechnen, wohingegen ein Bewerber, der zum ersten Mal kandidiert, nicht belangt werden kann.

In eine ähnliche Richtung geht eine Entscheidung des Bundesgerichtshofs aus dem Jahre 2004. Im Fall *Kremendahl* ging es um die Frage, ob sich der Wuppertaler Oberbürgermeister *Kremendahl* wegen einer an seine Partei geflossenen Wahlkampfspende der Vorteilsannahme nach § 331 StGB strafbar gemacht hatte.[105] Die Vorinstanz hatte eine tatbestandseinschränkende Auslegung des § 331 StGB für geboten erklärt und aufgrund dieser eine Strafbarkeit *Kremendahls* verneint. Der Bundesgerichtshof bestätigte die einschränkende Auslegung des § 331 StGB, hielt diese jedoch aus anderen Gründen für notwendig. Den Richtern aus Karlsruhe zufolge war die Restriktion im Fall *Kremendahl* im Hinblick auf die verfassungsrechtlich garantierte Wahlgleichheit geboten. Denn ohne die Tatbestandseinschränkung wäre der sich um die Wiederwahl bewerbende Amtsträger rechtlich völlig davon ausgeschlossen, sich für die künftige Dienstausübung nach

---

[103] *Markov*, Deutscher Bundesrat, Stenografischer Bericht, Plenarprotokoll 920/18 (14.03.2014), S. 60D; ähnlich *Heinrich*, Stellungnahme, S. 48.
[104] Vgl. hierzu *Heinrich*, Stellungnahme, S. 43.
[105] BGHSt 49, 275 ff.

B. Tatbestand des § 108e StGB

der Wahl im Wahlkampf von Dritten finanziell unterstützen zu lassen, während ein Wahlkandidat, der keine Amtsträgerstellung innehabe, in unbeschränkter Weise dazu befugt wäre, Mittel zur Finanzierung seines Wahlkampfs einzuwerben.[106]

In dem Urteil des Bundesgerichtshofes geht es zwar um Amtsträger, dennoch ist die Entscheidungsbegründung auch auf Mandatsträger übertragbar.[107] Zu Wahlkampfzeiten haben Wahlbewerber gegenüber Mandatsinhabern, die für ihre Wiederwahl kandidieren, einen gleichheitswidrigen Vorteil, wenn sie sich durch Zusagen über ihr späteres Verhalten als Mandatsträger sanktionsfrei Mittel für ihren Wahlkampf verschaffen können.[108] Eine Tatbestandsrestriktion wie im Fall *Kremendahl* führt dazu, dass letztlich gar kein Wahlbewerber bestraft werden kann, wenn er sich für die Dienstausübung nach der Wahl im Wahlkampf von Dritten finanziell unterstützen lässt. Das oberste Fachgericht hat sich nur deswegen für eine Bestätigung dieser Art der Problemlösung entschieden, weil andernfalls die verfassungsrechtlich garantierte Wahlgleichheit von amtierenden Wahlbewerbern gegenüber Wahlbewerbern ohne Amt in verfassungsrechtlich nicht zu rechtfertigender Weise eingeschränkt worden wäre. Um der gleichen Problematik bei Mandatsträgern vorzubeugen, sollte der Gesetzgeber die entsprechende Maßnahme ergreifen und Wahlbewerber den Mandatsinhabern gleichstellen.

II. Ungerechtfertigter Vorteil für sich oder einen Dritten

Als Gegenleistung setzen die Bestechlichkeit und Bestechung von Mandatsträgern einen ungerechtfertigten Vorteil voraus. Diese Formulierung erfüllt die Vorgaben des Europaratübereinkommens[109] und der VN-Konvention,[110] welche in Art. 2 und 3 ER-Übereinkommen sowie Art. 15 VN-Konvention beide einen ungerechtfertigten Vorteil („undue advantage")

---

[106] BGHSt 49, 275 (292).
[107] So auch *Richter*, S. 196; ferner *Heinrich*, Stellungnahme, S. 48.
[108] Siehe hierzu BT-Drucks. 17/5933, S. 5.
[109] ETS Nr. 173, http://www.coe.int/en/web/conventions/full-list/-/conventions/rms/0900 00168007f3f5 (englisch), SEV Nr. 173, http://www.coe.int/de/web/conventions/full-list/-/conventions/rms/090000168007f589 (deutsch) (Stand: 30.11.2016).
[110] BGBl. II, 2014, S. 762.

voraussetzen. Im Übrigen aber ist das Tatbestandsmerkmal „ungerechtfertigter Vorteil" eine der problematischsten Formulierungen des neuen § 108e StGB. Während der Vorteilsbegriff bereits aus anderen Normen des Strafgesetzbuchs, insbesondere den §§ 331 ff. und 299 StGB, hinlänglich bekannt ist und in der Gesetzesbegründung zu § 108e StGB zudem klar definiert wird, ist deutlich schwieriger zu bestimmen, wann ein Vorteil als ungerechtfertigt einzuordnen ist.[111]

1. Vorteilsbegriff

Unter einem Vorteil ist jede Leistung zu verstehen, die das Mitglied oder einen Dritten materiell oder immateriell in seiner wirtschaftlichen, rechtlichen oder auch nur persönlichen Lage objektiv besserstellt und auf die das Mitglied keinen Anspruch hat, wobei der Wert der jeweiligen Zuwendung regelmäßig nicht entscheidend sein soll.[112] In Ermangelung eines Bezugspunktes für die Bestimmung der Besserstellung kann deren objektiver Gehalt letztlich nur aus einer Gesamtbewertung von Täterstellung, Mandatsausübung sowie Unrechtsvereinbarung geschlossen werden.[113] Jedenfalls muss die Zuwendung den Täter in irgendeiner Weise tatsächlich besserstellen.[114] Als materielle Leistungen kommen insbesondere Geld, Sachwerte und Rabatte sowie geldwerte Einladungen zu sportlichen, wissenschaftlichen oder sonstigen Veranstaltungen, zu Urlaubsreisen, Essen und Kongressen in Betracht.[115] Immaterielle Vorteile sind beispielsweise Ehrungen, die Vergabe von prestigeträchtigen Ehrenämtern und unter Umständen auch sexuelle Zuwendungen.[116] Mit dem Vorteilsbegriff hat sich der Gesetzgeber für ein im Strafgesetzbuch bereits etabliertes Tatbestandsmerkmal entschieden, für dessen nähere Bestimmung auf die zu §§ 108b, 299 StGB und insbesondere §§ 331 ff. StGB entwickelten Auslegungsgrundsätze sowie die hierzu ergangene Rechtsprechung zurückgegriffen werden kann.

---

[111] Siehe BT-Drucks. 18/476, S. 7.
[112] Siehe BT-Drucks. 18/607, S. 7 und den entsprechenden Vorteilsbegriff der §§ 331 ff., 299 StGB.
[113] So *Fischer*, § 331 Rn. 11a.
[114] Vgl. Schönke/Schröder-*Heine/Eisele*, § 331 Rn. 18 m.w.N.
[115] *Fischer*, § 331 Rn. 11c.
[116] *Fischer*, § 331 Rn. 11e.

B. Tatbestand des § 108e StGB

a) Immaterielle Vorteile

Im Gegensatz zur alten Fassung von § 108e StGB wird durch den Vorteilsbegriff zweifelsfrei klargestellt, dass auch rein immaterielle Vergünstigungen wie etwa Einladungen zu Vorträgen und Empfängen, Ehrungen von nicht unwesentlicher Bedeutung oder auch die Vermittlung des Zugangs zu bestimmten Clubs und Vereinen strafbar sein können. Durch diese Erweiterung wird die Abgrenzung zwischen noch zulässigen und bereits strafwürdigen Vorteilen zusätzlich erschwert. Das liegt zum einen daran, dass viele der aufgrund von Sozialüblichkeit und politischer Adäquanz als zulässig einzuordnenden Zuwendungen immaterieller Art sein dürften. Anders als bei materiellen Zuwendungen, können außerstrafrechtliche Vorschriften wie die Verhaltensregeln für Mitglieder des Bundestages bei der Beurteilung der Zulässigkeit von immateriellen Vorteilen kaum weiterhelfen. Zum anderen lässt sich der Wert von immateriellen Vorteilen häufig nur schwer bestimmen und kann in Abhängigkeit vom jeweiligen Empfänger stark variieren. Dennoch ist die Einbeziehung immaterieller Vorteile sachgerecht und begrüßenswert. Denn die zu schützenden Rechtsgüter des § 108e StGB werden durch die Annahme oder Gewährung immaterieller Vorteile nicht weniger beeinträchtigt, als durch die Zuwendung von materiellen Vorteilen.

b) Drittvorteile

Ebenso erfreulich ist, dass der neue § 108e StGB auch die sogenannten Drittzuwendungen erfasst. Damit sind nun auch jene Zuwendungen strafbar, welche nicht an den Mandatsträger selbst, sondern an dessen Partei, Interessenverband oder auch einen seiner Angehörigen fließen. Diese Erweiterung ist schon deswegen sinnvoll, weil Drittzuwendungen für den Mandatsträger genauso bedeutsam sein können, wie Zuwendungen an ihn selbst. Auch unter dem Gesichtspunkt des Rechtsgüterschutzes ist kein Grund für eine Differenzierung ersichtlich. Die Vorteilszuwendung an einen Dritten vermag das geschützte Rechtsgut ebenso stark zu beeinträchtigen, wie eine Zuwendung an den Abgeordneten selbst. Im Übrigen sind

Drittzuwendungen oftmals immaterieller Natur.[117] Da immaterielle Vorteile ebenfalls vom Tatbestand des § 108e StGB erfasst werden, ist eine gleichzeitige Einbeziehung von Drittzuwendungen auch zur Vermeidung von Widersprüchen erforderlich.

2. Bestimmung des „ungerechtfertigten" Vorteils

§ 108e StGB erfasst nur ungerechtfertigte Vorteile. Hierdurch will der Gesetzgeber zum Ausdruck bringen, dass im parlamentarischen Raum – anders als bei Amtsträgern – gewisse Zuwendungen durchaus erlaubt sind und die Schwelle zur Strafbarkeit nicht überschreiten.[118] Wann ein Vorteil „ungerechtfertigt" ist, wird allerdings weder in der Strafnorm selbst noch in den verfügbaren Gesetzesmaterialien der Norm definiert. In Absatz 4 ist allerdings bestimmt, in welchen Fällen ein ungerechtfertigter Vorteil nicht vorliegt (Satz 1) und wann eine Zuwendung keinen ungerechtfertigten Vorteil darstellt (Satz 2). Sofern einer der dort genannten Fälle einschlägig ist, scheidet eine Strafbarkeit gemäß § 108e StGB von vornherein aus.[119] Die genannten Vorteile werden dabei schon auf tatbestandlicher Ebene nicht von § 108e StGB erfasst und stehen nicht erst in Form von Rechtfertigungsgründen der Rechtswidrigkeit der Tat entgegen.[120] Insoweit klammert Absatz 4 bestimmte Vorteile aus dem Kreis ungerechtfertigter Vorteile aus und konkretisiert dadurch den Vorteilsbegriff.

Im Übrigen ist vieles unklar. Zunächst stellt sich die Frage, wie die Ausklammerung in Absatz 4 rechtlich einzuordnen ist. Darüber hinaus muss ermittelt werden, welche Vorteile inhaltlich von Absatz 4 erfasst werden. Zudem gilt es zu prüfen, welche Bedeutung dem Begriff „ungerechtfertigt" über Absatz 4 hinaus zukommt. Schließlich müssen die verschiedenen Ausklammerungsfälle des Absatz 4 auf ihre verfassungsrechtliche Bestimmtheit hin untersucht werden.

---

[117] Beispiele nennt MüKo-*Korte*, § 331 Rn. 70.
[118] Vgl. BT-Drucks. 18/476, S. 7.
[119] Vgl. hierzu BT-Drucks. 18/476, S. 7 und 9.
[120] So schon *Heinrich*, Stellungnahme, S. 3.

B. Tatbestand des § 108e StGB

a) Rechtliche Einordnung der Ausklammerung in Absatz 4

Absatz 4 sieht verschiedene Arten der Ausklammerung nicht ungerechtfertigter Vorteile vor. Der Ausschluss erfolgt zum einen durch konkrete Benennung nicht ungerechtfertigter Vorteile in Satz 2 Nummer 1, zum zweiten durch die beiden in Satz 1 und Satz 2 Nummer 2 enthaltenen Verweise auf außerstrafrechtliche Vorschriften, die wiederum Aufschluss darüber geben, welche Vorteile nicht ungerechtfertigt sind, und schließlich durch die offene Formulierung „insbesondere" in Satz 1.

aa) Ausklammerung durch das Strafgesetzbuch selbst

§ 108e Abs. 4 S. 2 Nr. 1 StGB stellt klar, dass ein politisches Amt oder eine politische Funktion keinen ungerechtfertigten Vorteil darstellen. Die Prüfung dieser Art der Ausklammerung durch konkrete Benennung nicht ungerechtfertigter Vorteile ist unproblematisch. Ermittelt werden muss lediglich, ob der Vorteil in einem politischem Amt oder einer politischen Funktion besteht. Ist das der Fall, so scheidet eine Strafbarkeit gemäß § 108e StGB in Ermangelung eines ungerechtfertigten Vorteils aus. Ähnlich verhält es sich mit der offenen Formulierung „insbesondere". Mit dieser Formulierung sollen der Gesetzesbegründung zufolge jene Vorteile ausgeklammert werden, die anerkannten parlamentarischen Gepflogenheiten entsprechen.[121] Ergibt die Prüfung, dass ein Vorteil parlamentarischen Gepflogenheiten entspricht, scheidet dieser von vornherein aus dem Anwendungsbereich des § 108e StGB aus.

bb) Ausklammerung durch Vorschriften außerhalb des Strafgesetzbuchs

Anders ist dies in Bezug auf die Ausklammerungen in § 108e Abs. 4 S. 1 und S. 2 Nr. 2 StGB, wonach weder ein Vorteil, der durch die für die Rechtsstellung des Mitglieds maßgeblichen Vorschriften erlaubt ist, noch eine nach dem Parteiengesetz oder entsprechenden Gesetzen zulässige Spende, Gegenstand einer Straftat im Sinne des § 108e StGB sein können.

---

[121] Hierzu BT-Drucks. 18/476, S. 9.

Diese Ausklammerungen nehmen auf Vorschriften außerhalb des Strafgesetzbuchs Bezug. Dies wirft die Frage auf, wie die Verweise rechtlich zu qualifizieren sind.

(1) Ausklammerung durch akzessorisches Strafrecht

Die Bindung eines Straftatbestands an eine oder mehrere Bezugs- oder Verweisungsnormen außerhalb des Strafgesetzbuchs wird als Akzessorietät des Strafrechts bezeichnet.[122] Im Strafgesetzbuch, im Nebenstrafrecht und innerhalb des Ordnungswidrigkeitenrechts finden sich zahlreiche Tatbestände, welche bezüglich einzelner oder mehrerer Strafbarkeitsvoraussetzungen ausdrücklich auf andere Rechtsakte verweisen oder deren Auslegung eine Heranziehung anderer Rechtsakte erfordert.[123] Die Erscheinungsformen akzessorischen Strafrechts sind vielfältig, wobei grundsätzlich zwischen Blankettgesetzen einerseits und Gesetzen mit normativen Tatbestandsmerkmalen andererseits unterschieden werden muss.

Hinsichtlich der Verweise in § 108e Abs. 4 S. 1 und S. 2 Nr. 2 StGB kommt zunächst eine Einordnung als Unterfall der Blankettgesetze in Betracht.[124] Als reine Blankettgesetze gelten dabei diejenigen Strafgesetze, deren Tatbestand nur zusammen mit einer Ausfüllungsnorm ein konkretes Verhaltensgebot oder -verbot aufstellt.[125] Tatbestände, bei denen ein Teil der Merkmale ausdrückliche Beschreibungen von Tatbestandselementen sind, in denen aber auch ein oder mehrere Merkmale vorkommen, die lediglich auf die Tatbestände anderer Gesetze verweisen, werden als Teilblanketttatbestände bezeichnet.[126] § 108e Abs. 4 StGB verweist nur hinsichtlich nicht ungerechtfertigter Vorteile auf Vorschriften außerhalb der Strafgesetzbuchs, weswegen es sich allenfalls um eine Teilblankettvorschrift handeln kann. Alternativ kommt eine Einordnung als normatives Tatbestandsmerkmal in Betracht. Tatbestände mit normativen Tatbestandsmerkmalen sind solche, die zwar eine vollständige Strafnorm enthalten, von denen

---

[122] Siehe *Hohmann*, ZIS 2007, 38.
[123] Zahlreiche Beispiele nennt *Hohmann*, ZIS 2007, 38.
[124] So etwa *Schwarz*, Stellungnahme 2014, S. 3.
[125] Schönke/Schröder-*Sternberg-Lieben/Schuster*, § 15 Rn. 99.
[126] NK-*Puppe*, vor § 13 Rn. 26.

B. Tatbestand des § 108e StGB

aber einzelne Merkmale unter Hinzuziehung anderer Gesetze ausgelegt werden müssen.[127]

Dabei ist fraglich, an welches Tatbestandsmerkmal die Verweise anknüpfen, was also der Anknüpfungspunkt des akzessorischen Strafrechts ist. Eine Anknüpfung an „ungerechtfertigt" ist insofern nicht zutreffend, als Absatz 4 die Ausklammerung nicht ungerechtfertigter Vorteile zum Gegenstand hat. Wörtlich heißt es in Absatz 4: „Ein ungerechtfertigter Vorteil liegt [...] nicht vor, wenn die Annahme des Vorteils im Einklang mit den für die Rechtsstellung des Mitglieds maßgeblichen Vorschriften steht. Keinen ungerechtfertigten Vorteil stellen dar [...] eine nach dem Parteiengesetz oder entsprechenden Gesetzen zulässige Spende." Demnach knüpfen die außerstrafrechtlichen Vorschriften mittelbar an den Begriff „ungerechtfertigt" an, nämlich insoweit, als anhand von ihnen das Vorliegen eines ungerechtfertigten Vorteiles negiert werden soll.

(2) Teilblankett oder normatives Tatbestandsmerkmal?

Ob ein akzessorischer Straftatbestand als Teilblankettgesetz einzuordnen ist oder ein normatives Tatbestandsmerkmal enthält, ist oftmals schwer zu bestimmen. Zunächst besteht Uneinigkeit darüber, anhand welcher Kriterien die Abgrenzung zu erfolgen hat. Vor allem aber ermöglichen die Abgrenzungskriterien gerade in problematischen Fällen nur selten eine eindeutige Zuordnung.[128]

(a) Abgrenzung unter Zuhilfenahme der gängigsten Kriterien

Ein großer Teil des Schrifttums[129] und der Bundesgerichtshof[130] grenzen danach ab, ob der Straftatbestand ohne das fragliche Merkmal als in sich geschlossen und vollständig anzusehen ist. Ergibt der Straftatbestand ohne

---

[127] Leupold/Glossner-*Cornelius*, Teil 10 Rn. 7.
[128] Vgl. *Hohmann*, ZIS 2007, 38 (42).
[129] Vgl. NK-*Puppe*, § 16 Rn. 20 f.; vgl. ferner KK-*Rengier*, § 11 Rn. 28; ferner Leupold/Glossner-*Cornelius*, Teil 10 Rn. 7; ferner MüKo-*Schmitz/Wulf*, § 370 AO Rn. 326.
[130] Hierzu BGHSt 5, 90 (91); vgl. ferner BGHSt 28, 213 (215).

Heranziehung anderer Vorschriften keinen Sinn, so soll es sich um ein inhaltlich offenes und unvollständiges Blankettgesetz handeln. Enthält der Tatbestand hingegen eine vollständige Strafnorm, die nur anhand anderer Gesetze auszulegen ist, soll ein normatives Tatbestandsmerkmal vorliegen. Nach dieser Abgrenzung ist § 108e StGB als vollständige Strafnorm einzuordnen. Durch die Bezugnahme des Absatz 4 auf Vorschriften außerhalb des Strafgesetzbuchs werden zwar bestimmte Vorteilszuwendungen aus dem Anwendungsbereich des § 108e StGB ausgeklammert, jedoch ergibt der Tatbestand auch ohne Heranziehung außerstrafrechtlicher Vorschriften einen Sinn. Insofern ist der Tatbestand als vollständig zu qualifizieren, den außerstrafrechtlichen Vorschriften kommt nur eine tatbestandsergänzende Funktion zu.

Daneben stellen einige Autoren darauf ab, dass normative Tatbestandsmerkmale einen wertausfüllungsbedürftigen Charakter aufweisen, während Blankettgesetze auf Verhaltensbeschreibungen enthaltende Vorschriften verweisen.[131] Übertragen auf die beiden Verweise in Absatz 4 ermöglicht diese Unterscheidung keine eindeutige Zuordnung. Einerseits ist der Begriff „ungerechtfertigt" – und damit auch seine Negation – zweifellos wertausfüllungsbedürftig. Dies zeigt auch ein vergleichender Blick auf die sogenannten gesamttatbewertenden Tatbestandsmerkmale, zu denen etwa die Merkmale „angemessen" in § 142 Abs. 1 Nr. 2 StGB, „zumutbar" in § 323c StGB, „grob pflichtwidrig" in § 325 Abs. 2 StGB und „verwerflich" in § 240 Abs. 2 StGB zählen.[132] Im Unterschied zu den sich regelmäßig auf den gesamten Tatbestand beziehenden gesamttatbewertenden Merkmalen, knüpft der Ausdruck „ungerechtfertigt" zwar nur an den Vorteilsbegriff an. Inhaltlich weist der Ausdruck allerdings einen ähnlich hohen normativen Gehalt auf, wie es anerkanntermaßen bei den gesamttatbewertenden Merkmalen der Fall ist.[133]

Andererseits enthalten die in Bezug genommenen Vorschriften aber auch ge- und verbietende Verhaltensbeschreibungen. So ist in den Verhaltensregeln die Pflicht zur Anzeige bestimmter Nebentätigkeiten sowie daraus resultierender Einkünfte normiert und in § 25 Abs. 2 PartG,

---

[131] Vgl. *Hohmann*, ZIS 2007, 38 (42) m.w.N.; *Bülte*, HRRS 2011, 465 (467).
[132] Mit weiteren Beispielen KK-*Rengier*, § 11 Rn. 46; vgl. ferner Lackner/*Kühl* § 15 Rn. 16.
[133] Vgl. hierzu KK-*Rengier*, § 11 Rn. 45; Lackner/*Kühl* § 15 Rn. 16.

B. Tatbestand des § 108e StGB

§ 44a Abs. 2 S. 2 u. 3 AbgG sind konkrete Annahmeverbote für Spenden und Zuwendungen festgeschrieben. Dabei muss allerdings berücksichtigt werden, dass ein Verstoß gegen die Anzeigepflichten nicht die Unzulässigkeit der jeweils betroffenen Zuwendung zur Folge hat.[134] Die Annahmeverbote geben hingegen die Grenzen der Zulässigkeit der im Abgeordnetengesetz und in den Verhaltensregeln vorgesehenen Zuwendungen vor.

Eine weitere Ansicht unterscheidet nach der jeweiligen Art der Verweisung. Bei konkludenter Bezugnahme auf andere Normsysteme handele es sich um ein normatives Tatbestandsmerkmal, während Blankettgesetze ausdrückliche Verweisungen beinhalten.[135] Da Absatz 4 ausdrücklich auf die für die Rechtsstellung des Mitglieds maßgeblichen Vorschriften, das Parteiengesetz sowie entsprechende Gesetze verweist, spricht diese Ansicht für eine Einordnung als Blankettgesetz. Allerdings vermag das Abgrenzungskriterium insofern nicht zu überzeugen, als es Tatbestandsmerkmale gibt, die ausdrücklich auf Vorschriften beziehungsweise Rechte außerhalb des Strafgesetzbuchs Bezug nehmen und dennoch als normative Tatbestandsmerkmale eingeordnet werden. So verhält es sich beispielsweise mit dem Merkmal unter Verletzung fremden Jagdrechts oder Jagdausübungsrechts" in § 292 StGB.[136]

Schließlich wird die Auffassung vertreten, dass die Abgrenzung anhand der Art des Verweisungsobjekts vorzunehmen sei. Normative Tatbestandsmerkmale würden auf formelle Gesetze verweisen, während Blankettgesetze auf Normen anderer Normgeber als der des parlamentarischen Gesetzgebers Bezug nehmen.[137] Auch diese Ansicht hilft im vorliegenden Fall nur bedingt weiter. Denn zu den in Absatz 4 Satz 1 genannten außerstrafrechtlichen Vorschriften zählen sowohl das Abgeordnetengesetz und das Parteiengesetz als formelle Gesetze als auch die Verhaltensregeln, deren Rechtsnatur umstritten ist, die aber jedenfalls nicht im förmlichen Gesetzgebungsverfahren zustande kommen. Etwas anderes gilt für den Verweis in Absatz 4 Satz 2 Nummer 2, der sich ausschließlich auf Gesetze bezieht.

---

[134] So auch *Sobolewski/Raue*, WD-Infobrief, S. 5.
[135] Vgl. *Hohmann*, ZIS 2007, 38 (42) m.w.N.
[136] Vgl. etwa NK-*Puppe*, § 16 Rn. 21.
[137] So *Hohmann*, ZIS 2007, 38 (42).

Soweit die genannten vier Abgrenzungskriterien überhaupt eine Einordnung ermöglichen, kommen sie zu unterschiedlichen Ergebnissen. Hinzu kommt, dass keines der genannten Kriterien den Eindruck einer intuitiv gehandhabten Abgrenzung zu beseitigen vermag.[138] Dies gilt selbst für das hilfreichste der genannten Kriterien, welches auf die Geschlossenheit und Vollständigkeit des Straftatbestands abstellt.

(b) Einordnung von Absatz 4 Satz 1 als normative Verweisung

Jenseits der genannten Abgrenzungskriterien sprechen andere Gründe gegen eine Einordnung des Absatz 4 Satz 1 als Teilblankettverweisung.

Durch den Verweis auf Vorschriften außerhalb des Strafgesetzbuchs will der Gesetzgeber sicherstellen, dass bestimmte, sich im Rahmen der entsprechenden Vorschriften bewegende Vorteile, keine Strafbarkeit nach § 108e StGB begründen. Abschließende Verhaltensgebote oder -verbote werden durch die in Bezug genommenen Vorschriften dagegen nicht aufgestellt. Dies wird schon durch die Formulierung „liegt insbesondere nicht vor" verdeutlicht und zudem noch in der Gesetzesbegründung ausdrücklich klargestellt.[139] Alle anderen Teilblankette des Strafgesetzbuchs enthalten aber eine abschließende Regelung. Etwa Formulierungen wie entgegen den Rechtsvorschriften über die Subventionsvergabe" in § 264 Abs. 1 Nr. 2 StGB, „gegen Rechtsvorschriften zur Sicherung der Schienenbahn, Schwebebahn, Schiffs- oder Luftverkehrs verstößt" in § 315a StGB, „unter Verletzung verwaltungsrechtlicher Pflichten" in §§ 324a, 325 und 325a StGB, „entgegen einem Verbot oder ohne die erforderliche Genehmigung oder entgegen einer vollziehbaren Untersagung" in §§ 327 und 328 StGB.[140] Dies ist auch sinnvoll, weil die in Bezug genommenen Vorschriften das Blankettmerkmal derart ausfüllen sollen, dass dessen Vorliegen oder Nichtvorliegen eindeutig beurteilt werden kann. Sind hingegen noch weitere Umstände in die Beurteilung miteinzubezie-

---

[138] Vgl. hierzu Leupold/Glossner-*Cornelius*, Teil 10 Rn. 7.
[139] Vgl. BT-Drucks. 18/476, S. 9.
[140] NK-*Puppe*, § 16 Rn. 19 mit weiteren Beispielen.

B. Tatbestand des § 108e StGB

hen, so kommt den in Bezug genommenen Vorschriften nur eine ergänzende Funktion zu, was wiederum kennzeichnend für normative Tatbestandsmerkmale ist.

Das zweite maßgebliche Argument gegen eine Einordnung als Teilblankett ergibt sich mit Blick auf die übrigen von § 108e StGB erfassten Mandatsträger. Denn die Ermittlung nicht ungerechtfertigter Vorteile anhand von Ausfüllungsnormen eines Teilblankettgesetzes setzt voraus, dass es solche Regelungen für sämtliche von § 108e StGB erfassten Mandatsträger gibt. Das ist aber nicht der Fall. Gerade im Bereich von Kommunalabgeordneten sind derartige Regelungen häufig nur vereinzelt vorgesehen oder überhaupt nicht vorhanden.[141] Aufgrund des Wortes „insbesondere" ist die Ausklammerung in § 108e Abs. 4 S. 1 StGB zwar nicht abschließend, so dass bei Fehlen von Ausfüllungsnormen auf den Begriff der parlamentarischen Gepflogenheiten zurückgegriffen werden kann. In Anbetracht der Tatsache aber, dass es sich bei den kommunalen Mandatsträgern zahlenmäßig um die mit Abstand bedeutsamste Mandatsträgergruppe des § 108e StGB handelt, stellt diese Rückgriffsmöglichkeit kein befriedigendes Ergebnis dar.[142] Eine Einordnung der Verweise als Auslegungshilfen eines normativen Tatbestandsmerkmals bietet demgegenüber deutlich mehr Spielraum im Umgang mit der Lückenhaftigkeit der in Bezug genommenen Vorschriften.

Selbst bei Vorhandensein entsprechender Regelungen käme eine Einordnung des Absatz 4 Satz 1 als Teilblankett nicht in Betracht. Sowohl die Länder als auch die Kommunen sind in der Ausgestaltung der für die Rechtsstellung ihrer Mandatsträger maßgeblichen Vorschriften frei. In Ermangelung einheitlicher Regelungen würde dies unweigerlich zu einer unterschiedlichen strafrechtlichen Behandlung der von § 108e StGB erfassten Mandatsträgergruppen führen.[143] Mag eine unterschiedliche Behandlung von beispielsweise Bundestagsabgeordneten und kommunalen Mandatsträgern berechtigt sein, so ist eine unterschiedliche Behandlung von

---

[141] Hierzu *Jäckle*, Stellungnahme 2014, S. 7 f.
[142] Hierzu *Ruge*, Deutscher Bundestag, Ausschuss für Recht und Verbraucherschutz, Wortprotokoll 18/7 (17.02.2014), S. 18.
[143] Siehe hierzu unten 3.Teil C III 3 c).

kommunalen Mandatsträgern verschiedener Kommunen nicht hinnehmbar.

Schließlich stünde einer Heranziehung der Verhaltensregeln als Ausfüllungsnormen auch der strafrechtliche Bestimmtheitsgrundsatz entgegen. Die Verhaltensregeln kommen nicht im förmlichen Gesetzgebungsverfahren zustande, sondern werden allein durch den Bundestag beschlossen.[144] Insofern ist eine Verweisung auf die Verhaltensregeln im Hinblick auf den strengen Gesetzesvorbehalt und das Wesentlichkeitsgebot bedenklich, wonach die wesentlichen Voraussetzungen staatlicher Eingriffe grundsätzlich durch den parlamentarischen Gesetzgeber, also unter Beteiligung des Bundesrates, zu regeln sind.[145] Die zur Auslegung normativer Tatbestandsmerkmale herangezogenen Auslegungshilfen müssen hingegen lediglich die Anforderungen des allgemeinen Bestimmtheitsgebots erfüllen, nicht aber die des weitreichenderen, strafrechtlichen Bestimmtheitsgebots. Insofern ist eine normative Verweisung verfassungsrechtlich weniger problematisch als eine Teilblankettverweisung.

Somit ist die Bezugnahme von Absatz 4 Satz 1 auf die für die Rechtsstellung von Mandatsträgern maßgeblichen Vorschriften zur Ausklammerung nicht ungerechtfertigter Vorteile als normativ einzuordnen.

(c) **Einordnung von Absatz 4 Satz 2 Nummer 2 als Teilblankettverweisung**

Die soeben genannten Argumente gegen eine Einordnung als Teilblankett überzeugen nur im Hinblick auf die Verweisung in Absatz 4 Satz 1. Hinsichtlich der in Absatz 4 Satz 2 Nummer 2 enthaltenen Verweisung auf das Parteiengesetz und die diesem entsprechenden Gesetze ist eine andere Beurteilung geboten. Im Gegensatz zu Satz 1, ist die Ausklammerung in Satz 2 Nummer 2 ausschließlich anhand der bestehenden Gesetze über Spenden zu beurteilen und insoweit abschließend. Weil Gegenstand der Ausklammerung in Satz 2 Nummer 2 Parteispenden sind, bereiten weder die Lückenhaftigkeit noch eine unterschiedliche Ausgestaltung von außerstrafrechtlichen Mandatsträgerregelungen Schwierigkeiten. Schließlich bezieht

---

[144] Siehe unten 3.Teil C III 3 b) aa) (2) (c).
[145] Siehe unten 3.Teil C III 3 b) aa) (2) (c).

B. Tatbestand des § 108e StGB

sich Satz 2 Nummer 2 ausschließlich auf Gesetze, weswegen weder der strenge Gesetzesvorbehalt noch das Wesentlichkeitsgebot tangiert werden. Demnach kann die Bezugnahme in § 108e Absatz 4 S. 2 Nr. 2 StGB als Teilblankettverweisung eingeordnet werden.

(d) Zwischenergebnis

Nach alldem sind die außerstrafrechtlichen Vorschriften, auf die § 108e Abs. 4 S. 1 StGB verweist, als Auslegungshilfen einer normativen Verweisung einzuordnen. Die in § 108e Abs. 4 S. 2 Nr. 2 StGB genannten Gesetze stellen hingegen Ausfüllungsnormen einer Teilblankettverweisung dar.

Allerdings entspricht die Negation ungerechtfertigter Vorteile in Absatz 4 Satz 1 auch nicht dem typischen Fall eines normativen Tatbestandsmerkmals. Es ist schon zweifelhaft, ob der Begriff „ungerechtfertigt" überhaupt ein Tatbestandsmerkmal darstellt.[146] Andererseits kommt dem Begriff insoweit die Wirkung eines Tatbestandsmerkmals zu, als er den Vorteilsbegriff durch Ausklammerung bestimmter nicht ungerechtfertigter Vorteile beschränkt. Zudem erfordert die Ausklammerung nicht ungerechtfertigter Vorteile anhand der in Absatz 4 Satz 1 genannten außerstrafrechtlichen Vorschriften eine rechtliche Bewertung. Demnach kann der Begriff „ungerechtfertigt" insoweit als Unterfall eines normativen Tatbestandsmerkmals eingeordnet werden, als mit seiner Hilfe bestimmte Vorteile aus dem Anwendungsbereich des § 108e StGB ausgeklammert werden.

b) Inhalt der Ausklammerung in Absatz 4

Gemäß § 108e Abs. 4 S. 1 StGB sind Vorteilszuwendungen insbesondere dann nicht ungerechtfertigt, wenn sie im Einklang mit den für die Rechtsstellung des Mitglieds maßgeblichen Vorschriften stehen. Fehlt es an einem Einklang, ist entsprechend der generalklauselartigen Formulierung „insbesondere" danach zu fragen, ob die Vorteilszuwendung anerkannten

---

[146] Hierzu unten 2.Teil B II 2 c) bb) (1).

parlamentarischen Gepflogenheiten entspricht und deswegen nicht als ungerechtfertigt einzuordnen ist.[147] Daneben stellt Absatz 4 Satz 2 ausdrücklich klar, dass weder ein politisches Mandat oder eine politische Funktion (Nr. 1) noch eine nach dem Parteiengesetz oder entsprechenden Gesetzen zulässige Spende (Nr. 2) einen ungerechtfertigten Vorteil darstellen.

aa) Im Einklang mit den für die Rechtsstellung des Mitglieds maßgeblichen Vorschriften

Ob eine Vorteilszuwendung im Einklang mit den für die Rechtsstellung eines Mitglieds maßgeblichen Vorschriften steht, ist primär durch Heranziehung der entsprechenden Vorschriften zu ermitteln. Zu diesen Vorschriften zählen Abgeordnetengesetze, Verhaltensregeln, Ehrenkodizes, Leitfäden und ähnliche Bestimmungen,[148] wobei zwischen den verschiedenen Mandatsträgern unterschieden werden muss. Der Einklang muss sich dabei nicht direkt aus den maßgeblichen Vorschriften ergeben. Es genügt, wenn sich die Berechtigung zur Annahme des Vorteils den maßgeblichen Vorschriften im Wege der Auslegung entnehmen lässt.[149]

(1) Die für die Rechtsstellung des Mitglieds maßgeblichen Vorschriften

Die Prüfung des Einklangs mit den für die Rechtsstellung der Normadressaten maßgeblichen Vorschriften setzt voraus, dass derartige Regelungen überhaupt bestehen. Für Bundestagsabgeordnete, deren Betrachtung im Mittelpunkt dieser Arbeit steht, sind das Abgeordnetengesetz, die Verhaltensregeln für Mitglieder des Deutschen Bundestages, die als Anlage 1 der Geschäftsordnung des Deutschen Bundestages beigefügt sind, sowie die zu den Verhaltensregeln vom Präsidenten des Deutschen Bundestages erlassenen Ausführungsbestimmungen maßgeblich.[150] Darüber hinaus

---

[147] Vgl. BT-Drucks. 18/476, S. 9.
[148] Siehe *Jäckle*, Stellungnahme 2014, S. 7.
[149] BT-Drucks. 18/476, S. 9.
[150] BT-Drucks. 18/476, S. 9.

B. Tatbestand des § 108e StGB

kommt auch dem Gesetz über politische Parteien insoweit Bedeutung zu, als in den übrigen Vorschriften auf dieses verwiesen wird.[151]

Gemeinsamer Verbindungspunkt der genannten Vorschriften ist der an den Bundestag gerichtete § 44b AbgG. Die Norm begründet eine gesetzliche Pflicht des Bundestages, Verhaltensregeln zu beschließen und schafft gleichzeitig die hierfür erforderliche gesetzliche Ermächtigungsgrundlage. Daneben sieht § 44b AbgG einen allgemeinen Rahmen für die inhaltliche Ausgestaltung der Verhaltensregeln vor, dessen konkrete Ausfüllung allerdings der Autonomie des Bundestages vorbehalten ist.[152] Gemäß § 19 GOBT sind die vom Bundestag zu beschließenden Verhaltensregeln als Anlage 1 Bestandteil der Geschäftsordnung des Deutschen Bundestages. Konkretisiert werden die Verhaltensregeln für Mitglieder des Deutschen Bundestages durch die Ausführungsbestimmungen zu den Verhaltensregeln, welche gemäß § 1 Abs. 4 VR vom Präsidenten des Bundestages zu erlassen sind.

Die Rechtsstellung von Landtagsabgeordneten ist in entsprechenden Landesgesetzen und den darauf basierenden Verhaltensregeln festgeschrieben. Auch für Mitglieder des europäischen Parlaments existieren ein Abgeordnetengesetz sowie ein Verhaltenskodex.

Problematischer ist die Verweisung im Hinblick auf ausländische Abgeordnete und kommunale Mandatsträger. Für ausländische Abgeordnete gibt es – zumindest innerhalb Deutschlands – keine derartigen Regelungen. Eine Verabschiedung entsprechender Vorschriften durch den deutschen Gesetzgeber scheidet aus kompetenzrechtlichen Gründen aus.[153] Auch die Einigung über ein künftiges, staatenübergreifendes Regelungswerk ist zum gegenwärtigen Zeitpunkt nicht absehbar.

Regelungen über die Rechtsstellung von Volksvertretern der Gemeinden und Gemeindeverbände sind in den Gemeindeordnungen der Länder und – soweit vorhanden – in den darauf basierenden Verhaltensregeln zu fin-

---

[151] Hierzu unten 2.Teil B II 2 d) bb) (1).
[152] So bereits BT-Drucks. 8/4114, S. 7.
[153] Vgl. hierzu *Heinrich*, Stellungnahme, S. 5.

den. Gerade in kleineren Gemeinden dürften Verhaltensregeln aber regelmäßig fehlen.[154] Hinzu kommt, dass kommunale Volksvertreter durch die Gemeindeordnungen in der Regel dazu ermächtigt werden, sich selber Verhaltensregeln zu geben. Dies begünstigt nicht nur Missbrauch, sondern auch eine völlig unterschiedliche Bewertung dessen, was zulässig ist.[155]

Andererseits spricht § 108e StGB davon, dass „insbesondere" dann kein ungerechtfertigter Vorteil vorliegt, wenn die Vorteilszuwendung im Einklang mit den für die Rechtsstellung des Mandatsträgers maßgeblichen Vorschriften steht. Ist in Ermangelung entsprechender Vorschriften kein Einklang feststellbar, liegt nicht automatisch ein ungerechtfertigter Vorteil vor. Vielmehr ist danach zu fragen, ob die Vorteilszuwendung parlamentarischen Gepflogenheiten entspricht und deswegen nicht als ungerechtfertigt einzuordnen ist.[156] Die Unvollständigkeit oder gar das gänzliche Fehlen von für die Rechtsstellung der Mandatsträger maßgeblichen Vorschriften steht der Anwendbarkeit der Vorschrift daher nicht grundsätzlich entgegen.

(2) Im Einklang mit den maßgeblichen Vorschriften

Fraglich ist, wie das Vorliegen eines Einklangs mit den für die Rechtsstellung des Mitglieds maßgeblichen Vorschriften konkret zu prüfen ist. Es wurde bereits festgestellt, dass die Negation des ungerechtfertigten Vorteils in Absatz 4 als Unterfall der Rechtsfigur des normativen Tatbestandsmerkmals einzuordnen ist. Die inhaltliche Bestimmung normativer Tatbestandsmerkmale hat in vollem Umfang anhand der Regeln des den Begriff ausfüllenden Rechtsgebiets zu erfolgen, wobei die Auslegungsregeln des in Bezug genommenen Rechtsgebiets maßgeblich sind.[157] Für Bundestagsabgeordnete sind in erster Linie die §§ 44a, 44b AbgG, die Verhaltensregeln sowie die dazugehörigen Ausführungsbestimmungen und über § 4 Abs. 4 VR auch § 25 Abs. 2 PartG relevant. Demnach ist die Negation

---

[154] So schon *Jäckle*, Stellungnahme 2014, S. 7 f.
[155] Vgl. *Jäckle*, Stellungnahme 2014, S. 7 f.
[156] BT-Drucks. 18/476, S. 9.
[157] *Hohmann*, ZIS 2007, 38 (40).

B. Tatbestand des § 108e StGB

des ungerechtfertigten Vorteils anhand der Regeln des Parlamentsrechts zu prüfen.

Die Gesetzesbegründung nennt eine Reihe von geldwerten Zuwendungen, bei deren Annahme grundsätzlich von einem Einklang mit den maßgeblichen Vorschriften ausgegangen werden kann. Neben Spenden werden die in § 4 Abs. 5 und 6 VR genannten geldwerten Zuwendungen aufgeführt.[158] Außerdem werden die einschränkenden Regelungen des § 44a Abs. 3 S. 1 bis 3 AbgG wörtlich wiedergegeben.[159] Unerwähnt bleiben hingegen Einkünfte aus Nebentätigkeiten. Dies wirft die Frage auf, ob hinsichtlich der Annahme von Einkünften aus Nebentätigkeiten eine Prüfung des Einklangs mit den maßgeblichen Vorschriften unterbleiben soll. Gegen eine solche Deutung spricht jedoch, dass die Gesetzesbegründung das in § 44a Abs. 2 S. 2 AbgG geregelte Verbot arbeitsloser Einkommen, welches speziell auf die Erfassung von Einkünften aus Nebentätigkeiten zugeschnitten ist, vollständig zitiert. Hätte der Gesetzgeber die Prüfung von Einkünften aus Nebentätigkeiten auf einen möglichen Einklang hin unterbinden wollen, dann hätte er wohl kaum ausdrücklich auf das Verbot arbeitsloser Einkommen hingewiesen. Zudem stellt der Gesetzgeber an mehreren Stellen seiner Begründung klar, dass das, was durch Abgeordnetengesetz und Verhaltensregeln erlaubt ist, regelmäßig nicht strafbar sein kann.[160] Die Ausübung von Nebentätigkeiten und die Annahme hieraus resultierender Einkünfte sind gemäß Abgeordnetengesetz und Verhaltensregeln nicht nur grundsätzlich erlaubt, sondern zählen auch zu den Hauptregelungsgegenständen der Verhaltensregeln. Darüber hinaus gilt der Grundsatz, dass das Strafrecht kein Verhalten verbieten kann, das durch andere Vorschriften erlaubt ist.[161] § 44a Abs. 1 S. 2 AbgG stellt ausdrücklich klar, dass die Ausübung von Tätigkeiten neben dem Mandat grundsätzlich zulässig ist. Demnach wird auch hinsichtlich der Annahme von Einkünften aus Nebentätigkeiten geprüft, ob diese im Einklang mit den maßgeblichen Vorschriften steht.

Zur Ermittlung des Einklangs ist in einem ersten Schritt zu prüfen, ob die Annahme des zu prüfenden Vorteils dem Grunde nach zulässig ist. Das ist

---
[158] BT-Drucks. 18/476, S. 9.
[159] BT-Drucks. 18/476, S. 9.
[160] BT-Drucks. 18/476, S. 9.
[161] So bereits *Heinrich*, Stellungnahme, S. 29.

der Fall, wenn die für die Rechtsstellung des Mitglieds maßgeblichen Vorschriften die Annahme des Vorteils durch das Mitglied vorsehen. Die grundsätzliche Zulässigkeit kann sich dabei entweder direkt oder indirekt aus den entsprechenden Vorschriften ergeben. Letzteres ist immer dann der Fall, wenn die Vorschriften anderweitige Vorgaben hinsichtlich der Annahme des Vorteils vorsehen, insbesondere den Empfänger zur Anzeige des Vorteils verpflichten. Denn das Bestehen anderweitiger Verpflichtungen hinsichtlich der Annahme eines Vorteils impliziert, dass dem Abgeordneten die Annahme dieses Vorteils zumindest grundsätzlich erlaubt ist.[162] Zur Annahme welcher Vorteile Bundestagsabgeordnete grundsätzlich berechtigt sind, ergibt sich aus §§ 44a Abs. 1 S. 2, Abs. 2 S. 4 AbgG, § 4 VR.[163]

Sodann ist in einem zweiten Schritt zu ermitteln, welchen Grenzen der jeweils zu prüfende Vorteil unterliegt und ob diese Grenzen eingehalten wurden. Die Grenzen der Zulässigkeit ergeben sich für Bundestagsabgeordnete aus § 44a Abs. 2 S. 1 bis 3 AbgG und § 4 VR, § 25 Abs. 2 PartG. Wurden die Grenzen gewahrt, so ist ein Einklang mit den für die Rechtsstellung des Mitglieds maßgeblichen Vorschriften zu bejahen und eine Strafbarkeit nach § 108e StGB scheidet mangels Vorliegen eines ungerechtfertigten Vorteils aus.

Die für die Rechtsstellung von Bundestagsabgeordneten maßgeblichen Vorschriften regeln verschiedene Arten von geldwerten Zuwendungen, die sich drei Gruppen zuordnen lassen: 1. Einkünfte aus Nebentätigkeiten im Sinne des § 44a Abs. 1 S. 2 AbgG, 2. Spenden im Sinne der §§ 44a Abs. 2 S. 4 AbgG, § 4 Abs. 1 VR und 3. Sonstige geldwerte Zuwendungen wie solche gemäß § 4 Abs. 5 VR sowie Gastgeschenke gemäß § 4 Abs. 6 VR. Private Zuwendungen an Abgeordnete sehen die maßgeblichen Vorschriften hingegen nicht vor.

---

[162] Vgl. hierzu *Pieroth/Roth*, Gutachten NRW, S. 41 f.; ähnlich *Sobolewski/Raue*, WD-Infobrief, S. 6 in Bezug auf Zuwendungen gemäß § 4 Abs. 5 VR.
[163] Hierzu *Sobolewski/Raue*, WD-Infobrief, S. 4.

B. Tatbestand des § 108e StGB

(a) Einkünfte aus Nebentätigkeiten

Durch § 44a Abs. 1 S. 2 AbgG stellt der Gesetzgeber ausdrücklich klar, dass Tätigkeiten beruflicher oder anderer Art neben dem Mandat grundsätzlich zulässig sind. Bundestagsabgeordneten ist es damit dem Grunde nach erlaubt, durch Tätigkeiten außerhalb ihres Mandats zusätzliche Einkünfte zu erzielen. Um was für Tätigkeiten es sich im Einzelnen handelt, ergibt sich konkludent aus den §§ 44a Abs. 4 S. 1, 44b Nr. 1 u. 2 AbgG in Verbindung mit den Verhaltensregeln, die vorsehen, wann und in welcher Form die entsprechenden Tätigkeiten und Einkünfte dem Präsidenten des Bundestages gegenüber schriftlich anzuzeigen sind. Unerheblich ist, ob das Mitglied die jeweilige Tätigkeit bereits vor seiner Mitgliedschaft im Bundestag ausgeübt hat und sodann fortsetzt oder ob es die Tätigkeit nach Erlangung der Mitgliedschaft erstmalig ausübt.

Die Grenzen der Zulässigkeit von Tätigkeiten neben Mandat sowie der daraus erzielten Einkünfte ergeben sich aus § 44a Abs. 2 S. 1 bis 3 AbgG. Satz 1 stellt klar, dass ein Mitglied des Bundestages für die Ausübung des Mandats keine anderen als die gesetzlich vorgesehenen Zuwendungen oder anderen Vermögensvorteile annehmen darf. Daneben normieren zwei parlamentsrechtliche Verbotstatbestände, in welchen Fällen die Annahme von Zuwendungen unzulässig ist. Satz 2 enthält das Verbot von Interessentenzahlungen und Satz 3 das Verbot arbeitsloser Einkommen.

(aa) Grundregel gemäß § 44a Abs. 2 S. 1 AbgG

§ 44a Abs. 2 S. 1 AbgG enthält eine Grundregel, die durch die nachfolgenden Verbote der Sätze 2 und 3 konkretisiert wird. Diese Grundregel besagt, dass Bundestagsabgeordnete für die Ausübung des Mandats keine anderen als die gesetzlich vorgesehenen Zuwendungen oder andere Vermögensvorteile annehmen dürfen. Eine Zuwendung „für die Ausübung des Mandats" liegt vor, wenn die Zuwendung an den Abgeordneten und dessen Mandatsausübung derart miteinander verknüpft sind, dass der Grund für die Zuwendung bei objektiver Betrachtung gerade die Ausübung des Mandats ist.[164] Um eine solche Verknüpfung festzustellen, ist danach zu fragen, ob

---

[164] Vgl. zu der Auslegung von § 16 Abs. 2 S. 1 AbgG NRW *Pieroth/Roth*, Gutachten NRW, S. 64.

die Zuwendung dem Betreffenden auch als Nichtabgeordnetem in einer vergleichbaren Situation in derselben Höhe gewährt worden wäre.[165] Demnach sind die von einem Abgeordneten durch eine Nebentätigkeit erzielten Einkünfte dann keine Zuwendung „für die Ausübung des Mandats", wenn der Abgeordnete die Einkünfte unabhängig von seinem Mandat erzielt, etwa weil er die entsprechende Tätigkeit zu den gleichen Konditionen schon vor der Übernahme seines Mandats ausgeübt hat.

(bb) Verbot von Interessentenzahlungen, § 44a Abs. 2 S. 2 AbgG

§ 44a Abs. 2 S. 2 AbgG erklärt die Annahme von Geld oder sonstigen geldwerten Zuwendungen, die nur deshalb gewährt werden, weil dafür die Vertretung und Durchsetzung der Interessen des Leistenden im Bundestag erwartet wird, für unzulässig. Dem Wortlaut nach greift das Verbot nur dann, wenn die Zuwendung auf Seiten des Leistenden durch dessen Erwartung hinsichtlich der Vertretung beziehungsweise Durchsetzung seiner Interessen bedingt ist. Ob der Abgeordnete die Erwartungshaltung des Leistenden erkannt haben oder gar mit ihr einverstanden gewesen sein muss, ist dem Wortlaut indes nicht zu entnehmen. Dennoch ist ein gegenseitiges Einvernehmen in dem Sinne erforderlich, dass der Abgeordnete die mit der Zuwendung verbundene Erwartung des Leistenden hinsichtlich einer Interessenvertretung beziehungsweise -durchsetzung zumindest erkannt haben muss. Hierfür spricht zunächst, dass die Gesetzesbegründung zu § 44a Abs. 2 AbgG wie selbstverständlich eine Vereinbarung über eine Interessenvertretung beziehungsweise -durchsetzung voraussetzt.[166] Auch das inhaltlich ähnlich gefasste Spendenannahmeverbot des § 25 Abs. 2 Nr. 7 PartG setzt mindestens die Erkennbarkeit der an die Spende geknüpften Erwartungshaltung voraus. Vor allem aber ist zu berücksichtigen, dass ein Verbotsverstoß die Unzulässigkeit der Zuwendung begründet, was wiederum das in § 44a Abs. 3 AbgG, § 8 Abs. 5 VR beschriebene Verfahren auslöst und diverse Sanktionen nach sich ziehen kann. Unter Rechtsstaatsgesichtspunkten kann eine Person aber nur für ein Verhalten sanktioniert werden, auf das sie auch Einfluss hat. Das wäre

---

[165] *Pieroth/Roth*, Gutachten NRW, S. 64.
[166] BT-Drucks. 15/5671, S. 4.

nicht der Fall, wenn es für § 44a Abs. 2 S. 2 AbgG lediglich auf die Erwartungshaltung des Zuwenders ankäme.

Der Begriff der Interessenvertretung ist weiter gefasst, als der der Interessendurchsetzung. Die Durchsetzung von Interessen ist nur infolge bindender Entscheidungen möglich, weswegen Interessendurchsetzung im Sinne eines Abstimmungsverhaltens zu verstehen ist.[167] Interessenvertretung kann dagegen auch durch Beratung, Herstellung und Vernetzung von Kontakten, Informationsbeschaffung oder Teilnahme an Sitzungen erfolgen.[168] Unzulässig dürfte die Annahme einer Zuwendung schon dann sein, wenn sie in Erwartung nur einer der beiden Formen der Interessenwahrnehmung erfolgt.[169] Unerheblich ist, ob der Abgeordnete für die sogenannten Interessenzahlungen eine Gegenleistung erbringt oder nicht. Zuwendungen, die nur deshalb erbracht werden, damit der Abgeordnete die Interessen des Leistenden im Bundestag vertritt oder durchsetzt, sind selbst dann unzulässig, wenn der Abgeordnete eine angemessene Gegenleistung erbringt. Nimmt ein Abgeordneter beispielsweise den ihm angebotenen Posten als Aufsichtsrat in einem Unternehmen an und kommt den damit verbundenen Aufgaben pflichtgemäß nach, so kann es sich dennoch um einen Fall verbotener Interessenzahlung handeln. Etwa dann, wenn der Abgeordnete den Posten vereinbarungsgemäß nur deshalb erhalten hat, damit er sich im Bundestag für die Interessen derjenigen Personen einsetzt, die ihn in den Aufsichtsrat berufen haben.

(cc) Verbot arbeitsloser Einkommen, § 44a Abs. 2 S. 3 AbgG

Die in Bezug auf Nebentätigkeiten bedeutsamere Begrenzung enthält das in § 44a Abs. 2 S. 3 AbgG geregelte Verbot arbeitsloser Einkommen. Gemäß § 44a Abs. 2 S. 3 AbgG ist die Annahme von Geld oder geldwerten Zuwendungen unzulässig, sofern diese erfolgt, ohne dass der Abgeordnete hierfür eine angemessene Gegenleistung erbringt. Erfasst werden von der Regelung sowohl die wortwörtlichen Fälle arbeitslosen Einkommens, in denen der Zuwendung gar keine Gegenleistung gegenübersteht, als auch

---

[167] *Pieroth/Roth*, Gutachten NRW, S. 46 f.
[168] *Pieroth/Roth*, Gutachten NRW, S. 47.
[169] So wohl auch *Pieroth/Roth*, Gutachten NRW, S. 47.

die Fälle, in denen die erbrachte Gegenleistung in Anbetracht der hierfür gewährten Zuwendung schlicht unangemessen ist.[170] Laut Gesetzgeber liegt bei Einkommen ohne Gegenleistung auch ohne Vereinbarung einer Interessenvertretung die Vermutung eines unzulässigen Interesseneinflusses nahe.[171]

Bei der Beurteilung der Angemessenheit der Gegenleistung ist gemäß § 8 Abs. 5 S. 2 Hs. 1 VR zunächst auf deren Verkehrsüblichkeit abzustellen. Zur Ermittlung der Verkehrsüblichkeit ist vergleichend in Betracht zu ziehen, was für Leistungen andere Angehörige des jeweiligen Verkehrskreises, zu denen selbstverständlich auch Nichtmitglieder zählen, gewöhnlich erhalten und was sie hierfür als Gegenleistung erbringen. Hilfsweise ist entscheidend, ob Leistung und Gegenleistung offensichtlich außer Verhältnis stehen, § 8 Abs. 5 S. 2 Hs. 2 VR. Auch bei der Beurteilung der Verhältnismäßigkeit von Leistung und Gegenleistung muss weitgehend auf vergleichbare Fälle zurückgegriffen werden. Sofern diese Auslegung zu keinem Ergebnis führt, „soll der Begriff der Angemessenheit so ausgelegt werden, dass ein Missbrauch unterbunden werden kann".[172] Anhand dieser Formulierung wird der Wille des Gesetzgebers deutlich, bei der Überprüfung der Angemessenheit einen weiten Beurteilungsspielraum zugrunde zu legen, dessen Grenze erst dann erreicht ist, wenn ein Missbrauch bejaht werden muss.[173] Insofern ist die Gegenleistung eines Abgeordneten erst dann nicht mehr angemessen, wenn weder ihr Umfang noch ihr Inhalt das für sie gezahlte Geld beziehungsweise die für sie geleistete Zuwendung zu rechtfertigen vermag.[174]

Der Gesetzgeber hat sich in § 8 Abs. 5 S. 2 VR für eine gestufte Prüfung der angemessenen Gegenleistung entschieden, wobei der anzulegende Beurteilungsmaßstab mit jeder Stufe großzügiger ausfällt. Sofern sich weder die Verkehrsüblichkeit noch ein offensichtliches Missverhältnis zwischen Leistung und Gegenleistung ermitteln lassen, kann die Angemessenheit der

---

[170] Siehe BT-Drucks. 15/5671, S. 4.
[171] So BT-Drucks. 15/5671, S. 4.
[172] BT-Drucks. 15/5671, S. 4.
[173] So auch *Korte*, in: Dölling (Hrsg.), Korruptionsprävention, S. 292 (345).
[174] Vgl. hierzu *Pieroth/Roth*, Gutachten NRW, S. 41, sieht eine Umgehung des Verbots sogenannter „arbeitsloser Einkommen" dann als gegeben an, wenn die Gegenleistung im Vergleich zu der gezahlten Vergütung so wenig ins Gewicht fällt, dass ihre Bedeutung gegen Null tendiert und ihr lediglich eine „Alibifunktion" zukommt.

Gegenleistung bis an die Grenze des Missbrauchs noch bejaht werden. Durch diese weite Auslegung kommt der Ausdruck „ohne angemessene Gegenleistung" zumindest in schwer zu beurteilenden Fällen nah an das wortwörtlich verstandene Verbot arbeitsloser Einkommen, also die Unzulässigkeit gänzlich gegenleistungsloser Zuwendungen, heran.

Als schwer zu überprüfender Fall sei beispielhaft auf die Erbringung von Beratungsleistungen durch Abgeordnete verwiesen.[175] Je nach Vereinbarung kann schon der Nachweis der Gegenleistung durch den Abgeordneten Schwierigkeiten bereiten, insbesondere, wenn die Beratung überwiegend mündlich stattgefunden hat. Des Weiteren wird sich bei Beratungsleistungen häufig kein konkreter Marktwert feststellen lassen,[176] was die Beurteilung der Angemessenheit derartiger Leistungen zusätzlich erschwert. In so einem Fall kann die Angemessenheit der Gegenleistung nur dann verneint werden, wenn die Beratungsleistung die hierfür erhaltene Zuwendung unter keinem Gesichtspunkt zu rechtfertigen vermag.

(dd) Zusammenspiel der Sätze 1 bis 3

Das Verhältnis der Grundregel in § 44a Abs. 2 S. 1 AbgG zu den Verboten in § 44a Abs. 2 S. 2 u. 3 AbgG erschließt sich dem Gesetzesanwender nicht auf den ersten Blick. Sowohl die systematische Stellung der Sätze 2 und 3 als auch die darin enthaltenen Formulierungen „insbesondere" und „ferner" deuten darauf hin, dass die Verbotstatbestände nur dann eingreifen, wenn es sich um Zuwendungen „für die Ausübung des Mandats" im Sinne des Satz 1 handelt. Das ist aber nicht der Fall. Insbesondere durch das Verbot arbeitsloser Einkommen sollen gerade jene Zuwendungen an Abgeordnete erfasst werden, die zur Verschleierung ihres korruptiven Zwecks als vermeintliche Vergütung für eine Nebentätigkeit geleistet werden.

Für diese Auslegung spricht auch die Neufassung des § 44a Abs. 2 AbgG im Jahre 2005, mit der der Gesetzgeber die Vorgaben des Bundesverfassungsgerichts aus dem Diätenurteil umgesetzt hat.[177] In den Leitsätzen

---

[175] Vgl. hierzu auch *Battis*, Stellungnahme NRW, S. 1.
[176] Vgl. *Pieroth/Roth*, Gutachten NRW, S. 37.
[177] Vgl. hierzu BT-Drucks. 15/5671, S. 4.

hatte das oberste Gericht den Gesetzgeber unter anderem dazu aufgefordert, „gesetzliche Vorkehrungen dagegen [zu schaffen], dass Abgeordnete Bezüge aus einem Angestelltenverhältnis, aus einem sogenannten Beratervertrag oder ähnlichem, ohne die danach geschuldeten Dienste zu leisten, nur deshalb erhalten, weil von ihnen im Hinblick auf ihr Mandat erwartet wird, sie würden im Parlament die Interessen des zahlenden Arbeitgebers, Unternehmers oder der zahlenden Großorganisation vertreten und nach Möglichkeit durchzusetzen versuchen."[178] Der Leitsatz verdeutlicht, dass es dem höchsten deutschen Gericht um die Schaffung einer Regelung ging, die jene Zuwendungen an Abgeordnete für unzulässig erklärt, mit denen sich der Leistende unter dem Deckmantel einer vermeintlichen Nebentätigkeit Einfluss auf Abgeordnete erkauft. Dieser Forderung ist der Gesetzgeber durch die Einfügung des § 44a Abs. 2 AbgG nicht nur nachgekommen, sondern sogar darüber hinausgegangen. Gemäß § 44a Abs. 2 S. 2 u. 3 AbgG begründen Interessentenzahlungen und arbeitslose Einkommen schon jeweils für sich genommen den Verbotstatbestand und nicht erst – was den Anforderungen der Verfassungsrichter genügt hätte – bei kumulativem Vorliegen.

§ 44a Abs. 2 S. 1 AbgG stellt klar, dass Zuwendungen für die Ausübung des Mandats nur in den gesetzlich vorgesehenen Fällen zulässig sind. Inwieweit ein Vorteil gesetzlich vorgesehen ist, muss auch unter Heranziehung der Verbotsgrenzen der Sätze 2 und 3 ermittelt werden. Insofern finden die in § 44a Abs. 2 S. 1 bis 3 AbgG enthaltenen Regelungen nebeneinander Anwendung.

(b) Spenden

Eine weitere Gruppe von geldwerten Zuwendungen, deren Annahme durch den Abgeordneten dem Grunde nach zulässig ist, bilden die in § 44a Abs. 2 S. 4 AbgG, § 4 Nr. 1 VR vorgesehenen Spenden. Bei Spenden muss zwischen Parteispenden und Abgeordnetenspenden unterschieden werden.

Zu den Parteispenden zählen zunächst klassische geldwerte Spenden, die der Spender einer Partei zukommen lässt, um deren politische Arbeit zu

---

[178] BVerfGE 40, 296 (297).

B. Tatbestand des § 108e StGB

unterstützen. Alternativ kann die Parteispende mit einer Zweckbindung versehen werden und der Spender auf diese Weise ganz gezielt die Arbeit eines bestimmten Abgeordneten unterstützen. Schließlich gelten auch die sogenannten Durchlaufspenden, die ein Abgeordneter für seine Partei entgegennimmt und nachweislich auch an diese weiterleitet, als Parteispenden. Die Berechtigung von Parteispenden ist anhand von § 25 PartG zu beurteilen. Die Vorschrift bestimmt, ab welchem Betrag Spenden angegeben werden müssen und welche Spenden aufgrund eines Verbots gar nicht erst angenommen werden dürfen.

Von den Parteispenden abzugrenzen sind die Abgeordnetenspenden im Sinne der § 44a Abs. 2 S. 4 AbgG, § 4 VR. § 4 Abs. 1 VR macht nähere Angaben dazu, wann eine Zuwendung als Abgeordnetenspende zu qualifizieren ist. Danach unterfallen neben Geldspenden auch geldwerte Zuwendungen aller Art, mithin alle Sach-, Werk-, Dienstleistungen oder Organisationsstrukturen, die freiwillig und unentgeltlich beziehungsweise vergünstigt zur Verfügung gestellt werden, dem Spendenbegriff.[179] Des Weiteren muss es sich § 4 Abs. 1 VR zufolge um Zuwendungen handeln, die dem Abgeordneten für seine politische Tätigkeit zur Verfügung gestellt werden. Der geforderte Bezug zu einer politischen Tätigkeit des Abgeordneten dient dazu, Abgeordnetenspenden von rein privaten Zuwendungen abzugrenzen.[180] Schließlich handelt es sich nur dann um eine Abgeordnetenspende, wenn die Zuwendung dem höchstpersönlichen Nutzen des Abgeordneten vorbehalten ist, der Abgeordnete also selber über die Verwendung der ihm verbleibenden Zuwendungen entscheiden kann.[181] Das ist etwa bei Zuwendungen der Fall, die mandatsbedingte Aufwendungen im Sinne des § 12 AbgG abdecken und die der Abgeordnete andernfalls aus der Amtsausstattung zu bestreiten hätte.[182] Weitere Abgeordnetenspenden sind die kostenfreie oder vergünstigte Überlassung von Mitarbeitern, von Räumlichkeiten für ein Wahlkreisbüro oder eine Zweitwohnung am Parlamentssitz sowie von Büromaterial, Zeitschriften und Büchern.[183] Auch die

---

[179] BVerfGE 85, 264 (320 f.).
[180] Hierzu *Sobolewski/Raue*, WD-Infobrief, S. 10 f.
[181] Siehe *Sobolewski/Raue*, WD-Infobrief, S. 8.
[182] *Sobolewski/Raue*, WD-Infobrief, S. 8.
[183] *Sobolewski/Raue*, WD-Infobrief, S. 8.

geldwerte Unterstützung bestimmter Veranstaltungen, beispielsweise eines Wahlkampfes oder einer allgemeinen Informationsveranstaltung, zählen zu den Abgeordnetenspenden, soweit es sich hierbei nicht um Sponsoring handelt.[184]

§ 44a Abs. 2 S. 4 AbgG stellt klar, dass auf Spenden weder das Interessentenzahlungsverbot noch das Verbot arbeitsloser Einkommen Anwendung finden. Stattdessen verweist § 4 Abs. 4 VR für Abgeordnetenspenden auf die Parteispenden betreffenden Annahmeverbote des § 25 Abs. 2 PartG. Von den dort genannten Spendenverboten sind vor allem zwei hervorzuheben. § 25 Abs. 2 Nr. 5 PartG verbietet Spenden von Unternehmen, an denen die öffentliche Hand zu mehr als 25 Prozent direkt beteiligt ist. Dies kann insbesondere im Hinblick auf die Überlassung von Tickets zur Nutzung des öffentlichen Nahverkehrs problematisch sein.[185] Keine Anwendung findet das Verbot auf indirekte Beteiligungen der öffentlichen Hand, etwa über Tochtergesellschaften.[186]

Auch die Annahme von Spenden, die erkennbar in Erwartung oder als Gegenleistung eines bestimmten wirtschaftlichen oder politischen Vorteils gewährt werden, ist dem Abgeordneten gemäß § 25 Abs. 2 Nr. 7 PartG untersagt. Mit dem Ausdruck „wirtschaftlicher oder politischer Vorteil" ist die Vornahme oder das Unterlassen einer mandatsbezogenen Handlung des Abgeordneten gemeint. Zudem fordert der Wortlaut einen „bestimmten", das heißt einen konkreten Vorteil; nur allgemeine Vorteile, die sich aus der generellen politischen Zielsetzung des Abgeordneten oder seiner Partei ergeben, reichen nicht aus.[187] Ferner muss die Spende entweder in Erwartung oder als Gegenleistung eines bestimmten Vorteils gewährt werden. Inhaltlich deckt sich die Regelung weitgehend mit dem Interessentenzahlungsverbot in § 44a Abs. 2 S. 2 AbgG.[188] Die Annahme der Spende ist somit bereits dann unzulässig, wenn der Abgeordnete sich zum Annahmezeitpunkt darüber im Klaren ist, dass der Spender im Gegenzug für seine Zuwendung einen ihn wirtschaftlich oder politisch begünstigenden Vorteil

---

[184] *Sobolewski/Raue*, WD-Infobrief, S. 8.
[185] Siehe *Sobolewski/Raue*, WD-Infobrief, S. 9.
[186] Siehe *Sobolewski/Raue*, WD-Infobrief, S. 9 f.
[187] *Sobolewski/Raue*, WD-Infobrief, S. 10.
[188] So auch *Heinrich*, Stellungnahme, S. 42.

B. Tatbestand des § 108e StGB

vom Abgeordneten erwartet. Des Weiteren greift das Spendenannahmeverbot auch dann, wenn der Spender seine Zuwendung als Gegenleistung eines bestimmten wirtschaftlichen oder politischen Vorteils tätigt. Das ist der Fall, wenn der durch den Abgeordneten erbrachte Vorteil und die Spende des Leistenden in einem Austauschverhältnis stehen.[189] Im Gegensatz zur ersten Alternative setzt dies eine zumindest stillschweigende Vereinbarung über den Austausch zwischen beiden Seiten voraus.

(c) Sonstige geldwerte Zuwendungen

Neben Einkünften aus Nebentätigkeiten und Abgeordnetenspenden kennen die für die Rechtsstellung von Bundestagsabgeordneten maßgeblichen Vorschriften noch weitere geldwerte Zuwendungen. Diese müssen insbesondere von Abgeordnetenspenden abgegrenzt werden, da für sie andere Grenzen gelten, als für Abgeordnetenspenden.

Zu den sonstigen geldwerten Zuwendungen zählen zunächst die in § 4 Abs. 5 VR genannten Zuwendungen, die aus Anlass der Wahrnehmung interparlamentarischer oder internationaler Beziehungen oder zur Teilnahme an Veranstaltungen zur politischen Information, zur Darstellung der Standpunkte des Deutschen Bundestages oder seiner Fraktionen oder als Repräsentant des Deutschen Bundestages geleistet werden. Beispielhaft genannt sei hier die Übernahme der Reise-, Bewirtungs- und Übernachtungskosten für die Teilnahme eines Bundestagsabgeordneten an einer internationalen Konferenz zum Thema Umweltschutz. Rein begrifflich sind diese Zuwendungen als Abgeordnetenspenden im Sinne des § 4 Abs. 1 VR einzuordnen, handelt es sich doch um Zuwendungen, die dem Abgeordneten unentgeltlich für dessen Mandatsausübung zur Verfügung gestellt werden.[190] Eine solche Einordnung hätte aber wegen § 4 Abs. 4 VR zur Folge, dass die Spendenannahmeverbote des § 25 Abs. 2 PartG eingreifen. Die Spendenannahmeverbote, insbesondere § 25 Abs. 2 Nr. 1 bis 3 PartG, würden aber einer Teilnahme von Abgeordneten an zahlreichen politischen Veranstaltungen, wie etwa Staatsempfängen oder Konferenzen, entgegenstehen. Würde die oben beispielhaft genannte Konferenz

---

[189] *Lenski*, § 25 Rn. 69 ff.
[190] So auch *Sobolewski/Raue*, WD-Infobrief, S. 8.

zum Thema Umweltschutz einschließlich der den Teilnehmern entstehenden Kosten von einer politischen Stiftung mit gemeinnützigem Stiftungszweck getragen, würde eine Übernahme der Reise-, Übernachtungs- und Bewirtungskosten durch die Stiftung dem Spendenannahmeverbot des § 25 Abs. 2 Nr. 2 PartG unterfallen. Um die politisch erforderliche Außendarstellung der Standpunkte des Deutschen Bundestages nicht zu behindern, stellt § 4 Abs. 5 VR stellt daher ausdrücklich klar, dass Zuwendungen im Sinne des § 4 Abs. 5 VR nicht als Spenden im Sinne dieser Vorschrift gelten.[191] Stattdessen gelten die Grenzen der § 44a Abs. 2 S. 1 bis 3 AbgG, wobei hinsichtlich des Inhalts und Umfangs dieser Grenzen auf die obigen Ausführungen verwiesen wird.[192]

Die in § 4 Abs. 5 VR vorgesehenen Zuwendungen an Abgeordnete erfolgen immer „für die Ausübung des Mandats" im Sinne des § 44a Abs. 2 S. 1 AbgG. Daneben unterliegen auch Zuwendungen im Sinne des § 4 Abs. 5 VR den Verboten der Sätze 2 und 3. Die Verbote sind vor allem in jenen Fällen von Bedeutung, in denen mehrere Zuwendungen zusammentreffen. Das ist beispielsweise der Fall, wenn der Abgeordnete neben Bewirtung und Unterkunft anlässlich eines internationalen Politik- und Wirtschaftsgipfels noch ein Entgelt für einen Vortrag erhält, den er dort gehalten hat. Hier muss insbesondere das zugewendete Entgelt in den Blick genommen werden.

Auch für geldwerte Zuwendungen, die ein Mitglied des Bundestages in seiner Abgeordnetenfunktion als Gastgeschenk erhält, sehen die Verhaltensregeln und die zu den Verhaltensregeln erlassenen Ausführungsbestimmungen Sonderregeln vor. Gastgeschenke im Sinne des § 4 Abs. 6 VR sind Zuwendungen, die der Abgeordnete als Gastgeber oder Teilnehmer einer Delegationsreise von Gremien oder anlässlich anderer Dienstreisen im Auftrag des Deutschen Bundestages oder seiner Fraktion erhält.[193] Liegt ein solches Gastgeschenk vor und überschreitet sein materieller Wert den Betrag von 200 Euro, so muss es gemäß § 4 Abs. 6 VR i.V.m. Nr. 11 AB dem Bundestagspräsidenten angezeigt und ausgehändigt werden. Alternativ kann der Abgeordnete beantragen, das Geschenk gegen Bezahlung des Gegenwertes an die Bundeskasse zu behalten. Wie Zuwendungen gemäß

---

[191] Siehe BT-Drucks. 13/834, S. 6.
[192] Siehe 2.Teil B II 2 b) aa) (2) (a).
[193] *Sobolewski/Raue*, WD-Infobrief, S. 7 unter Verweis auf BT-Drucks.13/834, S. 6.

B. Tatbestand des § 108e StGB

§ 4 Abs. 5 VR unterliegen auch Gastgeschenke den in § 44a Abs. 2 S. 2 u. 3 AbgG normierten Verboten, wobei dem Interessentenzahlungsverbot eine größere Bedeutung zukommen dürfte.

Bei Geschenken außerhalb eines protokollarischen Kontextes muss jeweils gesondert geprüft werden, um was für eine Art von geldwerter Zuwendung es sich handelt. In Betracht kommen Zuwendungen im Sinne des § 4 Abs. 5 VR, Spenden im Sinne des § 4 Abs. 1 VR sowie rein private Zuwendungen. Je nach Art der Zuwendung gelten die entsprechenden Grenzen.

Schließlich können auch Sponsoring-Einnahmen als geldwerte Zuwendungen an einen Abgeordneten zu qualifizieren sein. Unter Sponsoring wird gemäß dem Sponsoringerlass des Bundesministeriums der Finanzen (BMF) die Gewährung von Geld oder geldwerten Vorteilen durch Unternehmen zur Förderung von Personen, Gruppen und/oder Organisationen in sportlichen, kulturellen, kirchlichen, wissenschaftlichen, sozialen, ökologischen oder ähnlich bedeutsamen gesellschaftspolitischen Bereichen verstanden, mit der regelmäßig auch eigene unternehmensbezogene Ziele der Werbung oder Öffentlichkeitsarbeit verfolgt werden.[194] Insbesondere für die Parteien stellt Sponsoring inzwischen eine wichtige Form der Finanzmittelbeschaffung dar.[195] Dabei besteht Uneinigkeit darüber, inwieweit das Sponsoring im Einklang mit dem Parteiengesetz steht und dessen Beschränkungen unterliegt.[196] Entsprechend wurden mittels Anträgen und Gesetzesentwürfen im Bundestag schon mehrere Anläufe unternommen, Parteien-Sponsoring transparenter zu gestalten und gesetzlich zu regeln.[197] Neben Parteien-Sponsoring, auf dessen nähere Betrachtung mit Blick auf

---

[194] Sponsoringerlass des BMF zur ertragsteuerlichen Behandlung des Sponsoring vom 18.02.1998, BStBl. I, 1998, S. 212.
[195] Laut Lobbypedia machten im Jahre 2013 bei der CSU Sponsoring-Gelder 15,39%, bei der SPD 9,24% und bei der CDU 7,74% der Gesamteinnahmen der Partei aus, https://lobbypedia.de/wiki/Parteisponsoring (Stand: 30.11.2016).
[196] Siehe hierzu Evaluierungsbericht über die Transparenz der Parteienfinanzierung in Deutschland, http://www.coe.int/t/dghl/monitoring/greco/evaluations/round3/GrecoEval3(2009)3_Germany_Two_DE.pdf (Stand: 30.11.2016).
[197] Siehe etwa BT-Drucks. 17/892 (Die Linke) und BT-Drucks. 17/1169 (Grüne); ferner BT-Drucks. 17/11877 (Güne); siehe ferner Unterrichtung über die Rechenschaftsberichte 2010 und 2011 der Parteien sowie über die Entwicklung der Parteienfinanzen gemäß § 23 Absatz 4 des Parteiengesetzes BT-Drucks. 18/100, S. 41.

den Untersuchungsgegenstand der vorliegenden Arbeit verzichtet wird, können auch einzelne Abgeordnete Sponsoring-Vereinbarungen eingehen. Sponsoring liegt üblicherweise eine vertragliche Vereinbarung über Leistung und Gegenleistung zwischen Sponsor und Gesponsertem zugrunde. Bei der Leistung des Sponsors kann es sich um eine Geldzahlung, aber auch um Sachmittel oder Dienstleistungen handeln. Die Beispiele reichen von der Ausrichtung eines die Parteimittel übersteigenden Büffets über die komplette Verpflegung eines Parteitages bis hin zur Einräumung von Vergünstigungen für einzelne Parteimitglieder.[198] Im Gegenzug fördert der Abgeordnete die Ziele der Werbung oder Öffentlichkeitsarbeit des Sponsors. Eine häufig anzutreffende Gegenleistung ist die Vermietung von Standflächen auf Parteitagen oder anderen Parteiveranstaltungen, unter Umständen gepaart mit der Möglichkeit, wichtige Entscheidungsträger persönlich kennenzulernen.[199] Während die Vermietung von Standflächen als eine Gegenleistung der gesamten Partei anzusehen und somit dem Parteisponsoring zuzuordnen ist, kann das werbewirksame Zurverfügungstellen der eigenen Person durchaus auch eine individuelle Gegenleistung des Abgeordneten darstellen.

Fraglich ist allerdings, ob der Sponsoringerlass des Bundesministeriums der Finanzen zur ertragsteuerlichen Behandlung des Sponsorings vom 18. Februar 1998 eine für die Rechtsstellung von Bundestagsmitgliedern maßgebliche Vorschrift darstellt. Die Antwort auf diese Frage ist ausschlaggebend dafür, ob das Verbot von Interessentenzahlungen wie auch das Verbot arbeitsloser Einkommen gemäß § 44a Abs. 2 S. 2 u. 3 AbgG Anwendung finden. Gegen eine Einordnung als maßgebliche Vorschrift im Sinne des § 108e Abs. 4 S. 1 StGB spricht die Rechtsnatur des Sponsoringerlasses des BMF. BMF-Schreiben sind Erlasse, die vom Bundesministerium der Finanzen im Einvernehmen mit den Ländern anlassbezogen herausgegeben werden und die an die weisungsgebundenen nachgeordneten Finanzbehörden gerichtet sind.[200] Damit sind BMF-Schreiben rechtlich als

---

[198] Siehe Bericht der Kommission unabhängiger Sachverständiger zu Fragen der Parteienfinanzierung, BT-Drucks. 14/6710, S. 43.
[199] Hierzu BT-Drucks. 17/9063, S. 3.
[200] Siehe Glossar des Bundesministeriums der Finanzen, http://www.bundesfinanzministerium.de/Web/DE/Service/Glossar/Functions/glossar.html?lv2=84618&lv3=175888#lvl3 (Stand: 30.11.2016).

B. Tatbestand des § 108e StGB   63

allgemeine Weisungen im Sinne des Art. 108 Abs. 3 S. 2, Art. 85 Abs. 3 GG zu qualifizieren. Weisungsadressat und -charakter sprechen eindeutig gegen eine Einordnung als maßgebliche Vorschrift im Sinne des § 108e StGB. Insofern finden auch die Verbotstatbestände des § 44a Abs. 2 S. 2 u. 3 AbgG keine Anwendung. Aufgrund des erforderlichen Austauschverhältnisses von Zuwendung einerseits und öffentlichkeitswirksamem Werbevorteil andererseits sind Sponsoring-Einnahmen auch nicht als gegenleistungsfreie Spende einzuordnen.[201] Nur wenn es an einem angemessenen Leistungsaustausch fehlt, kann eine (Teil-) Spende vorliegen, welche dann den Spendenannahmeverboten des § 25 Abs. 2 PartG unterliegt.[202]

Zusammenfassend lässt sich festhalten, dass Sponsoring Einnahmen regelmäßig nicht den für die Rechtsstellung des Mitglieds maßgeblichen Vorschriften unterfallen. Sofern Sponsoring-Einnahmen nicht anderweitig vom Tatbestand des § 108e StGB ausgeklammert werden, sind dessen übrige Voraussetzungen zu prüfen.

(d) Private Zuwendungen

Private Zuwendungen an Abgeordnete sind in den für die Rechtsstellung von Bundestagsabgeordneten maßgeblichen Vorschriften nicht vorgesehen. Insofern steht die Annahme von privaten Zuwendungen auch nicht im Einklang mit den maßgeblichen Vorschriften.

Mit privaten Zuwendungen sind jene geldwerten Zuwendungen gemeint, die dem Abgeordneten als Privatperson zugewendet werden und ausschließlich für dessen privaten Gebrauch bestimmt sind.[203] Um private Zuwendungen von Abgeordnetenspenden abzugrenzen, ist in erster Linie der Zuwendungszweck maßgeblich. Erfolgt die Zuwendung für die politische Tätigkeit des Abgeordneten, so liegt eine Spende vor, soll sie dagegen der privaten oder (neben-)beruflichen Nutzung des Abgeordneten dienen, so

---

[201] Siehe *Sobolewski/Raue*, WD-Infobrief, S. 11.
[202] Siehe *Sobolewski/Raue*, WD-Infobrief, S. 11.
[203] Ähnlich *Sobolewski/Raue*, WD-Infobrief, S. 10.

handelt es sich um eine private Zuwendung.[204] Ist der Zuwendungszweck nicht eindeutig, so ist er anhand der objektiven Begleitumstände zu ermitteln.[205] Dabei kann eine Rolle spielen, an wen sich die Zuwendung richtet und ob neben dem Abgeordneten noch andere, nicht dem Parlament angehörige Personen in ihren Genuss kommen. Richtet sich die Zuwendung auch an Nichtparlamentarier, so ist die Annahme, dass sie „für die politische Tätigkeit des Abgeordneten zur Verfügung gestellt wurde" eher unwahrscheinlich.[206] In solchen Fällen handelt es sich regelmäßig um eine private Zuwendung. Schließlich kann der bestimmungsgemäße Gebrauch der Zuwendung bedeutsam sein.[207] Dieses Kriterium hilft insbesondere dann weiter, wenn es sich bei der Zuwendung um einen Gegenstand oder eine Leistung handelt, die ausschließlich im Rahmen des privaten Gebrauchs zur Anwendung kommt.

Liegt nach alldem eine private Zuwendung vor, sind in Ermangelung eines Einklangs mit den maßgeblichen Vorschriften die übrigen Voraussetzungen des § 108e StGB zu prüfen.

(3) Im Einklang nach Auslegung der maßgeblichen Vorschriften

Ein Einklang mit den maßgeblichen Vorschriften ist laut Gesetzesbegründung auch dann zu bejahen, wenn sich die Berechtigung zur Annahme des Vorteils den maßgeblichen Vorschriften im Wege der Auslegung entnehmen lässt.[208] Welche Vorteile das im Einzelnen sind, lässt die Begründung offen.

In Bezug auf Bundestagsabgeordnete kommen dabei jene immaterielle Vorteile in Betracht, bezüglich derer nur deswegen kein Einklang mit den maßgeblichen Vorschriften bejaht werden kann, weil sie keinen Geldwert aufweisen. Beispielhaft sei die prestigeträchtige Ehrung eines Abgeordneten im Zusammenhang mit dem Besuch eines anderen Staates genannt. Die Annahme einer solchen Ehrung steht nur deswegen nicht im Einklang mit

---

[204] *Sobolewski/Raue*, WD-Infobrief, S. 9.
[205] *Sobolewski/Raue*, WD-Infobrief, S. 10.
[206] Hierzu *Sobolewski/Raue*, WD-Infobrief, S. 10 f.
[207] *Sobolewski/Raue*, WD-Infobrief, S. 10.
[208] BT-Drucks. 18/476, S. 9.

B. Tatbestand des § 108e StGB

den maßgeblichen Vorschriften, weil sich § 4 Abs. 5 VR lediglich auf geldwerte Zuwendungen bezieht. In solchen Fällen gebieten Sinn und Zweck der Vorschrift die Bejahung eines Einklangs. Dem steht auch nicht das im Strafrecht geltende Verbot einer Analogie zu Lasten des Täters entgegen. Denn der im Wege der Auslegung ermittelte Einklang führt zu einem Ausschluss der Strafbarkeit nach § 108e StGB und wirkt sich daher ausschließlich zugunsten des Betroffenen aus.

bb) Sonstige nicht ungerechtfertigte Vorteile („insbesondere")

Gemäß § 108e Abs. 4 S. 1 StGB liegt ein ungerechtfertigter Vorteil „insbesondere" nicht vor, wenn seine Annahme im Einklang mit den für die Rechtsstellung des Mitglieds maßgeblichen Vorschriften steht. Damit will der Gesetzgeber zum Ausdruck bringen, dass Vorteile, die weder direkt noch im Wege der Auslegung von den maßgeblichen Vorschriften erfasst werden, nicht zwangsläufig als ungerechtfertigt einzustufen sind. Vielmehr ist in solchen Fällen zu prüfen, ob die Annahme des jeweils in Rede stehenden Vorteils anerkannten parlamentarischen Gepflogenheiten entspricht oder nicht.[209]

(1) Inhalt

Fraglich ist, was sich konkret hinter dem Ausdruck „anerkannte parlamentarische Gepflogenheiten" verbirgt. Erläuterungen oder Beispiele finden sich weder in der Gesetzesbegründung zu § 108e StGB noch in dem diesbezüglichen Bericht des Ausschusses für Recht und Verbraucherschutz. Allerdings wurde der Ausdruck aus einem Gesetzesentwurf der SPD übernommen, welcher der heutigen Fassung des § 108e StGB zugrunde liegt.[210] In diesem Entwurf war der Ausdruck „parlamentarische Gepflogenheiten" sogar in der Norm selbst genannt und nicht nur – wie in der gegenwärtigen Fassung des § 108e StGB – in der Gesetzesbegründung. Insofern können die dortigen Ausführungen zum Inhalt des Ausdrucks der parlamentarischen Gepflogenheiten herangezogen werden.

---

[209] Vgl. BT-Drucks. 18/476, S. 9.
[210] Siehe BT-Drucks. 17/8613.

Danach dient der Verweis auf parlamentarische Gepflogenheiten dazu, die im parlamentarischen Verkehr üblichen Verhaltensweisen aus dem Anwendungsbereich des § 108e StGB auszuklammern.[211] Als Beispiele für übliche Verhaltensweisen nennt die Entwurfsbegründung die im Zusammenhang mit Informationsgesprächen und Festveranstaltungen üblicherweise verbundene Bewirtung bis hin zur Teilnahme an sportlichen und kulturellen Veranstaltungen, ferner den unentgeltlichen Transport zu einer Veranstaltung und die Übernahme der mit der Teilnahme verbundenen Übernachtungskosten sowie die Durchführung von Informationsreisen, bei denen die Erkundigung über wirtschaftliche, soziale oder politische Umstände im Vordergrund steht.[212] Auch die Einräumung der Möglichkeit, fachliche oder politische Vorträge gegen ein Honorar durchzuführen, ist der Begründung zufolge jedenfalls dann als parlamentsüblich anzusehen, wenn sich das Honorar im üblichen Rahmen hält.[213] Die genannten Beispiele haben gemeinsam, dass sie alle im engen Zusammenhang mit der Mandatsausübung erfolgen. Es handelt sich um Zuwendungen, welche die Ausübung der Repräsentationsfunktion sowie weiterer, typischerweise mit dem Mandat verbundenen Aufgaben erst ermöglichen oder durch diese Aufgaben veranlasst werden. Die Ausklammerung derartiger Zuwendungen ist sinnvoll, um eine unnötige aber möglicherweise folgenschwere Kriminalisierung solcher Verhaltensweisen auszuschließen. Daraus lässt sich ableiten, dass eine Zuwendung dann als „anerkannten parlamentarischen Gepflogenheiten entsprechend" einzuordnen ist, wenn sie die Ausübung typischer Mandatsaufgaben ermöglicht oder durch diese veranlasst wurde. Bei Zuwendungen, die keinerlei Zusammenhang zur Mandatsausübung aufweisen, ist die Parlamentsüblichkeit hingegen zu verneinen.

Als weitere parlamentsübliche Zuwendungen nennt die Entwurfsbegründung die Annahme symbolischer Geschenke oder vergleichbarer Vorteile, die nach allgemeiner Lebenserfahrung von vornherein nicht darauf schließen lassen, dass mit ihnen der Versuch einer illegitimen Einflussnahme verbunden sein könnte.[214] Diese Zuwendungen sind vergleichbar mit sol-

---

[211] BT-Drucks. 17/8613, S. 4.
[212] BT-Drucks. 17/8613, S. 4.
[213] BT-Drucks. 17/8613, S. 4.
[214] BT-Drucks. 17/8613, S. 4.

B. Tatbestand des § 108e StGB

chen Vorteilen, die im Rahmen der §§ 331 ff. StGB regelmäßig als sozialadäquat bezeichnet werden. Zu nennen sind beispielsweise kleine Werbe-, Geburtstags-, Jubiläums- oder Weihnachtsgeschenke wie Kugelschreiber, Blöcke, Lebkuchen und Taschenrechner.[215] Auch im Hinblick auf solche sozialadäquaten Zuwendungen ist eine Ausklammerung aus der Strafbarkeit geboten.

Mit dem Begriff der anerkannten parlamentarischen Gepflogenheiten will der Gesetzgeber jene Vorteile aus dem Anwendungsbereich von § 108e StGB ausklammern, die nicht schon aufgrund eines Einklangs mit den maßgeblichen Vorschriften ausgeschieden werden konnten, deren Zuwendung aber dennoch als im parlamentarischen Verkehr übliches Verhalten einzuordnen ist.[216] Je umfangreicher die maßgeblichen Vorschriften die Vorteilsannahme regeln, desto weniger Sachverhalte fallen in den Anwendungsbereich der anerkannten parlamentarischen Gepflogenheiten.

Dies bestätigt der Blick auf Bundestagsabgeordnete. Diejenigen Zuwendungen, die aufgrund ihres engen Zusammenhangs mit der Ausübung typischer Mandatsaufgaben anerkannten parlamentarischen Gepflogenheiten entsprechen, werden bei Bundestagsabgeordneten regelmäßig unter § 4 Abs. 5 VR zu subsumieren sein.[217] Auch von den als sozialadäquat einzuordnenden Zuwendungen werden einige als Zuwendungen im Sinne des § 4 Abs. 5 VR, als Gastgeschenke im Sinne des § 4 Abs. 6 VR oder auch als Abgeordnetenspenden im Sinne des § 4 Abs. 1 VR zu qualifizieren sein. In solchen Fällen wird anhand der maßgeblichen Vorschriften über eine Ausklammerung aus § 108e StGB entschieden, ohne dass es einer Heranziehung der anerkannten parlamentarischen Gepflogenheiten bedarf. Bei Bundestagsabgeordneten kommt der Rückgriff auf parlamentarische Gepflogenheiten demnach vor allem für sozialadäquate Zuwendungen in Betracht und hat damit in erster Linie eine Auffangfunktion. Von weit größerer Bedeutung sind die anerkannten parlamentarischen Gepflogenheiten hingegen im Hinblick auf diejenigen Mandatsträger, deren Rechtsstellung in Bezug auf Vorteilszuwendungen weniger stark oder überhaupt nicht

---

[215] Schönke/Schröder-*Heine/Eisele*, § 331 Rn. 40; ferner MüKo-*Korte*, § 331 Rn. 112.
[216] Vgl. BT-Drucks. 17/8613, S. 3.
[217] Vgl. hierzu *Sobolewski/Raue*, WD-Infobrief, S. 5 ff.

durch außerstrafrechtliche Vorschriften geregelt ist. Dies betrifft insbesondere kommunale Mandatsträger und ausländische Abgeordnete.[218]

(2) Erforderlichkeit

Die Formulierung „liegt insbesondere nicht vor" wäre überflüssig, wenn durch sie lediglich sozialadäquate Zuwendungen aus dem Anwendungsbereich von § 108e StGB ausgeklammert würden. Denn die Entgegennahme sozialadäquater Zuwendungen unterfällt schon nach der Lehre von der Sozialadäquanz nicht dem Straftatbestand des § 108e StGB.[219] Wie aber soeben dargelegt, erfasst die Formulierung im Hinblick auf einige Mandatsträger im Sinne des § 108e StGB weit mehr als nur sozialadäquate Zuwendungen. Insofern empfiehlt sich die Beibehaltung eines entsprechenden Hinweises im Gesetzestext des § 108e StGB.[220] Dass sich ein ausdrücklicher Hinweis auf die allgemeinen Bestechungsvorschriften in §§ 331 ff. StGB, die einen solchen Hinweis nicht enthalten, auswirkt, steht aufgrund des unterschiedlichen Inhalts nicht zu befürchten.[221] Zum besseren Verständnis der Ausklammerung ist es überdies ratsam, den Ausdruck der „anerkannten Gepflogenheiten" in den Tatbestand aufzunehmen, statt – wie bisher – lediglich in der Gesetzesbegründung auf ihn zu verweisen. Von der Verwendung des Zusatzes „parlamentarisch" sollte hingegen abgesehen werden, da der Anwendungsbereich des § 108e StGB sich auch auf Tätigkeiten in den Kommunalvertretungen erstreckt, diese aber keine Parlamente im staatsrechtlichen Sinne sind.[222]

cc) Politisches Mandat oder politische Funktion

Politische Mandate oder Funktionen stellen gemäß § 108e Abs. 4 S. 2 Nr. 1 StGB keinen ungerechtfertigten Vorteil dar.

---

[218] So auch *Heinrich*, Stellungnahme, S. 5.
[219] Hierzu *Rönnau*, JuS 2011, 311; ferner Schönke/Schröder-*Eisele*, Vor §§ 13 ff. Rn. 69 f. m.w.N.
[220] So bereits von der SPD in BT-Drucks. 17/8613 und dem Land Nordrhein-Westfalen in BR-Drucks. 174/13 vorgeschlagen.
[221] Hierzu *Heinrich*, Stellungnahme, S. 34.
[222] BR-Drucks. 174/13, S. 6; siehe ferner unter 3.Teil C IV 1 c).

B. Tatbestand des § 108e StGB 69

Diese Ausklammerung ist begrüßenswert, da sie der Parlamentswirklichkeit nicht nur gerecht, sondern von ihr geradezu vorausgesetzt wird. So sind politische Tausch- und Gegenseitigkeitsgeschäfte natürlicher Bestandteil der parlamentarischen Kultur in Deutschland, was nicht zuletzt die Koalitionsvereinbarungen offenbaren.[223]

Ohne Zugeständnisse und Absprachen, durch welche etwa die Vergabe eines bestimmten Postens von einem bestimmten Abstimmungsverhalten abhängig gemacht wird, ist unser parlamentarisches System nicht funktionsfähig.[224] Dementsprechend wird in der Gesetzesbegründung ausgeführt, dass diejenigen Fälle von der Strafbarkeit ausgenommen werden sollen, in denen ein Mandatsträger sich gegebenenfalls gegen die eigene Überzeugung parteiinternen „politischen" Positionierungen unterwirft, um sich die Aufstellung als Kandidat oder die Wahl oder Ernennung in bestimmte politische Funktionen oder Ämter zu sichern.[225]

dd) Eine nach dem Parteiengesetz oder entsprechenden Gesetzen zulässige Spende

Auch nach dem Parteiengesetz oder entsprechenden Gesetzen zulässige Spenden können dem Gesetzgeber zufolge keinen ungerechtfertigten Vorteil begründen, § 108e Abs. 4 S. 2 Nr. 2 StGB. Hinsichtlich der Ausklammerung von Spenden nach dem Parteiengesetz kommt der Regelung lediglich deklaratorische Bedeutung zu. Da das Strafgesetzbuch nicht unter Strafe stellen kann, was nach anderen Gesetzen ausdrücklich erlaubt ist,[226] ergibt sich die grundsätzliche Berechtigung zur Entgegennahme von Spenden für die Partei einschließlich der sogenannten Weiterleitungsspenden bereits aus § 25 PartG und für den Abgeordneten selbst aus § 44a Abs. 2 S. 4 AbgG. Durch die generalklauselartige Verweisung auf die für die Rechtsstellung des Mitglieds maßgeblichen Vorschriften in Absatz 4 Satz 1, die auch das Abgeordnetengesetz einschließt, wird die Zulässigkeit von Spenden an Abgeordnete sogar noch ein weiteres Mal betont. In Anbetracht des sensiblen Regelungsgegenstandes ist es dennoch begrüßenswert,

---
[223] Vgl. BT-Drucks. 16/6726, S. 5.
[224] Ähnlich *Heinrich*, Stellungnahme, S. 5.
[225] BT-Drucks. 16/6726, S. 10.
[226] So schon *Heinrich*, Stellungnahme, S. 5.

dass der Gesetzgeber in Absatz 4 sämtliche Ausklammerungstatbestände zusammengefasst hat, seien sie nun deklaratorisch oder nicht.

Mit der Verweisung auf „eine nach [...] entsprechenden Gesetzen zulässige Spende" wird schließlich sichergestellt, dass auch ausländische Mandatsträger straffrei bleiben, wenn ein für sie geltendes Gesetz eine Spende für zulässig erklärt.[227]

c) Bedeutung von „ungerechtfertigt" über Absatz 4 hinaus

Bislang wurde in erster Linie dargelegt, welche Bedeutung dem Begriff „ungerechtfertigt" im Rahmen des Absatz 4 zukommt: Durch die Negation ungerechtfertigter Vorteile werden bestimmte Vorteilsannahmen aus dem Anwendungsbereich des § 108e StGB ausgeklammert. Mit Blick auf die gesamte Strafnorm ist unklar, welche Bedeutung dem Begriff über Absatz 4 hinaus zukommt. Fraglich ist, ob der Begriff „ungerechtfertigt" ein eigenständiges, neben dem Vorteilsbegriff zu prüfendes Tatbestandsmerkmal darstellt. Relevant ist die Antwort auf diese Frage für all jene Vorteile, die nicht aufgrund von Absatz 4 aus dem Anwendungsbereich des § 108e StGB ausgeklammert werden. Muss in Bezug auf diese Vorteile gesondert geprüft werden, ob sie „ungerechtfertigt" sind?

aa) Nicht durch Absatz 4 ausklammerte Vorteile

Hinsichtlich jener Vorteile, die nicht durch Absatz 4 aus dem Straftatbestand des § 108e StGB ausgeschieden werden, lassen sich zwei Gruppen unterscheiden. Zum einen gibt es diejenigen Vorteile, die von den durch Absatz 4 in Bezug genommenen außerstrafrechtlichen Vorschriften zwar grundsätzlich erfasst werden, bezüglich derer aber dennoch kein Einklang (Satz 1) beziehungsweise keine Zulässigkeit (Satz 2 Nummer 2) bejaht werden konnte. Das ist immer dann der Fall, wenn die Grenzen der außerstrafrechtlichen Vorschriften nicht gewahrt wurden, indem gegen eines der Annahmeverbote verstoßen wurde. Zur Veranschaulichung soll das nachfolgende Beispiel dienen. Ein Unternehmer zahlt einem Abgeordneten ei-

---

[227] Vgl. BT-Drucks. 16/6726, S. 10.

B. Tatbestand des § 108e StGB 71

nen hohen Geldbetrag für einen Vortrag, den der Abgeordnete vereinbarungsgemäß nie halten soll und tatsächlich auch nicht hält. Gemäß § 44a Abs. 1 S. 2 AbgG ist ein Abgeordneter grundsätzlich zur Ausübung von Nebentätigkeiten und zur Entgegennahme daraus resultierender Einkünfte berechtigt. Ein Einklang im Sinne des § 108e Abs. 4 S. 1 StGB ist im genannten Beispiel nur deswegen zu verneinen, weil dem Geldbetrag keine Gegenleistung des Abgeordneten gegenübersteht und die Zuwendung somit gemäß § 44a Abs. 2 S. 3 AbgG unzulässig ist.

Zum anderen gibt es Vorteile, die in den außerstrafrechtlichen Vorschriften nicht vorgesehen sind und auch keiner anderen der im Absatz 4 enthaltenen Ausklammerungen unterfallen. Ein solcher Vorteil liegt beispielsweise dann vor, wenn ein Unternehmer für die Aufnahme eines Abgeordneten in einen prestigeträchtigen Gesellschaftsklub sorgt, dessen Mitgliederzahl streng limitiert ist und in den der Abgeordnete ohne die Hilfe des Unternehmers nicht aufgenommen worden wäre. Eine Zuwendung in Form einer Mitgliedschaft in einem Gesellschaftsklub ist in den für die Rechtsstellung von Bundestagsabgeordneten maßgeblichen Vorschriften nicht vorgesehen. Daher kann die Annahme eines solchen Vorteils auch nicht im Einklang mit den entsprechenden Vorschriften stehen. Schließlich unterfällt diese Form der Zuwendung auch keiner der sonstigen Ausklammerungen des Absatz 4.

bb) Prüfung der nicht durch Absatz 4 ausklammerten Vorteile

Die Gesetzesbegründung schweigt zu der Frage, wie mit all jenen Vorteilen zu verfahren ist, die nicht mittels Absatz 4 aus dem Anwendungsbereich von § 108e StGB ausgeklammert werden – sei es, weil sie sich nicht in dem von den außerstrafrechtlichen Vorschriften gesteckten Rahmen halten, oder sei es, weil sie überhaupt nicht unter die Ausklammerungen in Absatz 4 fallen. In Betracht kommen zwei Möglichkeiten.

(1) Eigenständige Prüfung des Begriffs „ungerechtfertigt"

Eine Möglichkeit besteht darin, bezüglich sämtlicher Vorteile, die nicht durch Absatz 4 ausgeklammert werden – sei es, weil sie sich nicht in dem von den außerstrafrechtlichen Vorschriften gesteckten Rahmen halten, oder sei es, weil sie überhaupt nicht unter die Ausklammerungen in Absatz 4 fallen –, gesondert zu prüfen, ob sie ungerechtfertigt sind. Für eine gesonderte Prüfung des Merkmals „ungerechtfertigt" spricht der Wortlaut von § 108e StGB. Beim Lesen der Norm entsteht zunächst der Eindruck, der Gesetzgeber habe durch Einfügung von Absatz 4 sicherstellen wollen, dass bestimmte Vorteile vom Tatbestand der Norm ausgeschlossen werden, bezüglich aller anderen Vorteile aber gesondert geprüft werden müsse, ob diese ungerechtfertigt sind. Zudem entfaltet der Begriff insoweit die Wirkung eines Tatbestandsmerkmals, als er den Vorteilsbegriff durch Ausklammerung nicht ungerechtfertigter Vorteile konkretisiert.

Gegen eine gesonderte Prüfung spricht, dass nicht erkennbar ist, wie der Begriff „ungerechtfertigt" inhaltlich zu bestimmen und definieren ist. Eine Übernahme der in dem erläuternden Bericht zum Europaratübereinkommen vorgeschlagenen Interpretation von „ungerechtfertigt" scheidet aus. Der Bericht definiert in Nummer 38 „ungerechtfertigt" als etwas, zu dessen Annahme oder Empfang der Mandatsträger gesetzlich nicht berechtigt ist.[228] Eine solche Auslegung setzt voraus, dass die entsprechende Berechtigung der betroffenen Mandatsträger umfassend gesetzlich geregelt ist. Das ist aber nicht der Fall.[229] Welche Vorteile Mandatsträgern zugewendet werden dürfen, ist in Deutschland bislang nur unvollständig geregelt. Während es für Bundestagsabgeordnete vergleichsweise viele Regelungen gibt – obgleich auch diese nicht lückenlos sind –, gibt es für einige Mandatsträger, insbesondere im kommunalen Bereich, überhaupt keine Regelungen.[230]

Im Übrigen handelt es sich bei „ungerechtfertigt" um einen stark normativ geprägten Begriff, dessen nähere Bestimmung eine rechtliche Bewertung

---

[228] Nummer 38 Satz 2 des erläuternden Berichts lautet:
„*Undue* for the purposes of the Convention should be interpreted as something that the recipient is not lawfully entitled to accept or receive.", Explanatory Report to the Criminal Law Convention on Corruption, https://rm.coe.int/CoERMPublicCommonSearchServices/DisplayDCTMContent?documentId=09000016800cce44 (Stand: 30.11.2016).
[229] Siehe hierzu 2.Teil B II 2 a) bb) (2) (b).
[230] Siehe *Jäckle*, Stellungnahme 2014, S. 7 f.

B. Tatbestand des § 108e StGB

erfordert. Die Vornahme dieser Bewertung ist nicht möglich, ohne zumindest die Gegenleistung des Abgeordneten, wenn nicht sogar die Verknüpfung zwischen Vorteil und Gegenleistung, in die Betrachtung miteinzubeziehen.[231] Eine abstrakte inhaltliche Bestimmung des Begriffs „ungerechtfertigt" ist ausgeschlossen.

Demnach stellt der Begriff „ungerechtfertigt" kein eigenständiges Tatbestandsmerkmal dar. Eine gesonderte Prüfung der Frage, inwieweit die nicht durch Absatz 4 ausgeklammerten Vorteile tatsächlich „ungerechtfertigt" sind, scheidet somit aus.

(2) Alle nicht durch Absatz 4 ausgeklammerten Vorteile sind „ungerechtfertigt"

Die einzig verbleibende Möglichkeit besteht darin, alle Vorteile, die nicht durch Absatz 4 ausgeklammert werden, als „ungerechtfertigte" Vorteile im Sinne des § 108e Abs. 1 u. 2 StGB einzuordnen. Abgesehen von der einseitigen Ausklammerung durch Absatz 4 erfolgt bei Vorliegen eines Vorteils im Sinne des § 108e StGB keine zusätzliche Prüfung, ob der Vorteil auch tatsächlich „ungerechtfertigt" ist.

Diese Auslegung ist insofern problematisch, weil dadurch sämtliche nicht durch Absatz 4 ausgeklammerten Vorteile automatisch als „ungerechtfertigt" eingeordnet werden. Dies gilt nicht nur für Vorteile, die sich nachweislich nicht in dem von den außerstrafrechtlichen Vorschriften gesteckten Rahmen halten, sondern auch für solche Vorteile, bezüglich derer gar keine Prüfung stattgefunden hat. Der Begriff „ungerechtfertigt" enthält aber ein Unwerturteil. Insofern hat die Auslegung zur Folge, dass einige Vorteile ohne jegliche Prüfung formal stigmatisiert werden.

Andererseits lässt die gegenwärtige Fassung des § 108e StGB nur diese Interpretation zu. Eine gesonderte Prüfung des Begriffs „ungerechtfertigt" ist ohne eine Heranziehung und Bewertung weiterer Tatbestandsmerkmale des § 108e StGB gar nicht möglich. Auch eine nähere Betrachtung der Ge-

---

[231] Ähnlich *Fischer*, § 108e Rn. 25; siehe auch BeckOK-*v. Heintschel-Heinegg*, § 108e Rn. 15.

setzesbegründung spricht dafür, alle nicht durch Absatz 4 ausgeklammerten Vorteile ohne weitere Prüfung als ungerechtfertigt einzuordnen. Die Erläuterungen der Begründung zum Vorteilsbegriff sind ausführlicher als die zu jedem anderen Merkmal des § 108e StGB. Noch umfangreicher sind die Erläuterungen zu den Ausklammerungen in Absatz 4. Umso beachtlicher ist es, dass der Gesetzgeber in der gesamten Gesetzesbegründung mit keinem Wort erwähnt, was einen Vorteil zu einem ungerechtfertigten macht; es wird ausschließlich dargelegt, in welchen Fällen kein ungerechtfertigter Vorteil vorliegt.

Nach alldem stellt „ungerechtfertigt" kein neben dem Vorteilsbegriff eigenständig zu prüfendes Tatbestandsmerkmal dar. Demnach gelten sämtliche Vorteile, die nicht durch Absatz 4 ausgeklammert werden, als ungerechtfertigte Vorteile im Sinne des § 108e StGB.[232]

Allerdings wird das Tatbestandsmerkmal des Vorteils durch die Ausklammerungen in Absatz 4 konkretisiert. Die Ausklammerungen erfolgen wiederum mittels Negation des normativ aufgeladenen Begriffs „ungerechtfertigt". Mit Blick auf das Gesamtgefüge von § 108e StGB lässt sich der Begriff „ungerechtfertigt" insofern als „normative Beschränkung eines Tatbestandsmerkmals" umschreiben.

d) Verfassungsrechtliche Bestimmtheit des Absatz 4

Des Weiteren ist zu prüfen, ob die in § 108e Abs. 4 StGB vorgesehene Ausklammerung nicht ungerechtfertigter Vorteile den Anforderungen des verfassungsrechtlichen Bestimmtheitsgebots genügt. Die den Vorteilsbegriff konkretisierende Ausklammerung in Absatz 4 erfolgt zum einen durch konkrete Benennung nicht ungerechtfertigter Vorteile (Satz 2 Nummer 1), zum zweiten durch Verweise auf außerstrafrechtliche Vorschriften, die wiederum Aufschluss darüber geben, welche Vorteile nicht ungerechtfertigt sind (Satz 1 und Satz 2 Nummer 2) und schließlich durch die offene Formulierung „insbesondere" in Satz 1

Als Beurteilungsmaßstab kommen entweder das allgemeine rechtsstaatliche Bestimmtheitsgebot oder das strafrechtliche Bestimmtheitsgebot nach

---

[232] So ist wohl auch *Heinrich*, Stellungnahme, S. 3 zu verstehen.

B. Tatbestand des § 108e StGB

Art. 103 Abs. 2 GG in Betracht. Welches der beiden Gebote Anwendung findet, hängt von der konkreten Ausgestaltung der jeweils zu beurteilenden Ausklammerung ab. Muss die Ausklammerung nicht ungerechtfertigter Vorteile allein anhand jener Umschreibung beurteilt werden, die Absatz 4 selbst enthält, so gilt der strengere Maßstab des Art. 103 Abs. 2 GG. Müssen für die Prüfung der Ausklammerung hingegen außerstrafrechtliche Vorschriften herangezogen und geprüft werden, so muss differenziert werden. Soweit es sich um eine Ausklammerung mittels einer Blankettverweisung handelt, unterliegen die Ausfüllungsnormen den Anforderungen des Art. 103 Abs. 2 GG. Erfolgt die Ausklammerung durch einen normativen Verweis, unterliegen die in Bezug genommenen Auslegungshilfen lediglich dem allgemeinen Bestimmtheitsgebot.[233]

aa) Art. 103 Abs. 2 GG als Maßstab

Mit Blick auf § 108e Abs. 4 StGB müssen die offene Formulierung „liegt insbesondere nicht vor" in Satz 1, die in Satz 2 Nummer 1 konkret benannten Vorteile „politisches Mandat oder [...] politische Funktion" und die in Satz 2 Nummer 2 enthaltene deklaratorische Teilblankettverweisung auf „eine nach dem Parteiengesetz oder entsprechenden Gesetzen zulässige Spende" den Anforderungen des Art. 103 Abs. 2 GG genügen.

Das in Art. 103 Abs. 2 GG festgeschriebene Bestimmtheitsgebot enthält für den Gesetzgeber die Verpflichtung, die Voraussetzungen der Strafbarkeit so konkret zu umschreiben, dass Tragweite und Anwendungsbereich der Straftatbestände zu erkennen sind und sich durch Auslegung ermitteln lassen.[234] Der Wortlaut von Strafnormen ist so zu fassen, dass die Normadressaten im Regelfall bereits anhand des Wortlauts der gesetzlichen Vorschrift voraussehen können, ob ein Verhalten strafbar ist oder nicht.[235] Danach bestehen weder an der hinreichenden Bestimmtheit der in Absatz 4 Satz 2 Nummer 1 konkret benannten Vorteile „politisches Mandat oder [...] politische Funktion" noch an der hinreichenden Bestimmtheit des von

---

[233] BVerfGE 78, 205 (209); siehe auch BVerfGE 126, 170 (196); ferner *Walter*, S. 360 m.w.N.
[234] BVerfGE 75, 329 (340 f.).
[235] BVerfGE 48, 48 (56 f.).

§ 108e Abs. 4 S. 2 Nr. 2 StGB in Bezug genommenen Parteiengesetzes sowie den diesem entsprechenden Gesetzen Bedenken.

Problematisch ist dagegen die Formulierung „liegt insbesondere nicht vor" in Satz 1. Mit Hilfe dieser Formulierung soll die Straflosigkeit jener Vorteile sichergestellt werden, deren Annahme „anerkannten parlamentarischen Gepflogenheiten" entspricht.[236] Schon in dem Vorgängerentwurf der SPD war der Ausdruck „parlamentarische Gepflogenheiten" im Hinblick auf seine mangelnde Bestimmtheit vielfach kritisiert worden.[237] Bemängelt worden war insbesondere, dass die Grenzen der parlamentarischen Gepflogenheiten unklar blieben und offen gelassen werde, welche Vorteile nicht unter den Begriff zu subsumieren seien.[238] Auch wenn die gegenwärtige Fassung des § 108e StGB auf eine ausdrückliche Aufnahme der Formulierung verzichtet und nur in der Gesetzesbegründung im Zusammenhang mit der Wendung "liegt insbesondere nicht vor" auf die anerkannten parlamentarischen Gepflogenheiten verweist, muss die Formulierung den Anforderungen des Bestimmtheitsgebots genügen. Andernfalls könnte das Bestimmtheitsgebot schlicht dadurch umgangen werden, indem im Hinblick auf ihre Bestimmtheit problematische Merkmale in die Gesetzesbegründung aufgenommen werden, anstatt sie im Gesetzestext selber zu verankern.

(1) Bestimmtheit der „anerkannten parlamentarischen Gepflogenheiten"

Es wurde bereits festgestellt, dass eine Zuwendung anerkannten parlamentarischen Gepflogenheiten jedenfalls dann entspricht, wenn sie die Ausübung typischer Mandatsaufgaben ermöglicht oder durch diese veranlasst wurde. Gleiches gilt für Vorteile, deren Annahme als sozialadäquat einzu-

---

[236] Vgl. BT-Drucks. 18/476, S. 9.
[237] Siehe BT-Drucks. 17/8613.
[238] Vgl. *Schwarz*, Stellungnahme 2014, S. 3; *Francuski*, HRRS 2014, 220 (228); *Michalke*, CB 2014, 215 (219); ferner *Kempf*, Stellungnahme 2012, S. 11 f.

B. Tatbestand des § 108e StGB

ordnen ist. Ob darüber hinaus noch weitere Vorteile anerkannten parlamentarischen Gepflogenheiten entsprechen und wo genau die Grenzen der Parlamentsüblichkeit verlaufen, ist unklar.

Allerdings verlangt das Bestimmtheitsgebot keine absolute Bestimmtheit. Nach dem Grundsatz der Normenklarheit hat der Gesetzgeber Rechtsvorschriften so genau zu fassen, wie dies nach der Eigenart der zu ordnenden Lebenssachverhalte mit Rücksicht auf den Normzweck möglich ist.[239] Welchen Grad an gesetzlicher Bestimmtheit der einzelne Straftatbestand haben muss, ist im Wege einer wertenden Gesamtbetrachtung unter Berücksichtigung möglicher Regelungsalternativen zu entscheiden.[240]

Die bisherigen Ausführungen haben nachdrücklich belegt, dass es sich bei der Mandatsträgerbestechung um einen sehr komplexen und dadurch gesetzlich schwer fassbaren Bereich handelt. Auch sind keine brauchbaren Regelungsalternativen ersichtlich. Eine umfassende Auflistung von deskriptiven Regelbeispielen anstelle der Verwendung des normativen Ausdrucks „anerkannte parlamentarische Gepflogenheiten" scheidet aus mehreren Gründen aus. Zum einen droht bei einer Auflistung sämtlicher gerechtfertigter beziehungsweise nicht gerechtfertigter Vorteile die Uferlosigkeit des Straftatbestands.[241] Dies gilt umso mehr in Anbetracht der übrigen von § 108e StGB erfassten Mandatsträger, für die andere Maßstäbe gelten können, welche dann ebenfalls erfasst werden müssten.[242] Selbst wenn aber eine halbwegs kompakte Darstellung gelänge, steht zu befürchten, dass die Ausklammerung zu kasuistisch würde und den Besonderheiten des jeweiligen Einzelfalls nicht mehr gerecht werden könnte.[243] So kann sich ein und dasselbe Verhalten in einem bestimmten Kontext als strafwürdig erweisen, in einem anderen wiederum nicht. Zudem lässt sich kaum abstrakt feststellen, ob ein ungerechtfertigter Vorteil angenommen

---

[239] BVerfGE 93, 213 (238).
[240] BVerfGE 28, 175 (183).
[241] Siehe *Jäckle*, Stellungnahme 2012, S. 9; ders., Deutscher Bundestag, Ausschuss für Recht und Verbraucherschutz, Wortprotokoll 18/7 (17.02.2014), S. 26.
[242] BT-Drucks. 18/607, S. 8.
[243] Ähnlich BT-Drucks. 18/607, S. 8; BVerfGE 48, 48 (56); *Jäckle*, Stellungnahme 2012, S. 9 weist auf die große Gefahr von Gesetzeslücken hin.

werden darf oder nicht.²⁴⁴ Schließlich wäre eine umfassende Regelung innerhalb des Strafgesetzbuchs unflexibel und würde eine schnelle Reaktion auf sich wandelnde Vorstellungen und Verhältnisse erschweren.²⁴⁵

Ebenso wenig bietet sich eine Ausgestaltung der Ausklammerung als Teilblankettverweisung an. Dies würde die Existenz umfassender gesetzlicher Regelungen über die Vorteilsannahme durch Mandatsträger voraussetzen. Bislang ist aber nur lückenhaft geregelt, welche Vorteile Mandatsträger im Sinne des § 108e StGB annehmen dürfen und welche nicht.²⁴⁶ In Ermangelung von ebenso geeigneten und gleichzeitig weniger einschneidenden Regelungsalternativen dürfen die Anforderungen an die gesetzliche Bestimmtheit nicht überspannt werden. Darüber hinaus muss berücksichtigt werden, dass es im Rahmen von Absatz 4 lediglich um die Ausklammerung bestimmter Vorteile aus dem Anwendungsbereich von § 108e StGB geht. Entspricht ein Vorteil anerkannten parlamentarischen Gepflogenheiten, so scheidet eine Strafbarkeit gemäß § 108e StGB aus. In allen anderen Fällen setzt eine Strafbarkeit voraus, dass auch die übrigen Voraussetzungen des § 108e StGB erfüllt sind.

Wie bereits aufgezeigt, ist der Anwendungsbereich der parlamentarischen Gepflogenheiten davon abhängig, wie umfassend die Vorteilsannahme durch den jeweils betroffenen Mandatsträger gesetzlich geregelt ist. Je mehr geschriebene Regeln vorhanden sind, desto weniger Raum verbleibt für parlamentarische Gepflogenheiten. Soweit es um Bundestagsabgeordnete geht, ergibt sich die Berechtigung zur Vorteilsannahme größtenteils bereits aus den für ihre Rechtsstellung maßgeblichen Vorschriften. Ein Rückgriff auf die anerkannten parlamentarischen Gepflogenheiten kommt bei ihnen hauptsächlich zur Ausklammerung sozialadäquater Zuwendungen in Betracht.²⁴⁷ Vor diesem Hintergrund verstößt der sich hinter der Formulierung „liegt insbesondere nicht vor" verbergende Verweis auf den Begriff der parlamentarischen Gepflogenheiten nicht gegen das Bestimmtheitsgebot.

---

²⁴⁴ So auch BT-Drucks. 18/607, S. 8.
²⁴⁵ Vgl. BVerfGE 48, 48 (56); vgl. ferner BT-Drucks. 18/607, S. 8.
²⁴⁶ Siehe oben 2.Teil B II 2 a) bb) (2) (b); *Jäckle*, Stellungnahme 2014, S. 7 f.
²⁴⁷ Siehe oben 2.Teil B II 2 b) bb) (1).

Anders ist die Situation bei Mandatsträgern, hinsichtlich derer die Annahme von Vorteilen nur unvollständig oder gar nicht gesetzlich geregelt ist. Es obliegt dem Gesetzgeber, für diese Mandatsträger umfassende Regelungen außerhalb des Strafrechts zu schaffen und auf diese Weise den Ausdruck der parlamentarischen Gepflogenheiten schärfer zu konturieren.

(2) Weitere Bedenken im Zusammenhang mit der mangelnden Bestimmtheit

Im Zusammenhang mit der Kritik an der hinreichenden Bestimmtheit wurde mehrfach bemängelt, dass der Ausdruck „parlamentarische Gepflogenheiten" sowohl den Strafverfolgungsbehörden wie auch den Gerichten einen weiten Ermessensspielraum einräumt.[248]

Das ist zunächst im Hinblick auf das Vorfeld eines gerichtlichen Verfahrens bedenklich. Die Einleitung eines Ermittlungsverfahrens durch die Staatsanwaltschaft hängt gemäß § 160 StPO vom Vorliegen eines Anfangsverdachts ab, für dessen Annahme es genügt, wenn aufgrund tatsächlicher Anhaltspunkte die Möglichkeit einer strafbaren Handlung besteht. Je nach Auslegung des Begriffs der Parlamentsüblichkeit könnten sich die Staatsanwaltschaften vorschnell zur Einleitung eines Ermittlungsverfahrens entschließen.[249] Der hieraus resultierende öffentliche Imageschaden ist in vielen Fällen irreparabel und zwar unabhängig davon, ob sich der Verdacht im weiteren Verfahrensverlauf bestätigt oder nicht.[250] Gleichzeitig bietet sich für politische Gegner eine einfache und effektive Möglichkeit, ihre Konkurrenten in Verruf zu bringen.[251] Des Weiteren besteht das Risiko, dass die Staatsanwaltschaften in Anbetracht der wachsenden Anzahl von Ermittlungsverfahren verstärkt von den Einstellungsmöglichkeiten nach §§ 153 f. StPO Gebrauch machen und damit eine neue Kategorie

---

[248] Hierzu *Michalke*, CB 2014, 215 (219); siehe auch *Kempf*, Stellungnahme 2012, S. 11 f.; ferner *Schwarz*, Stellungnahme 2012, S. 4.
[249] Siehe *Heinrich*, Stellungnahme, S. 22 f.
[250] Ähnlich BT-Drucks. 18/607, S. 7.
[251] Hierzu *Kretschmer*, Stellungnahme 2012, S. 14 f.; vgl. ferner *Michalke*, in: FS Hamm, S. 459 (474); ähnlich bereits BT-Drucks. 12/1360, S. 5 und BT-Drucks. 12/5927, S. 5.

sozialer Adäquanz schaffen.[252] Schließlich wächst auf Seiten der Judikative die Gefahr sich widersprechender Urteile, was zu Rechtsunsicherheit führt.[253]

Die genannten Bedenken werden durch den neu eingefügten § 120b GVG weitgehend entschärft. § 120b GVG begründet eine erstinstanzliche Sonderzuständigkeit der Oberlandesgerichte.[254] Aufgrund der erstinstanzlichen Zuständigkeit der Oberlandesgerichte ist die ermittelnde Behörde wegen §§ 141, 142 GVG in allen Verfahren die Generalstaatsanwaltschaft. Mit dieser Zuständigkeitskonzentration wird sichergestellt, dass die jeweils befassten Justizorgane sowohl über die erforderliche Erfahrung als auch über die erforderliche Sensibilität im Umgang mit Korruptionsvorwürfen gegen Mandatsträger verfügen.[255] Insofern dürfte die auf einen Gesetzesentwurf der Fraktion Die Linke[256] zurückgehende Begründung einer erstinstanzlichen Sonderzuständigkeit der Oberlandesgerichte die skizzierten Bedenken deutlich abschwächen. Im Übrigen ist dem Einsatz unbestimmter Rechtsbegriffe ein gewisses Maß an Rechtsunsicherheit immanent und insofern hinzunehmen.

bb) Art. 20 Abs. 3 GG als Maßstab

Die verfassungsrechtlichen Vorgaben des Art. 103 Abs. 2 GG gelten nicht uneingeschränkt. Das Bundesverfassungsgericht betont in ständiger Rechtsprechung, dass die Schaffung von detaillierten, allumfassenden Strafnormen zur Ordnung bestimmter Lebenssachverhalte weder möglich noch sinnvoll ist.[257] Das Bestimmtheitsgebot zwingt den Gesetzgeber weder dazu, sämtliche Straftatbestände ausschließlich mit unmittelbar in ihrer Bedeutung für jedermann erschließbaren deskriptiven Tatbestandsmerkmalen zu umschreiben, noch schließt es die Verwendung wertausfüllungsbedürftiger Begriffe bis hin zu Generalklauseln im Strafrecht von vornherein

---

[252] So *Schwarz*, Stellungnahme 2014, S. 3.
[253] Siehe *Heinrich*, Stellungnahme, S. 30; vgl. *Schwarz*, Stellungnahme 2014, S. 3; vgl. auch *Hoven*, ZIS 2013, 33 (43).
[254] Siehe unter 2.Teil G.
[255] Hierzu BT-Drucks. 18/607, S. 9.
[256] BT-Drucks. 17/1412.
[257] Vgl. BVerfGE 48, 48 (56).

B. Tatbestand des § 108e StGB

aus.[258] Gerade in vielgestaltigen Fällen kann der Gesetzgeber Tatbestände auch so ausgestalten, dass zu ihrer Auslegung auf außerstrafrechtliche Vorschriften zurückgegriffen werden muss.[259] Dies führt, soweit es sich nicht um Normen zur Ausfüllung eines strafrechtlichen Blanketts handelt, nicht dazu, dass auch die betreffenden außerstrafrechtlichen Vorschriften am Bestimmtheitsgebot des Art. 103 Abs. 2 GG zu messen wären.[260] Die außerstrafrechtlichen Normen müssen lediglich die Grenzen des allgemeinen rechtsstaatlichen Bestimmtheitsgebot aus Art. 20 Abs. 3 GG wahren.[261]

Der Bereich der Abgeordnetenbestechung stellt einen solchen vielgestaltigen Lebensbereich dar. Alternative Ausgestaltungsformen der Ausklammerung durch eine vollständige Auflistung deskriptiver Regelbeispiele oder ausschließlich mittels eines Teilblanketts scheiden aus den bereits dargelegten Gründen aus.[262] Demnach genügt es, wenn die in Bezug genommenen außerstrafrechtlichen Vorschriften mit dem allgemeinen rechtsstaatlichen Bestimmtheitsgrundsatz im Einklang stehen. Der allgemeine Bestimmtheitsgrundsatz wird aus Art. 20 Abs. 3, 29 Abs. 2 GG abgeleitet und besagt, dass eine gesetzliche Vorschrift in ihrem Inhalt und ihren Voraussetzungen so zu formulieren ist, dass die von ihr Betroffenen die Rechtslage erkennen und ihr Verhalten danach einrichten können.[263] Die Rechtsunterworfenen müssen in zumutbarer Weise erkennen können, ob die tatsächlichen Voraussetzungen für die in der Rechtsnorm ausgesprochene Rechtsfolge vorliegen.[264] Es gilt das rechtsstaatliche Gebot der Normenbestimmtheit und Normenklarheit.[265]

§ 108e Abs. 4 S. 1 StGB verweist auf die für die Rechtsstellung des Mitglieds maßgeblichen Vorschriften. Zu den maßgeblichen Vorschriften zählen §§ 44a, 44b AbgG, § 25 Abs. 2 PartG sowie die Verhaltensregeln samt Ausführungsbestimmungen. Zweifel an der Bestimmtheit bestehen nur im

---

[258] Siehe BVerfGE 48, 48 (56 f.).
[259] BVerfGE 126, 170 (196).
[260] BVerfGE 126, 170 (196); vgl. ferner BVerfGE 78, 205 (213) zur Auslegung des Merkmals „fremd" im Rahmen von §§ 242, 246 StGB.
[261] Leupold/Glossner-*Cornelius*, Teil 10 Rn. 15.
[262] Siehe 2.Teil B II 2 d) aa) (1) sowie 3.Teil C II.
[263] Siehe BVerfGE 37, 132 (142).
[264] BVerfGE 37, 132 (142); ferner BVerfGE 59, 104 (114).
[265] Vgl. BVerfGE 110, 33 (52) und BVerfGE 113, 348 (375 f.).

Hinblick auf die drei Annahmeverbote, welche regeln, wann die Annahme von Geld, einer geldwerten Zuwendung oder einer Spende unzulässig ist.

(1) Spendenannahmeverbot

Der Wortlaut des Spendenannahmeverbots wird den Anforderungen des allgemeinen Bestimmtheitsgebots gerecht. Dass die in § 25 Abs. 2 PartG geregelten Verbotstatbestände über ihren Wortlaut hinaus auch bei Spenden an Abgeordnete entsprechende Anwendung finden, ergibt sich aus dem entsprechenden Verweis in § 4 Abs. 4 VR. Einer kurzen Erläuterung bedarf es einzig im Hinblick auf den Verbotstatbestand des § 25 Abs. 2 Nr. 7 PartG. Gemäß § 25 Abs. 2 Nr. 7 PartG sind „von der Befugnis der Parteien, Spenden anzunehmen, ausgeschlossen [...]: Spenden, die der Partei erkennbar in Erwartung oder als Gegenleistung eines bestimmten wirtschaftlichen oder politischen Vorteils gewährt werden". Die Begriffe „Erwartung", „Gegenleistung" und „Vorteil" dürften hinlänglich bekannt und verständlich sein, obgleich der Vorteilsbegriff im Rahmen des § 25 Abs. 2 Nr. 7 PartG die vom Abgeordneten zu erbringende Leistung kennzeichnet und nicht die des Spenders. Einzig die Nachweisbarkeit der für den Abgeordneten erkennbaren Erwartungshaltung des Spenders wie auch die Nachweisbarkeit der Gegenleistung, welche eine zumindest stillschweigende Vereinbarung über Spende und Vorteil des Abgeordneten voraussetzt, ist problematisch. Die schwierige Nachweisbarkeit eines Tatbestandsmerkmals hat allerdings keinen Einfluss auf die Beurteilung seiner Bestimmtheit. Abgesehen von der Nachweisproblematik bringt die Formulierung „erkennbar in Erwartung oder als Gegenleistung" klar und verständlich zum Ausdruck, dass sowohl die Spendenannahme in Kenntnis der an die Spende geknüpften Erwartungen des Spenders als auch der konsensuale Austausch von Spende und Vorteil unzulässig sind. Insofern bestehen an der inhaltlichen Bestimmtheit keine Bedenken.

(2) Interessentenzahlungsverbot

Auch der Wortlaut des Verbots von Interessentenzahlungen ist hinreichend bestimmt. Gemäß § 44a Abs. 2 S. 2 AbgG ist „insbesondere die Annahme von Geld oder von geldwerten Zuwendungen [unzulässig], die nur deshalb gewährt werden, weil dafür die Vertretung und Durchsetzung der Interessen des Leistenden im Bundestag erwartet wird". Es wurde bereits festgestellt, dass eine Interessentenzahlung nur dann vorliegt, wenn die Erwartungshaltung des Leistenden für den Abgeordneten erkennbar war.[266] Dieses Erfordernis mag schwer zu erbringen sein, allerdings ist die schwierige Nachweisbarkeit kein Kriterium bei der Beurteilung der Bestimmtheit. Insoweit wird auf die Ausführungen des inhaltlich ähnlichen § 25 Abs. 2 Nr. 7

Der an anderer Stelle[267] bereits erläuterte Inhalt der Begriffe Interessenvertretung und Interessendurchsetzung ist klar und verständlich. Aus diesem Grund haben die Grünen in einem 2011 vorgelegten Gesetzesentwurf zu § 108e StGB vorgeschlagen, in Anlehnung an § 44a Abs. 2 AbgG vom Abgeordneten eine Handlung „zur Vertretung oder Durchsetzung der Interessen des Leistenden oder eines Dritten" zu fordern.[268] *Jäckle* schlug sogar vor, die Strafbarkeit nach § 108e StGB davon abhängig zu machen, ob vom Leistenden „die Vertretung und Durchsetzung der Interessen des Leistenden im Bundestag erwartet wird", und knüpfte damit nahezu wortwörtlich an § 44a Abs. 2 S. 2 AbgG an.[269]

Insofern kann der Auffassung von *Michalke*, der zufolge der Ausdruck „Vertretung von Interessen" vage und unbestimmt sei, nicht zugestimmt werden.[270] *Michalke* stützt ihre Kritik vornehmlich darauf, dass Interessenvertretung „stets auch Teil des (erlaubten) Lobbyismus ist".[271] Dem ist insoweit zuzustimmen, als Interessenvertretung durch Abgeordnete nicht nur zulässig, sondern sogar verfassungsrechtlich vorgesehen ist. In § 44a Abs. 2 S. 2 AbgG wird aber nicht die Vertretung oder Durchsetzung von Interessen durch Abgeordnete im allgemeinen für unzulässig erklärt, sondern die Annahme einer geldwerten Zuwendung durch den Abgeordneten in Kenntnis der damit verbundenen Erwartung des Leistenden hinsichtlich der Vertretung und Durchsetzung seiner Interessen im Bundestag.

---

[266] Siehe oben unter Verweis auf BT-Drucks. 15/5671, S. 4.
[267] Siehe 2.Teil C II 2 b) aa) (2) (a) (bb).
[268] BT-Drucks. 17/5933.
[269] *Jäckle*, Stellungnahme 2014, S. 5.
[270] *Michalke*, CB 2014, 215 (219); *dies.*, in: FS Hamm, S. 459 (471).
[271] *Michalke*, CB 2014, 215 (219); *dies.*, Deutscher Bundestag, Ausschuss für Recht und Verbraucherschutz, Wortprotokoll 18/7 (17.02.2014), S. 26.

Der Nachweis dieser Erwartungshaltung mag nur sehr schwer zu erbringen sein und auf diese Weise die Praktikabilität der Vorschrift insgesamt in Frage stellen. Vage oder gar unbestimmt ist der Ausdruck aufgrund seiner problematischen Nachweisbarkeit aber nicht.

(3) Verbot arbeitsloser Einkommen

Hinsichtlich des Verbots arbeitsloser Einkommen gemäß § 44a Abs. 2 S. 3 AbgG ist allein die hinreichende Bestimmtheit der „angemessenen Gegenleistung" fraglich.[272] Wann eine Gegenleistung angemessen ist, ist gemäß § 8 Abs. 5 S. 2 VR zunächst anhand der Verkehrsüblichkeit zu ermitteln und hilfsweise danach zu entscheiden, ob Leistung und Gegenleistung offensichtlich außer Verhältnis stehen. Die hinreichende Bestimmtheit und praktische Handhabbarkeit der Begriffe „angemessen" und „verkehrsüblich" wurde bereits im Zuge des Gesetzgebungsverfahrens kontrovers diskutiert.[273] Für die Bestimmtheit spricht, dass beide Begriffe dem Rechtsverkehr nicht unbekannt sind.[274] Das Gleiche gilt für das hilfsweise heranzuziehende Kriterium der (offensichtlich nicht vorhandenen) Verhältnismäßigkeit. Berücksichtigt man überdies, dass es dem Gesetzgeber nicht grundsätzlich untersagt ist, unbestimmte Rechtsbegriffe zu verwenden, so kann die hinreichende Bestimmtheit des Ausdrucks bejaht werden.

(4) Zwischenergebnis

Die vorangegangenen Ausführungen haben gezeigt, dass die außerstrafrechtlichen Vorschriften, auf die in § 108e Abs. 4 S. 1 StGB verwiesen wird, dem rechtsstaatlichen Gebot der Normenbestimmtheit und Normenklarheit genügen. Obgleich die Praktikabilität der Verbotstatbestände zum

---

[272] So etwa *Michalke*, CB 2014, 215 (219).
[273] Zusammenfassend BT-Drucks. 15/5846, S. 12; ferner Deutscher Bundestag, Stenografischer Bericht, Plenarprotokoll 182/15 (17.06.2005), S. 17256D.
[274] So auch der Gesetzgeber im Hinblick auf die Angemessenheit, BT-Drucks. 15/5846, S. 12.

B. Tatbestand des § 108e StGB

Teil zweifelhaft ist, verstoßen sie nicht gegen das allgemeine rechtsstaatliche Bestimmtheitsgebot.

cc) Ergebnis

Zusammenfassend kann festgehalten werden, dass die in § 108e Abs. 4 StGB vorgesehene Ausklammerung nicht ungerechtfertigter Vorteile im Hinblick auf Bundestagsabgeordnete den Anforderungen des verfassungsrechtlichen Bestimmtheitsgebots genügt.

3. Zusammenfassung

Das Erfordernis eines „ungerechtfertigten" Vorteils und die Ausklammerung nicht ungerechtfertigter Vorteile in Absatz 4 werfen diverse Fragen und Probleme auf. Eines der zentralen Probleme besteht darin, dass der Begriff „ungerechtfertigt" über die Ausklammerung in Absatz 4 hinaus keine eigenständige Bedeutung erkennen lässt. Hierdurch werden alle nicht über Absatz 4 aus dem Tatbestand ausgeklammerten Vorteile automatisch als „ungerechtfertigt" eingeordnet und zwar unabhängig davon, ob hinsichtlich des jeweiligen Vorteils ein Verstoß gegen ein Annahmeverbot festgestellt werden konnte oder aber gar keine Prüfung stattgefunden hat.[275]

Darüber hinaus begründet die in Absatz 4 vorgesehene Ausklammerung bestimmter Vorteile aus dem Vorteilsbegriff Änderungsbedarf. Kritikwürdig ist zunächst die sprachliche Fassung des Absatz 4. Die Ausklammerung erfolgt durch eine doppelte Verneinung, was die Verständlichkeit der Regelung erheblich erschwert. Auch der grundsätzlich begrüßenswerte Verweis auf Vorschriften außerhalb des Strafrechts weist einige Schwächen auf. Hervorzuheben sind insbesondere das missverständliche Verhältnis der Regelungen in § 44a Abs. 2 S. 1 bis 3 AbgG zueinander, die schwierige Nachweisbarkeit der drei Annahmeverbote gemäß §§ 44a Abs. 2 S. 2, 44a Abs. 2 S. 3 AbgG und § 25 Abs. 2 PartG sowie die inhaltliche Beschränkung der Annahmeverbote auf geldwerte Zuwendungen. Schließlich

---

[275] 2. Teil B II 2 c) bb) (2).

ist zu bemängeln, dass der Gesetzgeber die Frage, ob eine Vorteilszuwendung anerkannten parlamentarischen Gepflogenheiten entspricht, hinter der Formulierung „liegt insbesondere nicht vor" versteckt, statt den Ausdruck der anerkannten Gepflogenheiten in den Gesetzestext selbst aufzunehmen. Zusammenfassend ist festzuhalten, dass die aufgezeigten Schwachpunkte einer Nachbesserung durch den Gesetzgeber bedürfen.

III. Als Gegenleistung für eine Handlung im Auftrag oder auf Weisung

Mit dem Tatbestandsmerkmal „als Gegenleistung dafür" stellt der Gesetzgeber klar, dass der Vorteil des Gebers und die Handlung des Mandatsträgers durch eine qualifizierte Unrechtsvereinbarung miteinander verbunden sein müssen. Eine qualifizierte Unrechtsvereinbarung liegt laut Gesetzesbegründung vor, wenn der ungerechtfertigte Vorteil gerade deshalb zugewendet wird, damit der Mandatsträger sich in einer bestimmten Weise verhält, also im Auftrag oder auf Weisung des Vorteilsgebers handelt.[276]

1. Begriff der Unrechtsvereinbarung

Kennzeichnend für alle Bestechungsdelikte ist das Erfordernis einer Unrechtsvereinbarung. Der Begriff der Unrechtsvereinbarung beschreibt das Beziehungsverhältnis zwischen Vorteil und Handlung, über das sich Vorteilsgeber und Vorteilsnehmer verständigt haben, und ist insbesondere aus den in §§ 331 ff. StGB geregelten Bestechungsdelikten hinlänglich bekannt.

Während ursprünglich alle Amtsbestechungsdelikte die gleichen Anforderungen an die Unrechtsvereinbarung stellten, unterscheidet das Strafgesetzbuch seit dem dreizehnten Gesetz zur Änderung dienstrechtlicher Vorschriften vom 9. September 1997 zwischen gelockerten und engen Unrechtsvereinbarungen.[277] Seitdem genügt für die Verwirklichung der Straftatbestände der Vorteilsannahme gemäß § 331 StGB und der Vorteilsgewährung gemäß § 333 StGB eine gelockerte Unrechtsvereinbarung, was

---

[276] BT-Drucks. 18/476, S. 7.
[277] Vgl. hierzu BT-Drucks. 13/8079, S. 15.

B. Tatbestand des § 108e StGB

durch den Wortlaut „für die Dienstausübung einen Vorteil" zum Ausdruck gebracht wird. Die Bestechlichkeit gemäß § 332 StGB und die Bestechung gemäß § 334 StGB setzen hingegen weiterhin einen Vorteil „als Gegenleistung" für eine dienstpflichtenverletzende Diensthandlung und damit eine enge Unrechtsvereinbarung voraus. Anders als eine gelockerte Unrechtsvereinbarung, die schon dann zu bejahen ist, wenn der Vorteil mit irgendeiner dienstlich ausgeübten Tätigkeit des Amtsträgers verknüpft ist, erfordert eine enge Unrechtsvereinbarung, dass der Vorteil sich auf eine bestimmte Diensthandlung bezieht.

Bei der Neufassung von § 108e StGB hat sich der Gesetzgeber für das Tatbestandsmerkmal „als Gegenleistung" entschieden. In Anlehnung an den gleichlautenden Wortlaut der §§ 332, 334 StGB wird damit eine enge Unrechtsvereinbarung gefordert. Dies steht im Einklang mit den Art. 2 und 3 ER-Übereinkommen[278] sowie den Art. 15 und 16 VN-Konvention[279], deren amtliche Übersetzungen ebenfalls die Formulierung „als Gegenleistung" vorsehen. Der Annahme einer engen Unrechtsvereinbarung steht nicht entgegen, dass in der Gesetzesbegründung zu § 108e StGB von einer qualifizierten Unrechtsvereinbarung die Rede ist. Es ist davon auszugehen, dass der Gesetzgeber mit dieser Bezeichnung den zusätzlichen Anforderungen Rechnung tragen wollte, die der Tatbestand sowohl an den Vorteil als auch an die Handlung stellt. Strafbar ist gemäß § 108e StGB nur die Verständigung über den Austausch eines *ungerechtfertigten* Vorteils einerseits und einer Handlung *im Auftrag oder auf Weisung* andererseits.

2. Inhalt und Form der qualifizierten Unrechtsvereinbarung

Eine qualifizierte Unrechtsvereinbarung erfordert eine Verständigung darüber, dass der gewährte oder zu gewährende Vorteil und die Handlung des

---

[278] Hierzu SEV Nr. 173, http://www.coe.int/de/web/conventions/full-list/-/conventions/rms/090000168007f589 (Stand: 30.11.2016); im englischen Originaltext heißt es auszugsweise: „any undue advantage […] to act or refrain from acting in the exercise of his or her functions", ETS Nr. 173, http://www.coe.int/en/web/conventions/full-list/-/conventions/rms/090000168007f3f5 (Stand: 30.11.2016).
[279] BGBl. II, 2014, S. 762; im englischen Originaltext heißt es auszugsweise: „an undue advantage […] in order that the official act or refrain from acting in the exercise of his or her official duties".

Mandatsträgers wie Leistung und Gegenleistung in einem Gegenseitigkeitsverhältnis stehen.[280] Mit Gegenseitigkeitsverhältnis ist ein kausale Verknüpfung im Sinne eines „do ut des" gemeint, im Rahmen derer die Leistungen beider Parteien aufgrund der Leistung der jeweils anderen Partei erfolgen.[281] Der Vorteilsgeber muss den ungerechtfertigten Vorteil gerade deshalb in Aussicht stellen oder zuwenden, damit der Mandatsträger sich in einer bestimmten Weise verhält, also im Auftrag oder auf Weisung handelt.[282] Umgekehrt muss der Abgeordnete die bestimmte Mandatshandlung gerade wegen des ungerechtfertigten Vorteils oder der Aussicht auf einen solchen vornehmen beziehungsweise unterlassen. Demnach verlangt der Tatbestand eine enge Kausalbeziehung zwischen Vorteil und Handlung.[283]

Dabei ist fraglich, wie konkret das Verhalten des Abgeordneten festgelegt sein muss, um von einer bestimmten Mandatshandlung sprechen zu können. Muss die Handlung des Abgeordneten in ihrer konkreten Gestalt in allen Einzelheiten feststehen, oder genügt ein Einvernehmen über das angestrebte Ziel, während das Vorgehen nur in groben Umrissen festgelegt ist und die Einzelheiten der konkreten Ausführung dem Abgeordneten überlassen sind?[284]

Für § 332 StGB hat der Bundesgerichtshof entschieden, dass eine pflichtwidrige – insbesondere zukünftige – Diensthandlung nicht in allen Einzelheiten wie Zeitpunkt, Anlass und Ausführungsweise feststehen muss.[285] Es reicht vielmehr aus, wenn sich das Einverständnis der Beteiligten darauf bezieht, dass der Amtsträger innerhalb eines bestimmten Aufgabenbereiches oder Kreises von Lebensbeziehungen nach einer gewissen Richtung hin tätig geworden ist oder werden soll und die einvernehmlich ins Auge gefasste Diensthandlung nach ihrem sachlichen Gehalt zumindest in groben Umrissen erkennbar und festgelegt ist.[286] Dieser Maßstab sollte auch

---

[280] Vgl. *Jäckle*, Stellungnahme 2014, S. 5; siehe auch *Fischer*, § 108e Rn. 34; ferner BeckOK-*v. Heintschel-Heinegg*, § 108e Rn. 18.
[281] Siehe *Bock/Bormann*, ZJS 2009, S. 625 (631); vgl. ferner *Francuski*, HRRS 2014, 220 (229).
[282] BT-Drucks. 18/476, S. 7.
[283] BT-Drucks. 18/476, S. 7.
[284] Vgl. hierzu BGH NStZ 2005, 214 (215).
[285] Siehe BGH NStZ 2005, 214 (215).
[286] Siehe BGH NStZ 2005, 214 (215).

B. Tatbestand des § 108e StGB

für Abgeordnete gelten. Der verwirklichte Unrechtsgehalt einer Straftat im Sinne des § 108e StGB wird nicht dadurch geringer, dass die Einzelheiten der Ausführung der mit dem Vorteil verknüpften Handlung dem Abgeordneten überlassen werden. Hinzu kommt, dass im Zeitpunkt der Verständigung oftmals noch nicht absehbar ist, was für Handlungen der Abgeordnete vornehmen oder unterlassen muss, um seinen Teil der Vereinbarung erfüllen zu können.

Zur Verdeutlichung sei das nachfolgende Beispiel genannt. Ein Unternehmer und ein Abgeordneter vereinbaren, dass der Abgeordnete sich für die Aufnahme einer bestimmten Ausnahmeregelung in ein gegenwärtig diskutiertes Gesetzesvorhaben einsetzen und im Gegenzug eine als Beraterhonorar ausgewiesene Zahlung erhalten soll, ohne eine entsprechende Beratungsleistung erbringen zu müssen. Dem durch die Aussicht auf die Zahlung motivierten Abgeordneten gelingt es mittels diverser Handlungen, seine Fraktion von der Notwendigkeit der Aufnahme der besagten Ausnahmeregelung zu überzeugen. In mehreren Fraktionssitzungen meldet er sich zu Wort und belegt sein Anliegen mit diversen Gutachten. Zudem führt er mehrere Einzelgespräche mit Führungsfiguren der Fraktion. Nach mehreren Fraktionssitzungen wird der Gesetzesentwurf schließlich in den Bundestag eingebracht –einschließlich der vom Unternehmer gewünschten Regelung.

Das Beispiel veranschaulicht, dass weder die Strafbarkeit des Unternehmers noch die des Abgeordneten davon abhängig gemacht werden darf, ob die Beteiligten das Vorgehen des Abgeordneten im Vorfeld in allen Einzelheiten festgelegt hatten oder nicht. Das Tatunrecht wird schon dadurch verwirklicht, dass sich der Abgeordnete dazu bereit erklärt, seine Mandatstätigkeiten gegen eine Vorteilszuwendung an den Interessen des Vorteilsgebers auszurichten. Folglich ist eine bestimmte Mandatshandlung auch dann zu bejahen, wenn sich die Beteiligten im Vorfeld der Handlung nicht über deren Einzelheiten verständigt haben.

Hinsichtlich der Form unterliegt die Unrechtsvereinbarung keinen besonderen Anforderungen. Wie bei den §§ 331 ff., 299 StGB müssen sich Vorteilsgeber und Vorteilsnehmer zumindest konkludent darüber geeinigt haben, dass sich Vorteil und Handlung aufeinander beziehen und gegenseitig bedingen.[287]

3. Feststellung der qualifizierten Unrechtsvereinbarung

Im Prozess muss die zumindest stillschweigende Übereinkunft darüber, dass der Vorteil des Gebers das Äquivalent für die Mandatshandlung des Abgeordneten sein soll, unter Wahrung der allgemeinen Grundsätze des Beweisrechts nachgewiesen werden. Über die Frage, ob eine qualifizierte Unrechtsvereinbarung vorliegt, entscheidet das Gericht gemäß § 261 StPO nach seiner freien, aus dem Inbegriff der Verhandlung geschöpften Überzeugung. Nur wenn das Gericht persönlich von dem Vorliegen einer Unrechtsvereinbarung überzeugt ist, wird es den oder die Angeklagten verurteilen.

Der Nachweis der Unrechtsvereinbarung dürfte eine der größten Herausforderungen sein, die der Tatbestand des § 108e StGB bereithält. Nachgewiesen werden muss eine Vereinbarung über den kausalen Austausch von Vorteil und Mandatshandlung. An der erforderlichen Kausalität fehlt es, wenn die Vorteilszuwendung für eine Handlung erfolgt, zu deren Vornahme oder Unterlassen der Abgeordnete nicht durch den Vorteil, sondern durch seine innere Überzeugung veranlasst wurde.[288] Umgekehrt wird die Grenze zur Strafbarkeit erst dann überschritten, wenn der Abgeordnete sich „kaufen lässt", das heißt, wenn er sich den Interessen des Vorteilsgebers unterwirft und seine Handlungen durch die Vorteilsgewährung bestimmt sind.[289]

Dem Grunde nach handelt es sich bei der Unrechtsvereinbarung um ein Merkmal des objektiven Tatbestands.[290] Sobald sich Vorteilsgeber und Abgeordneter über den kausalen Austausch von Vorteil und Mandatshandlung verständigt haben, ist das jeweilige Handlungsunrecht verwirklicht, das Tatbestandsmerkmal der Unrechtsvereinbarung mithin erfüllt. Dies gilt

---

[287] *Fischer*, § 108e Rn. 36.
[288] BT-Drucks. 18/476, S. 7.
[289] BT-Drucks. 18/476, S. 7.
[290] Vgl. *Ulsenheimer*, in: FS Beulke, S. 567 (573).

B. Tatbestand des § 108e StGB 91

unabhängig davon, ob es nach Abschluss der Unrechtsvereinbarung tatsächlich zu der Zuwendung eines Vorteils und der Vornahme oder Unterlassung einer Mandatshandlung kommt, wobei die Umsetzung der Vereinbarung die Beweisführung erleichtern dürfte. Gleichzeitig ist die Verständigung zwischen den Parteien aber subjektiver Natur. Sie setzt sich aus dem beiderseitigen Willen zu einer entsprechenden Verständigung zusammen. Dabei wird sich die Verständigung nur selten in einer Form nach außen hin manifestieren – etwa durch ein Schriftstück –, die als Beweismittel herangezogen werden kann. In den meisten Fällen wird die Abrede mündlich oder gar stillschweigend zwischen den Parteien getroffen werden. Um die Unrechtsvereinbarung dennoch nachweisen zu können, muss dann von den äußeren Umständen der Tat auf die von subjektiven Elementen stark geprägte Vereinbarung zwischen Abgeordnetem und Vorteilsgeber geschlossen werden.[291]

Die Beurteilung durch das Gericht wird dabei regelmäßig im Wege einer Gesamtschau aller in Betracht kommenden Indizien erfolgen.[292] Von maßgeblicher Bedeutung kann etwa sein, wenn ein Abgeordneter seine gefestigte politische Einstellung zu einem bestimmten Thema abrupt ändert oder sich unerwartet für eine Sache einsetzt, mit der er nie zuvor erkennbar etwas zu tun hatte.[293] Belege für einen derartigen Meinungsumschwung werden sich vielfach aus den öffentlichen Äußerungen des Abgeordneten ergeben, welche wiederum mit Hilfe sozialer und klassischer Medien ermittelt werden können. Neben einem unerwarteten Gesinnungswandel des Abgeordneten können die Art und der Wert des Vorteils sowie ein kurzer zeitlicher Abstand zwischen Vorteilszuwendung und Mandatsausübung Rückschlüsse auf das Vorliegen einer Unrechtsvereinbarung offenbaren.[294] Dies gilt insbesondere für den inhalts- oder zeitnahen Abschluss von Beraterverträgen und sonstigen Nebentätigkeitsvereinbarungen, bei welchen die Honorierung ersichtlich nicht für eine tatsächlich zu erbringende Leistung erfolgt.[295] Ebenfalls bedeutsam kann die Vorgehensweise der Beteiligten sein, wobei vor allem zu berücksichtigen ist, ob der Austausch von

---

[291] Vgl. hierzu BT-Drucks. 18/476, S. 8.
[292] BGHSt 53, 6 (17).
[293] Ähnlich *Fischer*, § 108e Rn. 37; kritisch *Michalke*, CB 2014, 215 (219).
[294] Schönke/Schröder-*Eser*, § 108e Rn. 8.
[295] *Fischer*, § 108e Rn. 37.

Vorteil und Mandatshandlung heimlich erfolgt oder transparent gestaltet ist.[296] Der Versuch, die Vorteilszuwendung zu verheimlichen, gibt Anlass für weitere Nachforschungen. Auch die fehlende Plausibilität einer anderen Zielsetzung als die des jeweiligen Tatvorwurfs, kann ein mögliches Indiz sein.[297] Schließlich können sich aus dem zwischen Vorteilsgeber und Vorteilsnehmer bestehenden Verhältnis sowie den gemeinsamen Berührungspunkten der Beteiligten wertvolle Anhaltspunkte für das Vorliegen einer qualifizierten Unrechtsvereinbarung ergeben.[298]

Verständigen sich Abgeordneter und Vorteilsgeber über einen Austausch von Vorteil und Handlung, so kann sich der Abgeordnete nicht darauf berufen, dass er ohnehin im Sinne des Zuwendenden abstimmen, sich der Stimmabgabe enthalten oder gar nicht erst an ihr teilnehmen wollte.[299] Ebenso wenig kann der Abgeordnete geltend machen, dass er sein Mandat gerade nicht entsprechend der Vereinbarung mit dem Vorteilsgeber habe ausüben wollen.[300] Entscheidend sind insoweit nicht die inneren Vorbehalte, sondern der vom Vorsatz erfasste äußere Erklärungswert des Verhaltens.[301]

4. Erforderlichkeit einer qualifizierten Unrechtsvereinbarung

Anders als eine gelockerte Unrechtsvereinbarung, die schon dann zu bejahen ist, wenn der (angestrebte) Vorteil mit irgendeiner Handlung oder Unterlassung des Abgeordneten verknüpft ist, erfordert eine qualifizierte Unrechtsvereinbarung ein bestimmtes Verhalten. Dabei stellt sich die Frage, inwieweit es der ausdrücklichen Formulierung „als Gegenleistung" und damit dem Erfordernis einer qualifizierten Unrechtsvereinbarung überhaupt bedarf.[302] Denn auch bei Streichung dieses Merkmals müsste geprüft werden, inwieweit der Vorteil „für" die Handlung gewährt wurde, ob also

---

[296] BGHSt 53, 6 (17).
[297] BGHSt 53, 6 (16 f.).
[298] BGHSt 53, 6 (16 f.).
[299] Hierzu BT-Drucks. 18/476, S. 8; ferner BGHSt 51, 44 (63).
[300] BT-Drucks. 18/476, S. 8.
[301] BT-Drucks. 18/476, S. 8.
[302] Vgl. hierzu *Heinrich*, Stellungnahme, S. 3; *Hackmack*, Stellungnahme, S. 5, hält die Formulierung sogar für bedenklich.

Vorteil und Handlung miteinander verknüpft sind.[303] Dies ergibt sich aus der Systematik der in §§ 331 ff. StGB geregelten Amtsbestechungsdelikte. Unstreitig setzt die Verwirklichung jedes dieser Delikte das Vorliegen irgendeiner Form von Unrechtsvereinbarung voraus, wobei lediglich die in § 332 StGB geregelte Bestechlichkeit und die in § 334 StGB geregelte Bestechung das Merkmal „Gegenleistung" explizit erwähnen und damit das Erfordernis einer engen Unrechtsvereinbarung aufstellen. Die Straftatbestände der Vorteilsannahme beziehungsweise Vorteilsgewährung gemäß §§ 331, 333 StGB lassen das Merkmal hingegen unerwähnt und begnügen sich mit der Formulierung „für die Dienstausübung", so dass zu deren Verwirklichung bereits eine gelockerte Unrechtsvereinbarung genügt.

a) Vorgaben internationaler Übereinkommen

Die internationalen Übereinkommen helfen bei der Beantwortung der Frage nach der Erforderlichkeit einer qualifizierten Unrechtsvereinbarung nicht weiter.[304] Die Artikel 2 und 3 des Europaratübereinkommens sowie Artikel 15 und 16 der VN-Konvention enthalten in ihrer amtlichen Übersetzung zwar alle die Formulierung „als Gegenleistung dafür". Anders als im deutschen Recht kann hieraus aber nur das generelle Erfordernis einer Unrechtsvereinbarung gefolgert werden. Denn die genannten Artikel gelten für Amtsträger und Mandatsträger gleichermaßen und differenzieren auch nicht zwischen einfacher und qualifizierter Unrechtsvereinbarung. Insofern lassen sich den internationalen Übereinkommen auch keine zwingenden Vorgaben darüber entnehmen, wie die Unrechtsvereinbarung beschaffen sein muss.

b) Straflosigkeit unspezifischer Zuwendungen als Folge

Zielführender für die Beantwortung der Frage, ob bei § 108e StGB anstelle einer qualifizierten nicht auch eine gelockerte Unrechtsvereinbarung genügen würde, ist ein Blick auf die jeweiligen Folgen. Durch das Erfordernis

---

[303] Vgl. hierzu *Heinrich*, Stellungnahme, S. 3 f.
[304] Ähnlich *Hoven*, ZIS 2013, 33 (42).

einer qualifizierten Unrechtsvereinbarung werden unspezifische Zuwendungen aus dem Anwendungsbereich von § 108e StGB ausgeklammert, während sie bei Geltung einer gelockerten Unrechtsvereinbarung mit Strafe bedroht wären.[305] Als unspezifisch sind dabei all jene Zuwendungen einzuordnen, die dem Mandatsträger „allgemein für seine Mandatsausübung zugewendet werden",[306] deren Leistung also ohne Bezug zu einer bestimmten Handlung des Abgeordneten erfolgt. In Ermangelung eines solchen Bezugs sind Zuwendungen, die zur „Klimapflege", zum „Anfüttern" oder zum anderweitigen „Geneigtmachen" an einen Abgeordneten geleistet werden, nicht nach § 108e StGB strafbar.[307] Selbst Zuwendungen, die zur Unterstützung von Handlungen des Mandatsträgers an diesen geleistet werden, sind nicht strafbar, wenn dem Verhalten des Mandatsträgers seine eigene innere Überzeugung zugrunde lag.[308] Je nach Einzelfall kann dies dazu führen, dass ein von weiten Teilen der Bevölkerung als strafwürdig empfundenes Verhalten keine strafrechtlichen Konsequenzen nach sich zieht.[309] Insofern müssen die für und gegen die Erfassung von unspezifischen Vorteilen sprechenden Argumente sorgfältig gegeneinander abgewogen werden.

In der Literatur wird dem Erfordernis einer qualifizierten Unrechtsvereinbarung wiederholt entgegengehalten, dass gerade mittelbare Formen der Beeinflussung wie Klimapflege, Anfüttern und anderweitiges Erkaufen von Wohlwollen die Unabhängigkeit von Abgeordneten bedrohe.[310] Zum einen aufgrund ihres regelmäßig leisen und unauffälligen Verlaufs, zum anderen seien mittelbare Formen der Bestechung schwerer zurückzuweisen, als das direkte Ansinnen nach einer konkreten Handlung des Mandatsträgers.[311]

---

[305] *Hoven*, ZIS 2013, 33 (41).
[306] BT-Drucks. 18/476, S. 7.
[307] Vgl. *Heinrich*, Stellungnahme, S. 40 f.
[308] Vgl. BT-Drucks. 18/476, S. 7.
[309] BGHSt 51, 44 (59 f.)
[310] Vgl. *Hoven*, ZIS 2013, 33 (42).
[311] Ausführlich *Hoven*, ZIS 2013, 33 (41 f.) unter Verweis auf *Heisz*, S. 112 und *Richter*, S. 123.

B. Tatbestand des § 108e StGB

Andererseits dürfen und sollen Abgeordnete interessenorientiert entscheiden und sich bei ihrer politischen Arbeit auch finanziell unterstützen lassen, solange ihrem Verhalten eine freie Gewissensentscheidung zugrunde liegt.[312] Die finanzielle oder auch anderweitige Unterstützung von Abgeordneten ist in Deutschland nicht nur üblich, sondern sogar ausdrücklich zugelassen, etwa in den Verhaltensregeln oder dem Gesetz über politische Parteien. Auch der Versuch, parlamentarische Entscheidungen zu beeinflussen, ist legitimer und alltäglicher Bestandteil des unerlässlichen Austauschs zwischen Politik und Gesellschaft. Würde die Zuwendung beziehungsweise Entgegennahme unspezifischer Zuwendungen durch § 108e StGB mit Strafe bedroht, bestünde die Gefahr, dass zulässige und gewollte Interessenvertretung kriminalisiert wird.[313] Als Folge der Kriminalisierung droht eine Lähmung des Austauschs zwischen Politik und Gesellschaft.[314] Dieser Austausch ist aber notwendig, damit die Abgeordneten ihrer von der Verfassung vorgegebenen Stellung als Interessenvertreter auch gerecht werden und die damit verbundenen Aufgaben erfüllen können.

Hiergegen wendet *Hoven* ein, dass dieser Argumentation ein Verständnis von zivilgesellschaftlicher Interessenvertretung zugrunde liege, das zwingend an eine Gewährung finanzieller Vorteile anknüpfe, eine erfolgreiche Kommunikation von Partikularinteressen jedoch unabhängig von einer Vorteilsnahme realisiert werden könne.[315] Darüber hinaus würde die gegenwärtige Form der Klimapflege finanzstarke Konzerne und Industrien mit aktiver Lobbyarbeit privilegieren, während nicht oder weniger effektiv organisierte Gruppen unterrepräsentiert blieben.[316] Dieser Auffassung kann nicht gefolgt werden. Solange in Deutschland die finanzielle Unterstützung von Abgeordneten grundsätzlich zulässig ist, wird und darf diese Möglichkeit auch genutzt werden. Naturgemäß haben finanzstarke Unternehmen oder Verbände weitreichendere Möglichkeiten, Abgeordnete finanziell zu unterstützen, als finanzschwache Gruppierungen oder gar Einzelpersonen. Insofern mag die Argumentation, dass Interessenvertretung auch ohne finanzielle Unterstützung möglich ist, zwar in der Sache richtig

---

[312] So auch *Heinrich*, Stellungnahme, S. 41.
[313] Ähnlich *Heinrich*, Stellungnahme, S. 41.
[314] Ähnlich *Heinrich*, Stellungnahme, S. 41.
[315] Vgl. *Hoven*, ZIS 2013, 33 (42).
[316] Vgl. *Hoven*, ZIS 2013, 33 (42).

sein, in Anbetracht der gegenwärtigen Gesetzeslage geht sie aber an der Realität vorbei. Will man an dem gegenwärtigen System, das die finanzielle Unterstützung von Abgeordneten vorsieht, festhalten, ist es eher hinzunehmen, dass einige als strafwürdig empfundene Fälle nicht von § 108e StGB erfasst werden, als dass der für die Interessenvertretung unerlässliche Austausch zwischen Abgeordneten und Bürgern durch Kriminalisierung beschnitten wird.

c) Nachweisbarkeit

Neben der Ausklammerung unspezifischer Zuwendungen wird kritisiert, dass sich die zur Bejahung einer qualifizierten Unrechtsvereinbarung erforderliche enge Kausalbeziehung nur schwer gerichtlich nachweisen lasse.[317] Zunächst ist anzumerken, dass eine Unrechtsvereinbarung – sei es eine gelockerte oder eine enge – selten einfach nachzuweisen ist. Von Korruptionsdelikten profitieren regelmäßig sowohl der Vorteilsgeber als auch der Vorteilsnehmer. Beide Seiten müssen mit einer Bestrafung rechnen und werden im Normalfall alles dafür tun, ihre Taten zu verheimlichen und so wenig Spuren wie möglich zu hinterlassen. Das Vorliegen einer Unrechtsvereinbarung muss das Tatgericht daher regelmäßig allein anhand von Indizientatsachen beurteilen.[318] Je höher die gesetzgeberischen Anforderungen an einen Korruptionstatbestand sind, desto schwieriger ist dessen Nachweis. Im Unterschied zur gelockerten Unrechtsvereinbarung muss für § 108e StGB eine bestimmte Handlung des Mandatsträgers nachgewiesen werden und zusätzlich noch das Bestehen eines Gegenseitigkeitsverhältnisses zwischen Vorteil und Handlung. Insofern ist die Kritik an dem Erfordernis einer engen Kausalbeziehung nachvollziehbar.

Andererseits würde eine gelockerte Unrechtsvereinbarung gleichzeitig bedeuten, dass unspezifische Zuwendungen dem Anwendungsbereich von § 108e StGB unterfallen. Das ist aber aus den bereits genannten Gründen abzulehnen. Außerdem kann der Anwendungsbereich einer Strafnorm über das erforderliche Maß hinaus nicht allein deswegen erweitert werden, weil

---

[317] *Hoven*, ZIS 2013, 33 (42).
[318] Vgl. BGHSt 53, 6 (16).

B. Tatbestand des § 108e StGB 97

andernfalls Beweisschwierigkeiten drohen.[319] Die Forderung des Gesetzgebers nach einer engen Unrechtsvereinbarung ist als Kompromiss anzusehen, der die teilweise gegensätzlichen Anliegen, einerseits die zulässige Interessenvertretung vor Kriminalisierung zu schützen und andererseits korruptives Verhalten von Abgeordneten zu bestrafen, in Ausgleich zu bringen versucht.

d) Zwischenergebnis

Nach alldem ist an dem Erfordernis einer qualifizierten Unrechtsvereinbarung festzuhalten.

IV. Fordern, Versprechen-Lassen, Annehmen und Anbieten, Versprechen, Gewähren

Die Bestechlichkeit nach § 108e Abs. 1 StGB setzt als Tathandlung ein Fordern, Sich-Versprechen-Lassen oder Annehmen voraus, während für die in § 108e Abs. 2 StGB geregelte Bestechung ein Anbieten, Versprechen oder Gewähren vorliegen muss. Diese Tathandlungen stellen eine erhebliche Erweiterung im Vergleich zu § 108e StGB a.F. dar, der lediglich den Stimmenkauf beziehungsweise -verkauf unter Strafe stellte.

Zudem werden die Vorgaben internationaler Übereinkommen unproblematisch erfüllt. Hinsichtlich der Bestechlichkeit fordern sowohl das Europaratübereinkommen als auch die VN-Konvention lediglich, die Tathandlungen „Fordern" und „Annehmen" unter Strafe zu stellen. Insofern geht der Gesetzgeber in § 108e Abs. 1 StGB mit der zusätzlichen Tathandlung „Sich-Versprechen-Lassen" sogar über die internationalen Vorgaben hinaus. Da die internationalen Übereinkommen aber nur Mindeststandards sichern wollen, steht es dem nationalen Gesetzgeber frei, weitergehende Regelungen zu treffen.[320] Die Tathandlungen der Bestechung entsprechen denen der internationalen Übereinkommen. In Abweichung von den Übereinkommen des Europarats und der Vereinten Nationen differenziert der

---

[319] Vgl. *Heinrich*, Stellungnahme, S. 41.
[320] Siehe *Heinrich*, Stellungnahme, S. 45.

Wortlaut von § 108e StGB zwar weder in Absatz 1 noch in Absatz 2 zwischen unmittelbaren und mittelbaren Tathandlungen. Wie bei den §§ 299, 331 ff. StGB werden aber auch ohne ausdrückliche Erwähnung sämtliche Varianten vom Tatbestand erfasst.[321]

Die zur Umschreibung der Tathandlungen verwendeten Begriffe entsprechen denen der §§ 331 ff., § 299 StGB. Bestechung und Bestechlichkeit halten drei jeweils korrelierende Tathandlungen bereit, die sich in drei Tatstufen einteilen lassen: Auf der Verhandlungsstufe stehen sich das Anbieten und Fordern gegenüber, auf der Vereinbarungsstufe das Versprechen und Versprechen-Lassen und auf der Leistungsstufe das Gewähren und Annehmen.[322] Der Vorteil muss also nicht zwingend angenommen beziehungsweise gewährt worden sein. Es genügt, wenn durch das Fordern oder Versprechen-Lassen beziehungsweise das Anbieten oder Versprechen die Vorstufe einer Vorteilsannahme beziehungsweise -gewährung vereinbart wurde.

Die Tathandlung des Forderns beschreibt das ausdrückliche oder konkludente Verlangen eines Vorteils für eine Tätigkeit.[323] Das Verlangen muss dem Gegenüber zwar zugegangen sein, ohne Bedeutung ist aber, ob der Betreffende auf die Forderung auch eingeht.[324] Ein Sich-Versprechen-Lassen ist bei ausdrücklicher oder stillschweigender Annahme eines Angebotes einer künftigen Leistung zu bejahen, wobei unerheblich ist, ob es zur Leistung kommt.[325] Annehmen bedeutet die tatsächliche Entgegennahme des angebotenen oder geforderten Vorteils mit dem Ziel eigener Verfügungsgewalt oder mit dem Ziel, den Vorteil einem Dritten zukommen zu lassen.[326]

Das mit dem Fordern auf einer Tatstufe stehende Anbieten ist eine auf den Abschluss einer Unrechtsvereinbarung gerichtete ausdrückliche oder konkludente einseitige Erklärung, die dem Erklärungsempfänger zugegangen

---

[321] Siehe *Heinrich*, Stellungnahme, S. 45.
[322] Vgl. hierzu *Fischer*, § 333 StGB Rn. 4.
[323] BGH NStZ 2006, 628 (629).
[324] Siehe Lackner/*Kühl*, § 331 Rn. 7.
[325] *Fischer*, § 331 Rn. 19.
[326] Lackner/*Kühl*, § 331 Rn. 7; ferner Schönke/Schröder-*Heine/Eisele*, § 331 Rn. 27.

B. Tatbestand des § 108e StGB   99

sein muss.[327] Die Tathandlung Versprechen ist bei ausdrücklichem oder konkludentem in Aussicht Stellen eines Vorteils zu bejahen.[328] Unter Gewähren ist die tatsächliche Zuwendung der geforderten oder angebotenen Leistung an den Mandatsträger oder einen Dritten zu verstehen.[329] Im Übrigen kann auf die zu §§ 331 ff. StGB ergangene Rechtsprechung sowie die einschlägige Kommentierung zurückgegriffen werden.

V. Bei der Wahrnehmung seines Mandats

Während bei § 108e StGB a.F. noch darum gestritten wurde, ob die Norm neben bestimmten Handlungen im Plenum auch solche in den verschiedenen parlamentarischen Gremien erfasst, stellt der Gesetzgeber durch die Formulierung „bei der Wahrnehmung seines Mandats" nun sicher, dass sämtliche Tätigkeiten der parlamentarischen Arbeit dem Tatbestand unterfallen. Hierzu zählen zunächst die Arbeit im Plenum und in den Bundestagsausschüssen sowie die Tätigkeiten in den Arbeitskreisen und Arbeitsgruppen der Fraktionen.[330] Ebenso erfasst werden die Tätigkeiten in Gremien, die der Bundestag ganz oder teilweise besetzt und die parlamentarische Aufgaben wahrnehmen, wie etwa der Vermittlungsausschuss, der Gemeinsame Ausschuss oder der Richterausschuss.[331]

Sprachlich weicht die deutsche Fassung zwar von den internationalen Vorgaben ab, in inhaltlicher Hinsicht wird sie diesen aber dennoch gerecht. Die sprachliche Abweichung ist dem Umstand geschuldet, dass sowohl das Europaratübereinkommen als auch die VN-Konvention Amtsträger und Abgeordnete einander gleichstellen, was in Deutschland schon aus verfassungsrechtlichen Gründen nicht in Frage kommt.[332] So sieht das Europaratübereinkommen in Artikel 2 und 3 eine Strafbarkeit für Handlungen des Amtsträgers „bei der Wahrnehmung seiner Aufgaben" vor, während in Artikel 15 der VN-Konvention von Handlungen „in Ausübung seiner Dienst-

---

[327] Siehe *Otto*, GK-StGB II, § 61 Rn. 165.
[328] LK-*Bauer/Gmel*, § 108b Rn. 2.
[329] NK-*Kuhlen*, § 333 Rn. 6.
[330] BT-Drucks. 18/476, S. 8.
[331] BT-Drucks. 18/476, S. 8.
[332] Siehe hierzu 3.Teil B.

pflichten" die Rede ist. Die Aufgaben beziehungsweise Dienstpflichten eines Amtsträgers entsprechen den Tätigkeiten der parlamentarischen Arbeit eines Abgeordneten, welche der Gesetzgeber mit der Formulierung „bei der Wahrnehmung des Mandats" umfänglich erfasst.

1. Erweiterung des Anwendungsbereichs im Vergleich zu § 108e StGB a.F.

Der herrschenden Auffassung zufolge erfasste § 108e StGB a.f. nur Entscheidungen des Plenums und der zugehörigen Ausschüsse. Da aber oftmals in den Beratungen und Verhandlungen der Fraktionen die eigentliche Meinungsbildung stattfindet und wesentliche Entscheidungen dort nicht nur vorbereitet, sondern auch faktisch getroffen werden, ist die Erfassung sämtlicher Tätigkeiten parlamentarischer Arbeit sachgerecht.[333] Auch das Bundesverfassungsgericht betont in ständiger Rechtsprechung die besondere Bedeutung der Fraktionen als „notwendige Einrichtungen des Verfassungslebens", in denen wichtige politische Entscheidungen des Parlaments vorbereitet werden.[334] Insofern stärkt die Erweiterung des Anwendungsbereichs von § 108e StGB auf Tätigkeiten innerhalb der Fraktionen den Schutz vor Korruption durch Abgeordnete und ist deswegen begrüßenswert.

2. Beschränkung auf Handlungen innerhalb der parlamentarischen Zuständigkeit

Die Vornahme oder Unterlassung einer Handlung „bei der Wahrnehmung des Mandats" liegt ausschließlich bei parlamentarischen Verhandlungsgegenständen vor.[335] Nicht erfasst werden dagegen Tätigkeiten außerhalb der durch das Mandat begründeten Zuständigkeiten.[336] Zu den Tätigkeiten, de-

---

[333] So auch *Heinrich*, Stellungnahme, S. 25.
[334] Ständige Rechtsprechung, siehe etwa BVerfGE 84, 304 (322), 80, 188 (219 f.) und 70, 324 (350) m.w.N.
[335] BT-Drucks. 18/607, S. 8.
[336] BT-Drucks. 18/607, S. 8.

ren Zuständigkeiten außerhalb des Mandats begründet wurden, zählen Tätigkeiten innerhalb eines parteiinternen Gremiums, etwa im Rahmen eines Parteitagsbeschlusses, sowie solche Tätigkeiten, die der Mandatsträger zulässigerweise neben seinem Mandat ausübt.[337] Diese Tätigkeiten erfolgen damit nicht „bei der Wahrnehmung des Mandates". Gleiches gilt in Fällen, in denen lediglich die Autorität des Mandats oder die Kontakte des Mandatsträgers genutzt werden, um Entscheidungen oder Vorgänge, für die eine andere Stelle zuständig ist, zu beeinflussen.[338] Auch bei einer solchen Tätigkeit handelt der Abgeordnete nicht „bei der Wahrnehmung des Mandats".

3. Erforderlichkeit der Beschränkung

Durch den Wortlaut „bei der Wahrnehmung des Mandats" will der Gesetzgeber die Begrenzung des Anwendungsbereichs von § 108e StGB auf Tätigkeiten innerhalb der parlamentarischen Zuständigkeit des Abgeordneten zum Ausdruck bringen.[339] Andernfalls hätte er eine Handlung oder Unterlassung „im Zusammenhang mit der Ausübung des Mandats" genügen lassen, wie es von der Fraktion Die Linke vorgeschlagen worden war.[340] Eine solche weit gefasste Formulierung würde auch außerhalb parlamentarischer Gremien liegende Tätigkeiten erfassen, sofern diese nur irgendeinen Bezug zum Mandat aufweisen. Eine derartige Ausweitung ist schon deswegen nicht empfehlenswert, weil sie konturenlos ist und dadurch eine eindeutige Bestimmung der erfassten Handlungen erschwert.[341] Zudem ist sie auch in inhaltlicher Hinsicht nicht erforderlich. Die Ausübung einer Nebentätigkeit ist ebenso wenig Ausfluss der parlamentarischen Tätigkeit eines Abgeordneten wie sein Verhalten innerhalb eines parteiinternen Gremiums. Da der Abgeordnete in den genannten Beispielfällen nicht in seiner

---

[337] So BT-Drucks. 18/476, S. 8.
[338] *Fischer*, § 108e Rn. 27; vgl. ferner BT-Drucks. 18/608, S. 8 und BT-Drucks. 17/8613, S. 4.
[339] Andere Ansicht *Fischer*, § 108e Rn. 28.
[340] BT-Drucks. 17/1412, S. 4.
[341] Ähnlich *Jäckle*, Stellungnahme 2012, S. 11.

Eigenschaft als Abgeordneter tätig wird, gibt es keinen Grund, diese Tätigkeiten dem Anwendungsbereich von § 108e StGB zu unterwerfen.

Auch Fälle, in denen mehrere Personen in die Beeinflussung eingebunden sind, werden durch die Formulierung „bei der Wahrnehmung des Mandats" hinreichend vom Straftatbestand erfasst.[342] Eine solche Beeinflussung liegt beispielsweise dann vor, wenn Vorteilsgeber und Abgeordneter sich darauf verständigen, dass der Abgeordnete gegen Erhalt eines Vorteils auf einen Abgeordnetenkollegen einwirken soll, damit letzterer die Interessen des Vorteilsgebers durchsetzt. Regelmäßig wird es sich dabei um Fälle handeln, in denen der an der Verständigung beteiligte Abgeordnete aufgrund seiner Position selber nicht in der Lage ist, die Interessen des Vorteilsgebers durchzusetzen. Zum Beispiel weil der Abgeordnete selbst kein Mitglied des Ausschusses ist, der für den Vorteilsgeber interessant ist, oder es um eine Handlung geht, die nur der Abgeordnetenkollege aufgrund seiner Funktion als Berichterstatter vornehmen kann.

In solchen Fällen kommt eine Strafbarkeit hinsichtlich des Verhaltens zwischen Vorteilsgeber und Abgeordneten gemäß § 108e StGB nur dann in Betracht, wenn die vereinbarte Beeinflussung des Abgeordnetenkollegen eine Handlung „bei der Wahrnehmung des Mandats" darstellt. Das ist der Fall, wenn die Einwirkung auf den Kollegen innerhalb der parlamentarischen Zuständigkeit des Abgeordneten stattfindet, etwa im Rahmen einer gemeinsamen Fraktionssitzung. Eine Handlung „bei der Wahrnehmung des Mandats" ist dagegen zu verneinen, wenn – was regelmäßig der Fall sein wird – der Abgeordnete seinen Kollegen außerhalb eines parlamentarischen Gremiums beeinflusst, beispielsweise während eines Parteitags oder im Rahmen eines privaten Kontakts. Würde § 108e StGB gemäß dem Vorschlag der Linken auf Handlungen „im Zusammenhang mit seinem Mandat" abstellen, wäre ungeachtet der jeweiligen Begleitumstände in jedem der genannten Fälle eine Handlung im Sinne des § 108e StGB zu bejahen. Schon aufgrund der oben genannten Gründe sollte von einer solchen Erweiterung abgesehen werden. Unabhängig davon ist eine diesbezügliche Ausweitung des Tatbestands aber auch gar nicht erforderlich.

---

[342] Andere Ansicht wohl *Fischer*, § 108e Rn. 27 f.

B. Tatbestand des § 108e StGB

Haben sich der für den Vorteilsgeber handelnde Abgeordnete und sein Kollege darauf geeinigt, dass letzterer gegen Leistung einer Vorteilszuwendung eine bestimmte Handlung bei der Wahrnehmung seines Mandats vornimmt, so kommt für beide Abgeordnete eine Strafbarkeit gemäß § 108e StGB in Betracht. Der Umstand, dass sich sowohl auf der Nehmerseite als auch auf der Geberseite ein Abgeordneter befindet, steht einer Strafbarkeit gemäß § 108e StGB nicht entgegen. Der Vorteilsgeber als der eigentliche Initiator des Ganzen ist dann wegen Anstiftung zur Mandatsträgerbestechung gemäß §§ 108e Abs. 2, 26 StGB zu bestrafen.

War von einem Vorteil zwischen den beiden Abgeordneten nie die Rede, so scheidet eine Strafbarkeit nach § 108e StGB und damit auch eine Strafbarkeit des Vorteilsgebers wegen Anstiftung zur Mandatsträgerbestechung aus. Allerdings ist nicht davon auszugehen, dass sich ein Abgeordneter ohne die Aussicht auf jedweden Vorteil zur Vornahme einer Mandatshandlung bewegen lassen wird, die nicht seiner inneren Überzeugung entspricht. Lässt sich der Kollege dagegen mit sachlichen Argumenten von der Notwendigkeit der entsprechenden Mandatsausübung überzeugen, so besteht kein Anlass für eine Strafbarkeit nach § 108e StGB. Das gegenseitige Einwirken unter Parlamentariern mit dem Ziel, das jeweilige Gegenüber von der eigenen Auffassung zu überzeugen, stellt eine zulässige Tätigkeit des politischen Alltags dar. Auch die Straflosigkeit des Vorteilsgebers ist nicht zu beanstanden, da weder der Abgeordnete noch sein Kollege in ihrer Mandatsausübung beeinflusst werden.

Demnach kann festgehalten werden, dass durch die Formulierung „bei der Wahrnehmung seines Mandats" auch die Beteiligung mehrerer Personen hinreichend von § 108e StGB erfasst wird. Eine diesbezügliche Erweiterung des Straftatbestands ist nicht erforderlich.

VI. Eine Handlung vornehmen oder unterlassen

Eine Strafbarkeit gemäß § 108e StGB setzt voraus, dass der Abgeordnete bei der Wahrnehmung seines Mandats eine Handlung im Auftrag oder auf Weisung „vornehme oder unterlasse". Diese Formulierung wirkt sich in zweierlei Hinsicht aus.

1. Ausklammerung nachträglicher Vorteile

Zunächst stellt die Formulierung klar, dass Vorteile, die der Vorteilsgeber dem Abgeordneten im Anschluss an dessen Mandatshandlung und ohne vorherige Absprache zuwendet, nicht von § 108e StGB erfasst werden. Diese auch als Danke-Schön-Zuwendungen bezeichneten nachträglichen Vorteile sind selbst dann nicht strafbar, wenn sie ausschließlich in der Erwartung erbracht werden, dass der Abgeordnete sich künftig im Sinne des Zuwendenden verhalten werde.[343] Die Straflosigkeit derartiger Zuwendungen wurde schon in Bezug auf die Vorgängerfassung der Norm vielseitig kritisiert.[344] Entsprechend schlugen die Linken vor, die Vorteilsannahme beziehungsweise -gewährung „für eine Handlung oder Unterlassung, die im Zusammenhang mit der Ausübung seines Mandats *steht*", unter Strafe zu stellen, wodurch auch nach der Handlung oder Unterlassung angenommene oder gewährte Vorteile mit Strafe bedroht würden.[345]

Hiergegen spricht allerdings, dass die Einbeziehung nachträglicher Vorteile in bestimmten Fällen im Widerspruch zu der Straflosigkeit unspezifischer Zuwendungen stünde.[346] Gerade wenn die nachträgliche Zuwendung gleichzeitig in der Erwartung einer künftigen Geneigtheit des Abgeordneten erfolgt, fehlt es wie bei den unspezifischen Zuwendungen an einem Bezug zu einer bestimmten Mandatshandlung.

Erfolgt die Zuwendung hingegen lediglich als nachträglicher Ausdruck der Dankbarkeit für eine ganz bestimmte Mandatshandlung, fehlt es an einer vorangegangenen Unrechtsvereinbarung. In diesem Fall ist der Abgeordnete nicht aufgrund eines Vorteils tätig geworden ist, sondern hat sich von seiner inneren Überzeugung leiten lassen. Selbst wenn der Zuwendende also klar zum Ausdruck bringt, dass er mit dem Vorteil eine ganz bestimmte Mandatshandlung belohnen will, und der Abgeordnete den Vorteil in diesem Bewusstsein entgegennimmt, scheidet eine Strafbarkeit zu Recht

---

[343] *Van Aaken*, ZaöRV 65 (2005), 407 (427).
[344] Zu § 108e StGB a.F. siehe 1. Teil C II 2 und 1.Teil C III; zur aktuellen Fassung siehe Deutscher Bundesrat, Stenografischer Bericht, Plenarprotokoll 920/18 (14.03.2014), S. 60C–D.
[345] BT-Drucks. 17/1412, S. 4 u. 6.
[346] Zur Straflosigkeit unspezifischer Zuwendungen siehe oben 2.Teil C III 4 b).

B. Tatbestand des § 108e StGB

aus. Anders als die §§ 331 ff. StGB, durch welche schon dem bösen Anschein möglicher Käuflichkeit begegnet werden soll,[347] geht es bei § 108e StGB um den Schutz der Integrität parlamentarischer Prozesse und die Wahrung der Unabhängigkeit der Mandatsausübung.[348] Durch eine nachträgliche Unrechtsvereinbarung wird jedoch keiner der beiden Schutzzwecke berührt. Insofern ist die Erfassung nachträglicher Zuwendungen auch unter dem Gesichtspunkt des Rechtsgüterschutzes nicht erforderlich.

Auch die VN-Konvention und das Europaratübereinkommen fordern keine Einbeziehung nachträglicher Zuwendungen. Beiden Übereinkommen zufolge kommt es maßgeblich darauf an, ob der Mandatsträger als Gegenleistung für den ungerechtfertigten Vorteil eine Handlung „vornimmt oder unterlässt." Hätten die Übereinkommen nachträgliche Zuwendungen erfassen wollen, wären sie anders formuliert und etwa um den Zusatz „vorgenommen oder unterlassen hat" ergänzt worden.[349]

2. Unbeachtlichkeit der tatsächlichen Vornahme oder Unterlassung der Handlung

Des Weiteren ist unbeachtlich, ob der Mandatsträger die vereinbarte Handlung später auch tatsächlich vornimmt beziehungsweise unterlässt; für die Verwirklichung des Tatbestands genügt es, wenn er eine entsprechende Bereitschaft kundtut.[350] So wie § 108e StGB es im Hinblick auf den Vorteil genügen lässt, wenn lediglich eine Vereinbarung über die Vorteilsannahme beziehungsweise -gewährung getroffen wurde, ist auch bezüglich der im Gegenzug erfolgenden Handlung schon das vorgelagerte Bereit-Erklären über die Vornahme beziehungsweise das Unterlassen der Handlung mit Strafe bedroht.[351] Das ist insofern sachgerecht, als das durch § 108e StGB geschützte Rechtsgut bereits durch die Erklärung der Bereitschaft gefährdet ist.

---

[347] BGH NStZ 2005, 334.
[348] So schon *Heinrich*, Stellungnahme, S. 38.
[349] Vgl. *Heinrich*, Stellungnahme, S. 37.
[350] BT-Drucks. 18/476, S. 8.
[351] Das Fordern oder Versprechen-Lassen ist die Kundgabe der Bereitschaft zur Vorteilsannahme und das Anbieten oder Versprechen die Kundgabe der Bereitschaft zur Vorteilsgewährung.

Zudem erfüllt die gewählte Fassung sowohl die Anforderungen der VN-Konvention als auch die des Europaratübereinkommens. Aus der Formulierung „als Gegenleistung dafür, dass er [...] eine Handlung vornimmt oder unterlässt" ergibt sich die Unbeachtlichkeit der tatsächlichen Vornahme oder Unterlassung der Handlung zwar nicht zwingend, allerdings lassen die Erläuterungen zu den jeweiligen Übereinkommen an dieser Auslegung keine Zweifel. Nummer 34 Satz 3 des erläuternden Berichts zum Europaratübereinkommen stellt ausdrücklich klar, dass es für die Strafbarkeit unerheblich ist, ob der Amtsträger die Handlung letzten Endes tatsächlich, wie ursprünglich beabsichtigt, vorgenommen oder unterlassen hat.[352] Auch der offizielle Leitfaden zur Implementierung der VN-Konvention erklärt es in Nummer 198 für unbeachtlich, ob der Mandatsträger die vereinbarte Handlung später tatsächlich vornimmt.[353]

VII. Im Auftrag oder auf Weisung

Der Abgeordnete muss die Handlung „im Auftrag oder auf Weisung" vorgenommen oder unterlassen haben. Laut Gesetzesbegründung handelt es sich bei den Begriffen „Auftrag" und „Weisung" um Tatbestandsmerkmale.[354] Die Aufgabe von Tatbestandsmerkmalen besteht darin, das strafbare Verhalten möglichst konkret zu umschreiben. Welches Tatunrecht mit dem Erfordernis „im Auftrag oder auf Weisung" beschrieben werden soll, erschließt sich dem Gesetzesanwender nicht ohne weiteres und bedarf daher einer näheren Prüfung. Mögliche Anhaltspunkte über die Bedeutung

---

[352] Nummer 34 Satz 3 des erläuternden Berichts lautet:
„It is, however, immaterial whether the public official actually acted or refrained from acting as intended", Explanatory Report to the Criminal Law Convention on Corruption, https://rm.coe.int/CoERMPublicCommonSearchServices/DisplayDCTMContent?documentId=09000016800cce44 (Stand: 30.11.2016).
[353] Nummer 198 Satz 3 des Leitfadens für die Implementierung der VN-Konvention lautet auszugsweise:
„Regardless of whether or not this [*gemeint ist das Verhalten*] actually took place", Legislative guide for the implementation of the United Nations Convention against Corruption, Second revised edition 2012, https://www.unodc.org/documents/treaties/UNCAC/Publications/LegislativeGuide/UNCAC_Legislative_Guide_E.pdf (Stand: 30.11.2016).
[354] BT-Drucks. 18/476, S. 8.

B. Tatbestand des § 108e StGB

und Auslegung der Tatbestandsmerkmale „Auftrag" und „Weisung" enthalten all jene Rechtsgebiete, in denen die Begriffe bekannt sind und regelmäßig Anwendung finden. In Abhängigkeit vom jeweiligen Rechtsgebiet kommen den Begriffen dabei ganz unterschiedliche Bedeutungen und Funktionen zu. Insofern muss neben der Frage, ob sich die Bedeutung der Begriffe in anderen Rechtsgebieten überhaupt auf das Strafrecht übertragen lässt, auch geklärt werden, welches der in Betracht kommenden Rechtsgebiete für § 108e StGB maßgeblich ist.

1. Keine Konkretisierung der Art der Interessenübermittlung

Man könnte die Auffassung vertreten, dass die Tatbestandsmerkmale „Auftrag" und „Weisung" die Art der Einwirkung des Auftrag- beziehungsweise Weisungsgebers auf den Abgeordneten näher beschreiben und auf diese Weise gleichzeitig die Unrechtsvereinbarung zwischen den beteiligten Parteien konkretisieren.[355] Dieser Interpretation liegt jene Auslegung der Merkmale zugrunde, die dem rechtskundigen Gesetzesanwender bereits aus dem Privatrecht sowie dem Verwaltungsrecht hinlänglich bekannt ist. Das Merkmal „Auftrag" ist im Bürgerlichen Recht, insbesondere den §§ 662 ff. BGB geregelt, während der Begriff „Weisung" vor allem aus dem besonderen Verwaltungsrecht sowie dem Arbeitsrecht geläufig ist. Übertragen auf § 108e StGB würde das Merkmal „Auftrag" eine vertragliche oder zumindest vertragsähnliche Abrede zwischen Auftraggeber und Abgeordnetem erfordern und das Merkmal „Weisung" das Bestehen eines Subordinationsverhältnisses zwischen Abgeordnetem und Weisungsgeber voraussetzen.[356]

Letzteres kann der Gesetzgeber schon deswegen nicht gewollt haben, weil das einer Weisung regelmäßig zugrunde liegende hierarchische Verhältnis zwischen den Beteiligten im Widerspruch zu der ein Gegenseitigkeitsverhältnis fordernden Unrechtsvereinbarung steht, bei der sich Vorteilsgeber und Abgeordneter gleichberechtigt gegenüberstehen.[357] Darüber hinaus stellt die Gesetzesbegründung unmissverständlich klar, dass für

---

[355] So wohl *Fischer*, § 108e Rn. 30; ferner *Francuski*, HRRS 2014, 220 (227).
[356] Ähnlich *Jäckle*, Stellungnahme 2014, S. 3.
[357] So auch *Jäckle*, Stellungnahme 2014, S. 3.

§ 108e StGB weder ein rechtsgeschäftlicher Auftrag noch eine förmliche Weisung vorliegen müssen.[358] Auch *Fischer* bemängelt, dass eine Unrechtsvereinbarung weder Auftrag noch Weisung enthalten müsse, um korruptiv zu sein; vielmehr würden hierfür auch Anstöße, Beeinflussungen, Veranlassungen und Interessenmitteilungen jeder anderen Art genügen, sofern ihnen ein korruptives Gegenseitigkeitsverhältnis zu Grunde liege oder sie auf ein solches hinwirken.[359]

Somit lässt sich die aus den genannten Rechtsgebieten bekannte Bedeutung der beiden Tatbestandsmerkmale nicht auf § 108e StGB übertragen. Entsprechend scheidet auch die auf dieser Bedeutung basierende Auffassung aus, der zufolge mit den Merkmalen die konkrete Art der Einwirkung auf den Abgeordneten näher beschrieben werden soll. Diese Auffassung wäre im Übrigen auch nur schwerlich damit in Einklang zu bringen, dass Auftrag und Weisung nach dem Wortlaut von § 108e StGB nicht zwingend von dem an der Unrechtsvereinbarung beteiligten Vorteilsgeber stammen müssen.[360]

2. Anknüpfung an die inneren Einstellung des Abgeordneten

Die Gesetzesbegründung legt vielmehr nahe, dass die Formulierung „im Auftrag oder auf Weisung" die Anforderungen an die innere Einstellung des Abgeordneten zu seiner Handlung zum Ausdruck bringt. Hierfür spricht, dass mit der Anknüpfung des Straftatbestands an Art. 38 Abs. 1 S. 2 GG die freie Ausübung des Mandats geschützt werden soll.[361] Wegen des ausdrücklichen gesetzgeberischen Hinweises auf Art. 38 Abs. 1 S. 2 GG lässt sich das verfassungsrechtliche Verständnis der Begriffe „Auftrag" und „Weisung" auf § 108e StGB übertragen.[362] Im Rahmen des Grundgesetzes soll mit den inzwischen nahezu einhellig als Tautologie verstandenen Begriffen die Instruktionsfreiheit von Abgeordneten zum Ausdruck gebracht werden.[363] Frei ist die Mandatsausübung

---

[358] BT-Drucks. 18/476, S. 8.
[359] *Fischer*, § 108e Rn. 30.
[360] Hierzu auch *Fischer*, § 108e Rn. 32.
[361] BT-Drucks. 18/476, S. 8.
[362] So wohl auch *Frankuski* HRRS 2014, 220 (227).
[363] Vgl. *Francuski*, HRRS 2014, 220 (227).

B. Tatbestand des § 108e StGB

nach verfassungsrechtlichem Verständnis nur dann, wenn der Mandatsträger seine Handlungsentscheidungen unabhängig und selbstbestimmt trifft und sich bei der Entscheidungsfindung allein an seinem Gewissen und nicht an den Interessen Dritter orientiert. Demnach geht es bei dem Erfordernis einer Handlung „im Auftrag oder auf Weisung" um die innere Einstellung des Abgeordneten; so verstanden sind die Merkmale dann erfüllt, wenn der Abgeordnete im Hinblick auf seine getätigte oder beabsichtigte Mandatshandlung einer Beeinflussung von außen unterliegt.[364]

Diese Interpretation von „im Auftrag oder auf Weisung" ist in mehrerlei Hinsicht problematisch. Zunächst lässt der Gesetzgeber offen, welches Verhalten zur Annahme einer Beeinflussung des Abgeordneten von außen konkret vorliegen muss und inwieweit sich dieses Verhalten von jenem unterscheidet, welches das Erfordernis einer qualifizierten Unrechtsvereinbarung kennzeichnet. In Betracht kommen zwei Möglichkeiten der Auslegung. Darüber hinaus ergeben sich – unabhängig von der jeweiligen Auslegung – aus der prozessualen Nachweisbarkeit und dem Schutzzweck der Norm unabweisbare Argumente für eine Streichung der Merkmale aus § 108e StGB.

a) Prozessuale Nachweisbarkeit von „im Auftrag oder auf Weisung"

Zur Feststellung, ob eine Handlung „im Auftrag oder auf Weisung" vorliegt, muss nachgewiesen werden, dass der Abgeordnete im Hinblick auf seine (beabsichtigte) Mandatshandlung einer Beeinflussung von außen unterliegt. Formal betrachtet stellt das Erfordernis ein objektives Tatbestandsmerkmal dar, das die Unrechtsvereinbarung zwischen den Parteien konkretisiert. Inhaltlich knüpft „im Auftrag oder auf Weisung" allerdings an die innere Tatseite des Abgeordneten an und ist deswegen subjektiver Natur. Daher muss die Beeinflussung des Abgeordneten wie die qualifizierte Unrechtsvereinbarung durch eine Gesamtwürdigung der objektiv feststellbaren, äußeren Umstände der Tat ermittelt werden.[365] Regelmäßig

---

[364] Siehe *Francuski*, HRRS 2014, 220 (227).
[365] Siehe oben 2.Teil B III 3; ähnlich *Michalke*, CB 2014, 215 (218); siehe BGHSt 53, 6 (18).

wird das Gericht dabei allein anhand von Indizientatsachen zu der erforderlichen Überzeugung von der Schuld des Angeklagten gelangen müssen.³⁶⁶

Fraglich ist allerdings, welche konkreten Anforderungen an den prozessualen Nachweis einer Handlung „im Auftrag oder auf Weisung" zu stellen sind und inwieweit sich die jeweils nachzuweisenden Tatumstände von jenen unterscheiden, die das Vorliegen einer qualifizierten Unrechtsvereinbarung kennzeichnen.

aa) Keine eigenständige Bedeutung von „im Auftrag oder auf Weisung"

Einerseits ist denkbar, den Nachweis all jener Tatumstände genügen zu lassen, aus denen sich zumindest konkludent ergibt, dass der Abgeordnete sich bei seiner bereits ausgeübten oder noch ausstehenden Mandatshandlung von anderen Motiven als seiner inneren Überzeugung hat leiten lassen oder leiten zu lassen bereit war. Unter Zugrundelegung dieser Auffassung fehlt es dem Erfordernis „im Auftrag oder auf Weisung" an einer eigenständigen inhaltlichen Bedeutung. Die qualifizierte Unrechtsvereinbarung impliziert, dass der Abgeordnete sein Mandat gerade aufgrund einer bereits empfangenen oder noch ausstehenden Vorteilszuwendung in einer bestimmten Weise ausgeübt hat oder auszuüben bereit ist.³⁶⁷ Aufgrund dieser kausalen Verknüpfung lässt sich der Abgeordnete bei Vorliegen einer qualifizierten Unrechtsvereinbarung stets von der Vorteilszuwendung leiten und unterliegt damit zwingend einer Beeinflussung von außen. Für den Nachweis der Beeinflussung des Abgeordneten sind demnach dieselben Tatumstände heranzuziehen, anhand derer auch das Vorliegen der qualifizierten Unrechtsvereinbarung zu ermitteln ist. Zur Vermeidung einer überflüssigen Doppelprüfung sollte das Erfordernis „im Auftrag oder auf Weisung" aus § 108e StGB gestrichen werden.

---

³⁶⁶ Vgl. BGHSt 53, 6 (16 f.) zu § 333 StGB.
³⁶⁷ So auch *Francuski*, HRRS 2014, 220 (227).

B. Tatbestand des § 108e StGB

bb) Eigenständige Bedeutung von „im Auftrag oder auf Weisung"

Andererseits könnte die Formulierung auch einen expliziten Nachweis darüber fordern, dass der Abgeordnete sich im Hinblick auf die Mandatshandlung den Interessen eines Auftrag- beziehungsweise Weisungsgebers unterworfen hat oder zu unterwerfen bereit war. Dieser Auslegung zufolge geht „im Auftrag oder auf Weisung" inhaltlich über die Anforderungen an das Erfordernis einer qualifizierten Unrechtsvereinbarung hinaus und weist insoweit eine eigenständige Bedeutung auf. Dementsprechend höher sind die Anforderungen an den Nachweis des Erfordernisses „im Auftrag oder auf Weisung".

Es wurde bereits festgestellt, dass der Nachweis einer qualifizierten Unrechtsvereinbarung in vielen Fällen Schwierigkeiten bereiten dürfte.[368] Dies ist vor allem auf die subjektive Prägung sowie die regelmäßig fehlende Außenmanifestation einer solchen Verständigung zurückzuführen. Durch das Erfordernis einer Handlung „im Auftrag oder auf Weisung" wird die ohnehin schon problematische Nachweisbarkeit des § 108e StGB zusätzlich erschwert und auf diese Weise die Praktikabilität des Straftatbestands insgesamt beeinträchtigt.[369] Vor diesem Hintergrund sollte auch nach dieser Auslegung auf das Erfordernis „im Auftrag oder auf Weisung" verzichtet werden.

b) Erforderlichkeit von „im Auftrag oder auf Weisung" unter Schutzzweckgesichtspunkten

Auch mit Blick auf den erklärten Zweck der Anknüpfung an Art. 38 Abs. 1 S. 2 GG, dem Schutz der freien Mandatsausübung, stellt sich die Frage nach der Erforderlichkeit der Tatbestandsmerkmale „Auftrag" und „Weisung". Mit der Formulierung „im Auftrag oder auf Weisung" sollen solche beabsichtigten oder bereits getätigten Handlungen des Mandatsträgers in den Anwendungsbereich von § 108e StGB einbezogen werden, die nicht der inneren Überzeugung des Abgeordneten entsprechen,

---

[368] Siehe hierzu 2.Teil B III 3; ferner *Michalke*, CB 2014, 215 (218).
[369] Ähnlich *Jäckle*, Stellungnahme 2014, S. 2; ferner *Markov*, Deutscher Bundesrat, Stenografischer Bericht, Plenarprotokoll 920/18 (14.03.2014), S. 60C.

sondern auf einer Beeinflussung von außen beruhen. Die Erfassung derartiger Handlungen wird aber bereits durch das Erfordernis einer qualifizierten Unrechtsvereinbarung sichergestellt. Denn diese impliziert eine kausale Verknüpfung von Vorteil und Mandatshandlung.[370] Wann immer demnach eine qualifizierte Unrechtsvereinbarung bejaht wird, lässt sich der Abgeordnete von der Vorteilszuwendung leiten und ist schon deswegen in seiner Mandatsausübung nicht frei. Der zusätzliche Nachweis über eine Einwirkung von außen durch das Erfordernis „im Auftrag oder auf Weisung" ist somit entbehrlich.

Die vorangegangenen Ausführungen gelten unabhängig davon, ob man in der Formulierung „im Auftrag oder auf Weisung" ein eigenständiges und inhaltlich über die qualifizierte Unrechtsvereinbarung hinausgehendes Erfordernis erblickt oder nicht. Wird ein gegenüber der Unrechtsvereinbarung eigenständiger Inhalt bejaht, stellt die Formulierung eine zusätzliche Einschränkung des Straftatbestands dar, die regelmäßig nur sehr schwer nachzuweisen sein wird. Unter diesen Umständen begründet die zusätzliche Einschränkung die Gefahr, dass die Zahl der Verurteilungen wegen Taten gemäß § 108e StGB geringer ausfällt, als es ohne das Erfordernis einer Handlung „im Auftrag oder auf Weisung" der Fall wäre. Aus dem Blickwinkel generalpräventiver Gesichtspunkte steht die zusätzliche Voraussetzung damit sogar im Widerspruch zu dem erklärten Schutzzweck des Gesetzgebers, mit den Merkmalen „Auftrag" und „Weisung" die freie Ausübung des Mandats sichern zu wollen.[371]

Es ist auch kein anderer Grund ersichtlich, der die zusätzliche Einschränkung des Tatbestands erforderlich machen könnte. Insbesondere bedarf es der Einschränkung nicht, um – wie gelegentlich geäußert – die Abgeordneten vor der übereilten Einleitung von Ermittlungsverfahren zu schützen.[372] Zweifellos kann die Einleitung eines Ermittlungsverfahrens schwere Folgen für die Karriere des Betroffenen nach sich ziehen, allerdings ist der Abgeordnete diesbezüglich hinreichend geschützt. Zum einen

---

[370] So auch *Francuski*, HRRS 2014, 220 (227).
[371] Vgl. *Markov*, Deutscher Bundesrat, Stenografischer Bericht, Plenarprotokoll 920/18 (14.03.2014), S. 60C.
[372] Vgl. oben 2.Teil B II 2 d) aa) (2).

B. Tatbestand des § 108e StGB

durch die hohen Anforderungen des Erfordernisses einer qualifizierten Unrechtsvereinbarung und zum anderen dadurch, dass die Einleitung von Ermittlungsverfahren aufgrund der erstinstanzlichen Zuständigkeit der Oberlandesgerichte wegen §§ 141, 142 GVG in allen Verfahren der Generalstaatsanwaltschaft vorbehalten ist.[373]

3. Gesamtwürdigung und Zwischenergebnis

Schon die zuvor aufgezeigten Unsicherheiten hinsichtlich der konkreten Bedeutung und Auslegung sowie der inhaltlichen Abgrenzung zu dem Erfordernis einer qualifizierten Unrechtsvereinbarung lassen starke Zweifel an der Geeignetheit der Formulierung „im Auftrag oder auf Weisung" aufkommen. Zudem hat sich der Gesetzgeber mit „Auftrag" und „Weisung" für zwei Begriffe entschieden, welche aus verschiedenen Rechtsgebieten bereits bekannt und mit einer entsprechenden rechtlichen Bedeutung belegt sind. Vor diesem Hintergrund ist es widersprüchlich, dass der Gesetzgeber eine Übertragung der rechtlichen Bedeutung der anderen Rechtsgebiete teilweise ausschließt und stattdessen auf eine Auslegung anhand des allgemeinen Sprachgebrauchs verweist, gleichzeitig aber die Anknüpfung der Begriffe an das Verfassungsrecht in Art. 38 Abs. 1 S. 2 GG betont.[374] Hinzu kommt schließlich, dass Auftrag und Weisung dem Wortlaut nach nicht zwingend vom Vorteilsgeber stammen müssen. Das mögliche Auseinanderfallen von Vorteilsgeber einerseits und Auftrag- beziehungsweise Weisungsgeber andererseits schafft zusätzliche Verwirrung.

Zusammenfassend lässt sich konstatieren, dass sich sowohl im Hinblick auf die prozessuale Nachweisbarkeit als auch hinsichtlich des Schutzzwecks der Norm eine Streichung der Formulierung „im Auftrag oder auf Weisung" aus § 108e StGB empfiehlt. Dies gilt unabhängig davon, ob man in dem Erfordernis einen über die qualifizierte Unrechtsvereinbarung hinausgehenden Inhalt erblickt oder nicht.

---

[373] Siehe oben 2.Teil B II 2 d) aa) (2) sowie unten 2.Teil G.
[374] BT-Drucks. 18/476, S. 8.

VIII. Vorsatz und Irrtümer

In subjektiver Hinsicht setzen die Tatbestände der Bestechlichkeit und Bestechung von Mandatsträgern Vorsatz voraus. Wie bei § 108e StGB a.F. genügt dabei Eventualvorsatz.[375] Dieser muss sich auf alle Merkmale des objektiven Tatbestands erstrecken. Welche Merkmale das im Einzelnen sind, hängt von der jeweils einschlägigen Tatbestandsvariante ab. Geht es um die Tathandlung des Forderns beziehungsweise Anbietens, genügt es, wenn der Täter bedingt vorsätzlich eine auf den Abschluss einer Unrechtsvereinbarung gerichtete Erklärung abgegeben hat. Im Falle des Versprechen-Lassens beziehungsweise Versprechens muss die Unrechtsvereinbarung mit bedingtem Vorsatz des Täters abgeschlossen worden sein. Ist die Tatbestandsvariante in Form des Annehmens beziehungsweise Gewährens erfüllt, muss der Täter sowohl bei Abschluss der Unrechtsvereinbarung als auch bei der Annahme beziehungsweise Gewährung des Vorteils vorsätzlich gehandelt haben. Darüber hinaus und unabhängig von der jeweils einschlägigen Tatbestandsvariante muss der Täter auch bezüglich aller übrigen Tatbestandsmerkmale bedingten Vorsatz aufweisen.

Da Vorteilsgeber und Vorteilsnehmer sich regelmäßig weniger über das Vorliegen eines Umstandes nach § 108e StGB als vielmehr über dessen rechtliche Einordnung täuschen werden, besteht für einen vorsatzausschließenden Tatbestandsirrtum nach § 16 StGB wenig Raum.[376] Bewertet der Täter hingegen Umstände falsch, welche die Unrechtsvereinbarung oder zumindest deren Anbahnung betreffen, und hält er aus diesem Grund die Gewährung beziehungsweise Annahme von wirtschaftlichen Vorteilen irrig für erlaubt, liegt ein in der Regel vermeidbarer und damit unbeachtlicher Verbotsirrtum im Sinne des § 17 StGB vor.[377]

C. Versuch

Der neue § 108e StGB enthält keine Versuchsstrafbarkeit. Dies steht im Einklang mit den Vorgaben internationaler Abkommen, wobei lediglich die VN-Konvention diesbezüglich eine Regelungen enthält. Art. 27 Nr. 2

---

[375] *Fischer*, § 108e Rn. 49.
[376] So *Geilen*, in: Ulsamer (Hrsg.), Lexikon, S. 1118.
[377] Siehe MüKo-*Müller*, § 108e Rn. 26.

C. Versuch

VN-Konvention stellt es den Vertragsstaaten frei, den Versuch der Bestechlichkeit und Bestechung von Mandatsträgern als Straftat zu umschreiben, und begründet damit keine Verpflichtung der Vertragsstaaten zur Einführung einer Versuchsstrafbarkeit. Dem Europarat-Übereinkommen sind hingegen überhaupt keine Vorgaben über die Verpflichtung zur Regelung einer Versuchsstrafbarkeit zu entnehmen. Ebenso wenig enthält der das Abkommen erläuternde Bericht diesbezüglich Regelungen.

In Anbetracht der aufgeführten Tathandlungen ist die Einführung einer Versuchsstrafbarkeit auch nicht erforderlich, da diese Handlungen die Strafbarkeit ohnehin weit nach vorne verlagern.[378] Zur Verwirklichung des Tatbestands in Form der Tathandlungen des Annehmens und Gewährens müssen sowohl eine abgeschlossene Unrechtsvereinbarung als auch eine Vorteilszuwendung vorliegen.[379] Hinsichtlich der Tathandlungen Fordern und Anbieten sowie Versprechen-Lassen und Versprechen verzichtet der Tatbestand hingegen auf einen tatbestandlichen Erfolg im Sinne einer tatsächlichen Annahme beziehungsweise Gewährung. Im Falle des Versprechen-Lassens und Versprechens ist der Tatbestand bereits mit Abschluss der Unrechtsvereinbarung erfüllt, während für die Verwirklichung der Varianten des Forderns und Anbietens sogar schon die zum Ausdruck gebrachte Bereitschaft der Beteiligten zum Abschluss einer Unrechtsvereinbarung ausreicht;[380] dabei kann die Bereitschaft sowohl ausdrücklich als auch schlüssig kundgegeben werden.[381] Demnach werden die Vorstufen des Annehmens und Gewährens durch die übrigen vier Tatbestandsvarianten umfassend abgedeckt.

Straffrei ist hingegen die Verwirklichung der Vorstufen des Forderns und Anbietens. Hierunter fällt zum Beispiel die nicht zugegangene Abgabe einer auf den Abschluss einer Unrechtsvereinbarung abzielenden Erklärung.[382] Mangels Zugang liegt in der Erklärung weder ein Fordern des Abgeordneten noch ein Anbieten des Vorteilsgebers, so dass das bloße Ansetzen zur Tat wegen der Straflosigkeit des Versuchs keine strafrechtlichen

---
[378] BT-Drucks. 18/476, S. 6; ausführlich *Heinrich*, Stellungnahme, S. 47 f.
[379] Siehe hierzu Schönke/Schröder-*Heine/Eisele*, § 331 Rn. 68 und § 333 Rn. 13.
[380] Vgl. Schönke/Schröder-*Heine/Eisele*, § 331 Rn. 38.
[381] Vgl. Schönke/Schröder-*Heine/Eisele*, § 331 Rn. 25 ff.
[382] Vgl. Schönke/Schröder-*Heine/Eisele*, § 331 Rn. 33.

Folgen nach sich zieht. In Anbetracht der geringen Rechtsgutgefährdung ist dies auch sachgerecht.[383]

D. Vollendung und Beendigung

Zur Bestimmung der Vollendung und Beendigung einer Tat im Sinne des § 108e StGB muss zwischen den verschiedenen Tatbestandsvarianten differenziert werden. Vollendet ist eine Straftat, wenn alle Merkmale des Tatbestands erfüllt sind.[384] Dabei ist zu berücksichtigen, dass die tatsächliche Vornahme beziehungsweise das tatsächliche Unterlassen der Mandatshandlung nicht zum Tatbestand des § 108e StGB gehört und deswegen auch keine Voraussetzung für die Vollendung irgendeiner der Tatbestandsvarianten des § 108e StGB ist.[385]

Hinsichtlich der Varianten des Forderns beziehungsweise Anbietens ist die Tat vollendet, sobald die auf die Unrechtsvereinbarung abzielende einseitige Erklärung des Abgeordneten beziehungsweise Vorteilsgebers der jeweils anderen Partei zugegangen ist.[386] Weder ist also das Zustandekommen einer Unrechtsvereinbarung erforderlich, noch muss zwischen den Beteiligten ein Vorteil geflossen sein.

Beim Versprechen-Lassen beziehungsweise Versprechen ist die Tatvollendung hingegen erst dann zu bejahen, wenn die Forderung beziehungsweise das Angebot eines noch ausstehenden Vorteils für die Mandatshandlung vom jeweiligen Gegenüber angenommen worden ist.[387] Vollendet sind die beiden Tatbestandsvarianten demnach mit Abschluss der Unrechtsvereinbarung. Zu einer tatsächlichen Vorteilszuwendung muss es auch hier nicht gekommen sein.

---

[383] So bereits *Heinrich*, Stellungnahme, S. 47 f.
[384] *Otto*, GK-StGB I, § 18 Rn. 7.
[385] Vgl. *Fischer*, § 108e Rn. 51.
[386] Siehe *Fischer*, § 108e Rn. 51; vgl. ferner Schönke/Schröder-*Heine/Eisele*, § 331 Rn. 68.
[387] Vgl. Schönke/Schröder-*Heine/Eisele*, § 331 Rn. 68.

D. Vollendung und Beendigung

Die höchsten Anforderungen stellt der Gesetzgeber an die Vollendung des § 108e StGB in den Varianten des Annehmens und Gewährens. Beide Tatbestandsvarianten sind erst dann vollendet, wenn die Beteiligten eine Unrechtsvereinbarung abgeschlossen haben und die vereinbarte Vorteilszuwendung im Anschluss auch stattgefunden hat, der Vorteil also tatsächlich angenommen beziehungsweise gewährt worden ist.[388]

Beendet ist eine Tat, wenn deren gesamtes tatbestandliches Unrecht verwirklicht ist. Das ist der Fall, wenn neben der Erfüllung der die Tat vollendenden Tatbestandsmerkmale auch diejenigen Umstände verwirklicht sind, die das Unrecht der Tat mitprägen.[389] Die Bestimmung der Beendigung von § 108e StGB kann in den vier Tatbestandsvarianten, die auch ohne tatsächliche Vorteilszuwendung erfüllt sind und deren Strafbarkeit aus diesem Grund nach vorne verlagert ist, Schwierigkeiten bereiten.

Die jeweils zu beurteilende Tat ist jedenfalls dann beendet, wenn die auf Vorteilszuwendung und Mandatshandlung gerichteten Bemühungen der Beteiligten endgültig fehlschlagen und der Täter mit einer Erfüllung nicht mehr rechnet.[390] Danach ist eine Beendigung sowohl im Falle einer endgültigen Absage des Forderungsempfängers als auch im Falle des Scheiterns einer Forderung aufgrund ausbleibender Reaktion oder wegen Veränderung der zugrunde liegenden Umstände zu bejahen.[391] Gleiches gilt, wenn die Tat vor der Annahme des geforderten Vorteils aufgedeckt wird.[392] Auch der Verlust des Mandats beendet die Tat, da der ehemalige Abgeordnete dann keine Möglichkeit mehr hat, die entsprechende Handlung in absehbarer Zeit vorzunehmen. Bloße Folgehandlungen, wie das Verwerten von im Zusammenhang mit der Unrechtsvereinbarung erlangten Informationen, beenden die Tat mangels Tatbestandsmäßigkeit hingegen nicht.[393]

---

[388] Vgl. Schönke/Schröder-*Heine/Eisele*, § 331 Rn. 68.
[389] Hierzu *Otto*, GK-StGB I, § 18 Rn. 9.
[390] So etwa *Fischer*, § 331 StGB Rn. 30a.
[391] Hierzu *Fischer*, § 331 StGB Rn. 30a.
[392] Hierzu *Fischer*, § 331 StGB Rn. 30a.
[393] Vgl. hierzu *Fischer*, § 331 StGB Rn. 30b.

In den Tatbestandsvarianten des Annehmens beziehungsweise Gewährens ist die Tat entweder dann beendet, wenn der Abgeordnete beziehungsweise Dritte den gesamten Vorteil tatsächlich erhalten haben, oder auch dann, wenn der Abgeordnete die vereinbarte Mandatshandlung abgeschlossen hat.[394] Obwohl die Mandatshandlung für die Tatbestandsverwirklichung und damit auch für die Vollendung der Tat gemäß § 108e StGB nicht erforderlich ist, kann ihre tatsächliche Ausübung maßgeblich für die Bestimmung der Tatbeendigung sein. Liegt die Mandatshandlung zeitlich hinter Unrechtsvereinbarung und vollständiger Vorteilserlangung, so ist die Tat mit Abschluss der Handlung beendet. Wird die Mandatshandlung hingegen abgeschlossen, noch bevor der gesamte Vorteil geflossen ist, so ist die Tat mit Erhalt des Vorteils beendet. Besteht der Vorteil aus ratenweise zu erbringenden Leistungen, ist die Tat mit Entgegennahme der letzten Teilleistung beendet.[395]

E. Täterschaft und Teilnahme

Bei der Bestimmung der Täterschaft muss differenziert werden. Tauglicher Täter der in § 108e Abs. 2 StGB geregelten Bestechung von Mandatsträgern kann jede natürliche Person sein, auch ein anderer Mandatsträger.[396] Die spiegelbildliche Bestechlichkeit nach § 108e Abs. 1 StGB stellt hingegen ein Sonderdelikt dar, da der Tatbestand nur durch einen der in § 108e StGB genannten Mandatsträger verwirklicht werden kann.[397] Ist der handelnde Mandatsträger zugleich Amtsträger oder für den öffentlichen Dienst besonders Verpflichteter gemäß § 11 Abs. 1 Nr. 2 u. Nr. 4 StGB und handelt er auch als solcher, gehen die §§ 331 ff. StGB dem § 108e StGB vor.[398]

Mittelbare Täterschaft gemäß § 25 Abs. 1, 2. Alt. StGB und Mittäterschaft gemäß § 25 Abs. 2 StGB sind möglich. Bei der jeweiligen Prüfung sind

---

[394] So auch *Fischer*, § 78a Rn. 8 und § 108e Rn. 52.
[395] Vgl. hierzu *Fischer*, § 78a Rn. 8; ferner Schönke/Schröder-*Heine/Eisele*, § 299 Rn. 31.
[396] *Fischer*, § 108e Rn. 16.
[397] Leipold/Tsambikakis/Zöller-*Anders/Mavany*, § 108e Rn. 14.
[398] *Fischer*, § 108e Rn. 56; siehe hierzu oben 2.Teil B I.

E. Täterschaft und Teilnahme 119

aber diejenigen Besonderheiten zu berücksichtigen, die sich daraus ergeben, dass tauglicher Täter von § 108e Abs. 1 StGB nur einer der genannten Mandatsträger sein kann.

Die Teilnahme an einer Tat gemäß § 108e StGB richtet sich nach den allgemeinen Regeln, insoweit finden die §§ 26, 27 StGB Anwendung. Praktisch bedeutsam ist dabei vor allem die Teilnahme durch solche Handlungen, die ihrerseits nicht den Tatbestand des § 108e StGB erfüllen.

Obwohl die Bestechlichkeit von Mandatsträgern gemäß § 108e Abs. 1 StGB ein Sonderdelikt darstellt, kommt dem Teilnehmer dieses Straftatbestands – wie schon im Rahmen der Vorgängerfassung – nicht die obligatorische Strafmilderung des § 28 Abs. 1 StGB zugute. Indem der Gesetzgeber im Rahmen von § 108e StGB für den Tatbestand der Bestechlichkeit die gleiche Strafandrohung vorsieht wie für den Bestechungstatbestand, bringt er klar zum Ausdruck, dass dem Sonderdelikt kein höherer Unrechtsgehalt beigemessen werden soll als dem Allgemeindelikt.[399] Eine Einordnung der Mandatsträgereigenschaft als besonderes persönliches Merkmal widerspräche daher dem gesetzgeberischen Willen, so dass eine Strafmilderung des Teilnehmers nach § 28 Abs. 1 StGB ausscheidet.[400]

Im Übrigen sind Mandatsträger und Vorteilsgeber in vier der insgesamt sechs Tatbestandsvarianten des § 108e StGB aufgrund der zwingenden Beidseitigkeit der Unrechtsvereinbarung notwendige Teilnehmer an der Tat des jeweils anderen.[401] Den Abschluss einer Unrechtsvereinbarung zwischen den Beteiligten setzen auf Seiten des Abgeordneten die Tatbestandsvarianten des Versprechen-Lassens sowie Annehmens und auf Seiten des Vorteilsgebers die Tatbestandsvarianten des Versprechens sowie Gewährens voraus. Gleichzeitig sind auch die Voraussetzungen des spiegelbildlichen Tatbestands erfüllt, so dass die andere Partei in den genannten Tatbestandsvarianten stets selber Täter gemäß § 108e StGB ist. Da die

---

[399] Zu § 108e StGB a.F. siehe SK-*Rudolphi*, § 108e Rn. 16 und NK-*Wohlers/Kargl*, § 108e Rn. 8.
[400] Im Ergebnis ebenso *Fischer*, § 108e Rn. 54; zu § 108e StGB a.F. SK-*Rudolphi*, § 108e Rn. 16.
[401] Ungenau insoweit *Fischer*, § 108e Rn. 54, wonach die notwendige Teilnahme in sämtlichen Tatbestandsvarianten gegeben ist.

Strafbarkeit als Teilnehmer hinter die eigene Täterschaft zurücktritt,[402] entfaltet die Feststellung der notwendigen Teilnahme keine praktische Bedeutung.

Geht es um die Tatbestandsvarianten des Anbietens und Forderns, wird eine gleichzeitige Teilnahme des jeweiligen Gegenübers eher selten anzunehmen sein. Beide Varianten sind bereits dann erfüllt, wenn der jeweilige Täter eine auf den Abschluss einer Unrechtsvereinbarung abzielende Erklärung abgegeben hat und diese dem jeweiligen Gegenüber zugegangen ist. Zu einer Verständigung mit dem Gegenüber ist es in diesen Fällen gerade nicht gekommen. Allein die auf eine Unrechtsvereinbarung abzielende Erklärung einer Person kann für den jeweiligen Empfänger keine Teilnahme begründen. Insofern scheiden in jenen Tatbestandsvarianten regelmäßig sowohl eine Teilnahme als auch eine Täterschaft des jeweiligen Erklärungsempfängers aus.

Die Anwendbarkeit der §§ 25, 26 und 27 StGB auf § 108e StGB entspricht den Vorgaben internationaler Übereinkommen. Art. 15 ER-Übereinkommen verpflichtet die Vertragsstaaten dazu, Teilnahmehandlungen zu den im Übereinkommen umschriebenen Straftaten nach ihrem innerstaatlichen Recht als Straftat zu umschreiben. Die VN-Konvention geht noch weiter und verpflichtet die Vertragsstaaten in Art. 27 Abs. 1 VN-Konvention dazu, neben Anstiftung und Beihilfe auch die Mittäterschaft unter Strafe zu stellen.

F. Strafe und Nebenfolgen

Bei Verwirklichung des § 108e StGB drohen eine Freiheitsstrafe von einem Monat bis zu fünf Jahren oder eine Geldstrafe. Ungeachtet der Tatsache, dass Täter von § 108e Abs. 1 StGB nur Mandatsträger sein können, differenziert die Strafnorm im Hinblick auf die Strafandrohung nicht zwischen Bestechlichkeit und Bestechung.

Verhängt das Gericht eine Freiheitsstrafe von mindestens sechs Monaten, so kann es zusätzlich die in § 108e Abs. 5 StGB geregelten Nebenfolgen

---

[402] *Fischer,* § 108e Rn. 54.

G. Sonderzuständigkeit der Oberlandesgerichte

aussprechen. Gemäß §§ 45 Abs. 5 i.V.m. 108e Abs. 5 StGB kann dem Täter das Recht, in öffentlichen Angelegenheiten zu wählen oder zu stimmen, also das aktive Wahlrecht, für die Dauer von zwei bis fünf Jahren aberkannt werden. Gleiches gilt gemäß § 45 Abs. 2 i.V.m. § 108e Abs. 5 StGB in Bezug auf die Fähigkeit, Rechte aus öffentlichen Wahlen zu erlangen, namentlich das passive Wahlrecht. Verliert ein Bundestagsabgeordneter durch rechtskräftigen Richterspruch seine Wählbarkeit, so entscheidet der Ältestenrat des Deutschen Bundestages durch Beschluss, ob das Mitglied darüber hinaus auch seine Mitgliedschaft im Bundestag verliert, § 45 Abs. 4 StGB i.V.m. § 47 Abs. 1 Nr. 3 BWahlG.

G. Sonderzuständigkeit der Oberlandesgerichte

Gemäß dem ebenfalls neu eingefügten § 120b GVG sind für die Verhandlung und Entscheidung über § 108e StGB im ersten Rechtszug die Oberlandesgerichte, in deren Bezirk die Landesregierungen ihren Sitz haben, zuständig. Damit ist die zuständige Anklagebehörde wegen §§ 141, 142 GVG die Generalstaatsanwaltschaft; die Zuständigkeit der Generalbundesanwaltschaft bleibt hingegen unberührt.[403] Aufgrund der erstinstanzlichen Zuständigkeit der Oberlandesgerichte scheiden bei Taten gemäß § 108e StGB sowohl das Strafbefehlsverfahren (§ 407 StPO) als auch das beschleunigte Verfahren (§ 417 StPO) aus, da diese nur bei Verfahren vor dem Strafrichter oder dem Schöffengericht in Betracht kommen.

Durch die Zuständigkeitskonzentration bei den Oberlandesgerichten will der Gesetzgeber zweierlei erreichen. Zum einen soll sichergestellt werden, dass die befassten Justizorgane über die notwendige Erfahrung und die erforderliche Sensibilität im Umgang mit Korruptionsvorwürfen gegen Abgeordnete verfügen.[404] Und zum anderen soll gewährleistet werden, dass den regelmäßig die Öffentlichkeit in besonderer Weise interessierenden Korruptionsvorwürfen gegen Mandatsträger mit dem erforderlichen Nachdruck nachgegangen wird.[405]

---

[403] BT-Drucks. 18/607, S. 9.
[404] Vgl. BT-Drucks. 18/607, S. 9.
[405] BT-Drucks. 18/607, S. 9.

Fischer kritisiert, dass die prozessuale Neuregelung eine Selbstüberhebung der Abgeordneten gegenüber Betroffenen anderer Korruptionsdelikte offenbare, indem angedeutet werde, dass für Korruptionsverfahren ohne Beteiligung von Abgeordneten eine geringeres Maß an Erfahrung und Sensibilität der Justizorgane genüge.[406] Diese Kritik kann nicht überzeugen. Die vorangegangenen Ausführungen haben hinreichend belegt, warum der Erkenntnisteil eines Strafverfahrens wegen § 108e StGB von den Justizorganen eine besonders sorgfältige Handhabung erfordert.[407] So ist die vorschnelle Einleitung von Ermittlungsverfahren durch die Generalstaatsanwaltschaft aufgrund vermehrter Erfahrung und konzentrierter Sachkunde weit weniger wahrscheinlich als durch die Staatsanwälte bei den Amts- und Landgerichten. Das ist insofern von Bedeutung, als häufig schon das Bekanntwerden eines Anfangsverdachts gegen einen Abgeordneten genügt, um dessen öffentliches Ansehen irreparabel zu beschädigen. Gleichzeitig wird das Risiko verringert, durch verstärkte Einstellungen gemäß §§ 153, 153a StPO eine neue Kategorie sozialer Adäquanz zu schaffen. Schließlich fördert die Zuständigkeitskonzentration bei den Oberlandesgerichten die Einheitlichkeit der Rechtsprechung und wirkt sich dadurch positiv auf die Rechtssicherheit aus.

Inwieweit die neue Zuständigkeit die Kapazitäten der Oberlandesgerichte übersteigt – allein auf nationaler Ebene sind potentiell 218.000 Mandatsträger betroffen[408] – bleibt abzuwarten.

H. Immunität

Gemäß Art. 46 Abs. 2 GG darf ein Abgeordneter wegen einer mit Strafe bedrohten Handlung nur mit Genehmigung des Bundestages zur Verantwortung gezogen oder verhaftet werden, es sei denn, dass er bei Begehung der Tat oder im Laufe des folgenden Tages festgenommen wird. Der Zweck des Rechts auf Immunität besteht hauptsächlich darin, die Arbeits-

---

[406] *Fischer*, § 108e Rn. 57.
[407] Siehe hierzu oben 2.Teil B II 2 d) aa) (2).
[408] Vgl. *Michalke*, CB 2014, 215 (217) unter Verweis auf *Ruge*, Deutscher Bundestag, Ausschuss für Recht und Verbraucherschutz, Wortprotokoll 18/7 (17.02.2014), S. 18; ferner *Fischer*, § 108e Rn. 57.

I. Ergebnis 123

und Funktionsfähigkeit des Parlaments zu schützen.[409] In der Praxis hebt der Bundestag die Immunität der Abgeordneten zu Beginn einer jeder Wahlperiode durch den in Anlage 6 der GOBT enthaltenen „Beschluss des Deutschen Bundestages betr. Aufhebung der Immunität von Mitgliedern des Bundestages" in dem dort vorgesehenen Umfang auf. Durch den Beschluss genehmigt der Bundestag bis zum Ablauf der jeweiligen Wahlperiode die Durchführung von Ermittlungsverfahren gegen Mitglieder des Bundestages wegen Straftaten, es sei denn, dass es sich um Beleidigungen politischen Charakters handelt.

In den Beratungen des Ausschusses für Recht und Verbraucherschutz sprachen sich einige Fraktionen dafür aus, anlässlich der Neufassung des § 108e StGB auch die Immunitätsregeln von Abgeordneten zu überprüfen.[410] Die Grünen forderten unter Verweis auf die negative öffentliche Wirkung des Bekanntwerdens eines Anfangsverdachts gegen Abgeordnete deren Immunität künftig nur noch im Einzelfall und nach sorgfältiger und verantwortlicher Prüfung durch das zuständige parlamentarische Gremium aufzuheben.[411] In Anbetracht der Tatsache, dass wegen §§ 141, 142 GVG ausschließlich die Generalstaatsanwaltschaften für die Einleitung von Ermittlungsverfahren über Straftaten gemäß § 108e StGB zuständig sind, ist diese Forderung wohl hinfällig. Die Zuständigkeitskonzentration bei den Oberlandesgerichten trägt dem Aspekt des sorgfältigen Umgangs mit dem sensiblen Thema hinreichend Rechnung.

I. Ergebnis

Der neue § 108e StGB verfügt über einen deutlich weiteren Anwendungsbereich als § 108e StGB a.F. und stellt damit eine wesentliche Verbesserung gegenüber der Vorgängerfassung dar. Statt wie bisher lediglich den Kauf und Verkauf einer Stimme innerhalb des Parlaments oder in einem der dazugehörigen Ausschüsse unter Strafe zu stellen, erfasst der neue

---

[409] Deutscher Bundestag, Ausschuss für Wahlprüfung, Immunität und Geschäftsordnung, Immunitätsrecht, Erläuterungen für die Mitglieder des Deutschen Bundestages, 20.01.2014, S. 1, http://www.bundestag.de/blob/195580/1a3db9f5ec45f583da0fcb09d7c6ecf3/erlaeuterungen_zum_immunitaetsrecht-data.pdf (Stand: 30.11.2016).
[410] Siehe hierzu BT-Drucks. 18/607, S. 7.
[411] Siehe hierzu BT-Drucks. 18/607, S. 7.

§ 108e StGB bereits die einseitig geäußerte Bereitschaft einer Person zum Abschluss einer Vereinbarung über den kausalen Austausch von Vorteilszuwendung und Mandatshandlung, wobei jede Handlung des Abgeordneten im Zusammenhang mit der Ausübung seines Mandats genügt. Dabei werden Handlungen im Plenum und den dazugehörigen Ausschüssen ebenso erfasst wie Handlungen in den Fraktionen, Kommissionen und sonstigen Gremien. Zudem bezieht der neue § 108e StGB in Erweiterung der alten Fassung sowohl Drittvorteile als auch immaterielle Vorteile in den Anwendungsbereich mit ein. Die meisten der genannten Erweiterungen des Anwendungsbereichs sind auf die Anlehnung des novellierten Straftatbestands an die allgemeinen Bestechungsdelikte gemäß §§ 331 ff. StGB zurückzuführen. Insoweit sollte an der Grundkonzeption des neuen § 108e StGB festgehalten werden.

Unspezifische Zuwendungen wie die sogenannte Klimapflege und nachträgliche Zuwendungen sind hingegen weiterhin straflos, insofern ist keine Veränderung gegenüber § 108e StGB a.F. zu verzeichnen. Allerdings haben die vorangegangenen Ausführungen verdeutlicht, dass es gute Gründe für die Straflosigkeit der genannten Zuwendungen gibt, insofern besteht diesbezüglich kein Änderungsbedarf.[412]

Negativ anzumerken ist, dass sich wegen Bestechlichkeit im Sinne des § 108e Abs. 1 StGB nur Inhaber eines Mandats strafbar machen können, nicht dagegen Mandatsbewerber. Spiegelbildlich dazu kann auch die Bestechung gemäß § 108e Abs. 2 StGB nur gegenüber einem Mandatsinhaber verwirklicht werden. Aus den bereits dargelegten Gründen sollte der Gesetzgeber eine entsprechende Erweiterung vornehmen und Mandatsbewerber den Mandatsträgern des § 108e StGB gleichstellen.[413]

Kritikwürdig ist zudem die in § 108e StGB enthaltene Formulierung „im Auftrag oder auf Weisung". Diese begründet zum einen wegen der Unsicherheiten hinsichtlich ihrer konkreten Bedeutung und Auslegung und zum anderen aufgrund der schwierigen inhaltlichen Abgrenzung zu dem Erfordernis einer qualifizierten Unrechtsvereinbarung gesetzgeberischen Handlungsbedarf. Hinzu kommt die problematische Nachweisbarkeit einer Handlung „im Auftrag oder auf Weisung". Schließlich ist die zusätzliche

---

[412] Siehe hierzu 2.Teil B III 4 b).
[413] Siehe hierzu 2.Teil B I 2.

I. Ergebnis

Anforderung an die Handlung unter Schutzzweckgesichtspunkten nicht erforderlich. Insofern empfiehlt sich eine gänzliche Streichung der Formulierung aus § 108e StGB.

Unerfreulich ist zudem die schwierige prozessuale Nachweisbarkeit der qualifizierten Unrechtsvereinbarung. Dieser Kritikpunkt kann durch vermehrte Transparenz entschärft werden. Welche Möglichkeiten sich diesbezüglich bieten, soll im nachfolgenden Teil der Arbeit kurz dargestellt werden.

Anlass weiterer Kritik ist das Erfordernis eines „ungerechtfertigten" Vorteils und die hieran gekoppelte Ausklammerung nicht ungerechtfertigter Vorteile in Absatz 4. Problematisch sind insbesondere die fehlende eigenständige Bedeutung des Begriffs „ungerechtfertigt" über die Ausklammerung in Absatz 4 hinaus und die sprachliche Fassung sowohl des Absatz 4 als auch die der in Bezug genommenen Vorschriften außerhalb des Strafrechts. Insofern bedarf die Beschränkung des Vorteilsbegriffs in Absatz 4 einer Überarbeitung.

Welche Möglichkeiten als Alternative zu der gegenwärtigen Beschränkung des § 108e StGB in Betracht kommen und wie diese konkret auszugestalten sind, soll im nachfolgenden Teil dieser Arbeit erörtert werden. Dabei muss das zentrale Problem des Straftatbestands der Mandatsträgerbestechung berücksichtigt werden, welches der vorangegangene Teil der Untersuchung zum Vorschein gebracht hat: die Ermöglichung einer eindeutigen Abgrenzung zwischen noch zulässiger Einflussnahme und bereits strafwürdiger Manipulation. Die Abgrenzung muss einerseits den Anforderungen an das verfassungsrechtliche Bestimmtheitsgebot genügen und andererseits dem verfassungsrechtlich durch Art. 38 Abs. 1 S. 2 GG abgesicherten freien Mandat von Bundestagsabgeordneten hinreichend Rechnung tragen.

3. Teil: Möglichkeiten einer alternativen Ausgestaltung des § 108e StGB

Der vorangegangene Teil der Arbeit hat ergeben, dass die in § 108e Abs. 4 StGB enthaltene Konkretisierung des Vorteilsbegriffs einer Überarbeitung durch den Gesetzgeber bedarf. Aufgrund der aufgezeigten Schwächen der gegenwärtigen Beschränkung des § 108e StGB, soll nachfolgend untersucht werden, welche Alternativen der Beschränkung es gibt und wie die bestehenden Schwachpunkte beseitigt werden können. Bevor diese Änderungsmöglichkeiten nachfolgend dargestellt und diskutiert werden, muss zunächst geklärt werden, ob überhaupt eine strafgesetzliche Regelung erforderlich ist. Angesichts des Umstands, dass der neue § 108e StGB an die Grundkonzeption der allgemeinen Bestechungsdelikte gemäß §§ 331 ff. StGB angelehnt ist, soll ferner dargestellt werden, warum sich eine vollständige Gleichstellung mit Amtsträgern verbietet.

A. Notwendigkeit einer strafrechtlichen Regelung

Der Erörterung der verschiedenen Möglichkeiten der Ausgestaltung der Bestechlichkeit und Bestechung von Mandatsträgern ist die Frage vorgelagert, ob überhaupt die Notwendigkeit einer strafrechtlichen Regelung besteht. Immerhin ist Deutschland fast vierzig Jahre lang ohne eine strafrechtliche Regelung der Abgeordnetenbestechung ausgekommen. Selbst nach Erlass des § 108e StGB a.F. im Jahre 1994 wurde vereinzelt gefordert, die Strafnorm ersatzlos zu streichen.[414]

So hielt etwa *Ransiek* eine Streichung des § 108e StGB a.F. für erforderlich, um nicht nur den Schein des Schutzes von Sachlichkeit oder Redlichkeit zu wahren.[415] Anstelle einer strafrechtlichen Regelung, sollte die Legislative durch verstärkte Transparenz sowie durch die Medien und Öffentlichkeit kontrolliert werden.[416] Hintergrund dieser Forderung war die Überlegung, dass der Tatbestand des § 108e StGB a.F. praktisch schwer

---

[414] *Ransiek*, StV 1996, 446 (453); vgl. *Barton*, NJW 1994, 1098 (1101).
[415] *Ransiek*, StV 1996, 446 (453).
[416] *Ransiek*, StV 1996, 446 (453).

nachzuweisen war und viele strafwürdige Fälle von Abgeordnetenbestechung nicht erfasste, die Strafnorm aber allein durch ihre Existenz den Eindruck vermittelte, korruptives Verhalten von und gegenüber Abgeordneten hinreichend unter Strafe zu stellen.[417] Insofern war die Forderung Ransieks nach einer gänzlichen Streichung nachvollziehbar. Allerdings war der Grund für die Forderung *Ransieks* nicht die fehlende Notwendigkeit für eine Regelung der Abgeordnetenbestechung, sondern vielmehr die Überlegung, anstelle einer praktisch bedeutungslosen Norm lieber ganz auf eine Regelung zu verzichten. In Anbetracht der inzwischen erfolgten Novellierung des § 108e StGB a.F. kann diese Argumentation allerdings nicht mehr überzeugen. Ebenso wenig darf die gegebenenfalls schwierige Nachweisbarkeit des Straftatbestands dazu führen, auf die Bestrafung strafwürdiger Verhaltensweisen vollständig zu verzichten.[418]

Eine strafrechtliche Regelung der Bestechlichkeit und Bestechung von Mandatsträgern ist aus mehreren Gründen notwendig. Dem Bundesverfassungsgericht zufolge ist es allgemeine Aufgabe des Strafrechts, die elementaren Werte des Gemeinschaftslebens zu schützen.[419] Entsprechend stellte der Bundesgerichtshof in Bezug auf kommunale Mandatsträger bereits vor zehn Jahren fest, dass „in allen anderen Bereichen des öffentlichen und privaten Lebens [...] das gewandelte öffentliche Verständnis einer besonderen Sozialschädlichkeit von Korruption zu einer erheblichen Ausweitung der Strafbarkeit von korruptivem Verhalten geführt [hat]", während „diese Entwicklung [...] an dem Tatbestand der Abgeordnetenbestechung vorbeigegangen [ist]".[420] Auch wenn sich das Abgeordnetenmandat in vielen Punkten signifikant von der Amtsträgerstellung unterscheidet, ist die Sicherung des Mandats vor Korruption mindestens ebenso wichtig, wie die Sicherung der Amtsträgerstellung. Denn korrumpierbare Abgeordnete beeinträchtigen das Vertrauen der Bevölkerung in das politische System und gefährden damit den Bestand unserer parlamentarischen Demokratie.

---

[417] *Ransiek*, StV 1996, 446 (452 f.).
[418] So auch *Hartmann*, S. 111.
[419] BVerfGE 27, 18 (29).
[420] BGHSt 51, 44 (60).

B. Gleichstellung von Abgeordneten und Amtsträgern

Aufgrund dieser weitreichenden Auswirkungen kann auch unter dem Blickwinkel des Zwecks von Strafe und den dazugehörigen Strafzwecktheorien nicht auf eine strafrechtliche Regelung im Sinne des § 108e StGB verzichtet werden. Nach den herrschenden Vereinigungstheorien setzt sich der Zweck von Strafe aus verschiedenen Aspekten zusammen.[421] Einerseits geht es um Sühne, Wiederherstellung der Gerechtigkeit und Vergeltung und andererseits um general- und spezialpräventive Gesichtspunkte mit dem Ziel der Vorbeugung von Straftaten.[422] Hinzu kommt, dass Deutschland mehrere völkerrechtliche Verträge unterzeichnet hat, welche vorsehen, die Bestechlichkeit und Bestechung von Abgeordneten strafrechtlich zu normieren. Zumindest nach der VN-Konvention ist der nationale Gesetzgeber nicht nur zum Erlass einer strafrechtlichen Regelung, sondern auch zur Einhaltung bestimmter Mindestvorgaben verpflichtet. Nach alldem steht fest, dass eine strafrechtliche Regelung der Abgeordnetenbestechung unerlässlich ist.

B. Gleichstellung von Abgeordneten und Amtsträgern

Dem Beispiel anderer Länder[423] und der VN-Konvention[424] folgend besteht eine denkbare Ausgestaltungsmöglichkeit darin, Abgeordnete den Amtsträgern strafrechtlich gleichzustellen. Mit Blick auf die Systematik des deutschen Strafgesetzbuchs bieten sich hierbei zwei Lösungswege an.

Eine Möglichkeit besteht darin, den Begriff des Amtsträgers in § 11 Abs. 1 Nr. 2 StGB durch die Aufnahme von Abgeordneten zu erweitern. Aufgrund der Systematik des Strafgesetzbuches, den Straftatbeständen im Besonderen Teil gemeinsame Vorschriften in einem Allgemeinen Teil voranzustellen, würde sich eine solche Erweiterung des § 11 Abs. 1 Nr. 2 StGB jedoch auf sämtliche Amtsdelikte des besonderen Teils auswirken. Hierdurch würden Abgeordnete in den Anwendungsbereich von Delikten wie der Falschbeurkundung im Amt gemäß § 338 StGB oder der Körperverletzung im Amt gemäß § 340 StGB fallen. Schon im Hinblick auf den jeweiligen Regelungszweck dieser Normen verbietet sich

---

[421] Siehe nur Leipold/Tsambikakis/Zöller-*Seebode*, § 46 Rn. 46 u. 50 m.w.N.
[422] Siehe BVerfGE 45, 187 (253 f.).
[423] So etwa in Frankreich und Italien, siehe *Hartmann*, S. 179 ff.
[424] Siehe oben 1.Teil B IV 4.

eine derartige Ausweitung. Darüber hinaus steht einer pauschalen Gleichstellung die mangelnde Vergleichbarkeit von Abgeordneten und Amtsträgern entgegen, die im Rahmen der nachfolgenden, zweiten Möglichkeit der Ausgestaltung dargestellt wird.

In Anlehnung an die VN-Konvention könnte der Täterkreis der allgemeinen Bestechungsdelikte gemäß §§ 331 ff. StGB um Abgeordnete erweitert werden.[425] Gegen eine solche Gleichstellung von Amtsträgern und Abgeordneten, sei es auch nur innerhalb der §§ 331 ff. StGB, sprechen jedoch gewichtige Einwände. Während Amtsträger die Gesetze zu vollziehen und sich an vorgegebenen Sachgesichtspunkten zu orientieren haben, gehören Abgeordnete der legislativen Gewalt an.[426] Von letzteren kann angesichts der Tatsache, dass die Interessenwahrnehmung auch innerhalb des Parlaments Bestandteil des politischen Kräftespiels ist, nicht verlangt werden, dass sie ihr Mandat stets unparteiisch und frei von sachlichen Einflüssen ausüben.[427] Nicht selten beruht die Aufstellung eines Kandidaten gerade auf dessen Zugehörigkeit zu bestimmten gesellschaftlichen Gruppen, deren Erwartungen nach Erlangung des Mandats berücksichtigt werden müssen.[428]

Eine Gleichstellung mit den Bestechungsdelikten verbietet sich aber noch unter zwei weiteren Gesichtspunkten. Zunächst setzen die die aktive und passive Amtsträgerbestechung regelnden Tatbestände in §§ 332, 334 StGB die Pflichtwidrigkeit der vom Amtsträger erbrachten oder noch zu erbringenden Diensthandlung voraus. Der Inhalt dieser Dienstpflichten ist durch diverse Gesetze, Rechtsverordnungen, Verwaltungsvorschriften, allgemeine Weisungen oder auch konkrete Einzelweisungen von Vorgesetzten recht präzise vorgegeben.[429] Für Abgeordnete fehlt es hingegen an einem genau umgrenzten Pflichtenkreis. Insofern sind sie hinsichtlich ihrer (Pflichten-) Stellung nicht mit Amtsträgern vergleichbar. Zwar unterliegen auch Abgeordnete bestimmten Regeln, wie sie etwa im Abgeordnetengesetz, in der Geschäftsordnung des Deutschen Bundestages und in den Verhaltensregeln enthalten sind, gleichzeitig garantiert ihnen die Verfassung

---

[425] Siehe *Fätkinhäuer*, in Friedrich-Ebert-Stiftung (Hrsg.), Korruption, S. 71 (77).
[426] Vgl. *Dölling*, Gutachten DJT, C 82; *Haffke*, in *Tondorf* (Hrsg.), Korruption, S. 21.
[427] So schon BT-Drucks. 12/5927, S. 5; *van Aaken*, ZaöRV 65 (2005), 407 (424).
[428] BT-Drucks. 12/1630, S. 5.
[429] Vgl. MüKo-*Korte*, 2006, § 332 Rn. 23 m.w.N.

C. Ausgestaltung durch einen Sondertatbestand 131

in Art. 38 Abs. 1 S. 2 GG aber Freiheit von Aufträgen und Weisungen. Bei einer Erweiterung des Täterkreises der §§ 331 ff. StGB um Abgeordnete bliebe demnach völlig unklar, wann ein Abgeordneter pflichtwidrig und damit tatbestandsmäßig handelt.

Auch eine Erweiterung der in §§ 331, 333 StGB normierten Tatbestände der Vorteilsannahme und -gewährung scheidet aus. Zwar setzen die §§ 331, 333 StGB keine Pflichtwidrigkeit voraus, sondern lassen jeden für die Dienstausübung gewährten Vorteil genügen. Anders als Amtsträgern ist Abgeordneten die Entgegennahme bestimmter Vorteile, wie etwa Spenden oder die Vergütung für eine Nebentätigkeit, grundsätzlich erlaubt.[430] Des Weiteren genügt für den Tatbestand der §§ 331, 333 StGB die Bereitschaft zum Abschluss einer lediglich gelockerten Unrechtsvereinbarung, wodurch auch unspezifische Zuwendungen an Abgeordnete strafbar wären. Weil die Strafbarkeit dadurch zu stark ausgeweitet würde, scheidet diese Möglichkeit aus.[431]

In Anbetracht der genannten Aspekte wie auch der weiteren Diskussion[432] kommt eine Gleichstellung von Amtsträgern und Abgeordneten nicht in Betracht.

C. Ausgestaltung durch einen Sondertatbestand

Nachdem festgestellt wurde, dass eine strafrechtliche Regelung unverzichtbar ist und sich eine Gleichstellung von Amts- und Mandatsträgern verbietet, verbleibt die Option, § 108e StGB als Sondertatbestand auszugestalten. Die Möglichkeiten zur Ausgestaltung eines Sondertatbestands sind vielfältig.[433] Die nachfolgende Darstellung beschränkt sich daher auf jene Ausgestaltungsmöglichkeiten, die in Anknüpfung an die Ergebnisse des vorangegangenen Teils der Untersuchung in Betracht kommen. Diese hat ergeben, dass zwar an der bisherigen Grundkonzeption des

---

[430] Vgl. *Deiters*, in v. Alemann (Hrsg.), Dimensionen politischer Korruption, S. 424 (438 f.)
[431] Siehe oben 2.Teil B III 4.
[432] Hierzu *Hartmann*, S. 178 ff.; vgl. Mitteilungen zum 61. Deutschen Juristentag, Beschluss Nr. 16 a), NJW 1996, 2994 (2997); vgl. ferner *Dölling*, Gutachten DJT, C 82.
[433] Für eine Darstellung verschiedener Änderungsvorschläge siehe *Mayer*, S. 85 ff.; mögliche Reformmodelle erläutert *Hartmann*, S. 101 ff.

§ 108e StGB festgehalten werden soll, aber die gegenwärtige Einschränkung des Tatbestandes in Absatz 4 einer Überarbeitung bedarf.

Der Tatbestand des § 108e StGB wird gegenwärtig dadurch beschränkt, dass Absatz 4 bestimmte Vorteile aus dem Anwendungsbereich der Norm ausklammert. Dabei lassen sich verschiedene Arten der Ausklammerung unterscheiden. In Satz 1 erfolgt die Ausklammerung durch einen normativen Verweis auf außerstrafrechtliche Vorschriften und ein hilfsweise heranzuziehendes normatives Merkmal, in Satz 2 Nummer 1 mittels einer Auflistung der auszunehmenden Vorteile und in Satz 2 Nummer 2 mittels eines Teilblankettverweises. Der Grund, weshalb eine Beschränkung des Tatbestands von § 108e StGB in Form des Absatz 4 überhaupt notwendig ist, liegt darin, dass Abgeordneten die Annahme bestimmter Vorteile grundsätzlich erlaubt ist. Dieser Besonderheit, insbesondere gegenüber Amtsträgern, soll die Beschränkung des § 108e StGB Rechnung tragen. Gleichzeitig dient die Beschränkung der besseren Abgrenzung zwischen noch zulässigem Verhalten und strafwürdiger Bestechung beziehungsweise Bestechlichkeit. Insofern werden nachfolgend unterschiedliche Möglichkeiten einer Beschränkung des § 108e StGB dargestellt.

Die Notwendigkeit, einen an die allgemeinen Bestechungsvorschriften in §§ 331 ff. StGB angelehnten Straftatbestand der Mandatsträgerbestechung zu beschränken, wurde bereits längere Zeit vor Erlass des § 108e StGB erkannt, und so wurden dementsprechend verschiedene Beschränkungsmöglichkeiten diskutiert. Insbesondere die letzte Legislaturperiode brachte mehrere Gesetzesentwürfe zur Reformierung des § 108e StGB a.F. hervor, die den Grundstein für die heutige Fassung des § 108e StGB bilden. Es handelt sich um drei Gesetzesentwürfe der damaligen Oppositionsparteien SPD, Die Linke und Die Grünen sowie einen Entwurf des Bundeslandes Nordrhein-Westfalen. Alle vier Entwürfe sind an die Grundkonzeption der §§ 331 ff. StGB angelehnt und sehen unterschiedliche Einschränkungen des Tatbestandes vor. Diese Einschränkungen sollen in der nachfolgenden Darstellung aufgegriffen und bewertet werden.

Die verschiedenen Möglichkeiten, den Straftatbestand des § 108e StGB zu beschränken, lassen sich in vier Gruppen unterteilen. Die jeweilige Beschränkung darf dabei weder die in Art. 38 Abs. 1 S. 2 GG verfassungsrechtlich abgesicherte Freiheit des Mandats beeinträchtigen noch gegen

C. Ausgestaltung durch einen Sondertatbestand

das verfassungsrechtliche Bestimmtheitsgebot verstoßen. Zudem muss die Beschränkung im Einklang mit den Vorgaben internationaler Übereinkommen stehen.

I. Beschränkung durch ein gesamttatbewertendes Tatbestandsmerkmal

Denkbar ist zunächst, die notwendige Beschränkung des § 108e StGB anhand eines gesamttatbewertenden Tatbestandsmerkmals vorzunehmen. Als gesamttatbewertende Tatbestandsmerkmale werden solche Merkmale verstanden, die aufgrund ihres hohen normativen Gehalts nicht nur das unrechtsbegründende Verhalten äußerlich umschreiben, sondern die auch die sonst dem allgemeinen Rechtswidrigkeitsmerkmal vorbehaltene Gesamtbewertung zumindest mit umfassen.[434] Als klassische Beispiele gesamttatbewertender Tatbestandsmerkmale sind die „Verwerflichkeit" in § 240 Abs. 2 StGB, die „Zumutbarkeit" in § 323c StGB und die „grobe Verkehrswidrigkeit" in § 315c Abs. 1 Nr. 2 StGB zu nennen.[435]

1. Bündnis 90/Die Grünen

Nach dem Entwurf der Grünen sollen nur „rechtswidrige" Vorteile dem Straftatbestand des § 108e StGB unterfallen.[436] Wann ein Vorteil ein rechtswidrig ist, soll wie bei der Nötigung gemäß § 240 StGB davon abhängen, ob „seine Verknüpfung mit der Gegenleistung als verwerflich anzusehen ist". Die Verwendung einer sprachlich weit gefassten Verwerflichkeitsklausel wirft die Frage nach deren hinreichender Bestimmtheit gemäß Art. 103 Abs. 2 GG auf. Auch im Rahmen von § 240 StGB ist die Verwendung der Klausel bedenklich und nur aufgrund der inzwischen hierzu ergangenen Rechtsprechung als verfassungskonform anzusehen.[437] Während § 240 Abs. 2 StGB die Verwerflichkeit durch eine Zweck-Mittel-Relation zu konkretisieren versucht und dabei immerhin das jeweilige

---
[434] BeckOK-*Kudlich*, § 16 Rn. 18.
[435] So schon BeckOK-*Kudlich*, § 16 Rn. 18; vgl. ferner KK-*Rengier*, § 11 Rn. 46.
[436] BT-Drucks 17/5933.
[437] Siehe *Gärditz*, Stellungnahme 2012, S. 4.

Mittel, die Anwendung von Gewalt oder Androhung eines Übels, näher umschreibt, sind der von den Grünen vorgeschlagenen Klausel keinerlei Kriterien für eine Beurteilung der Verwerflichkeit zu entnehmen.[438] Zudem ist unklar, was die die Verknüpfung – abgesehen von der bereits durch die konkrete Unrechtsvereinbarung vorausgesetzten Kausalität – zu einer verwerflichen Verknüpfung macht.[439] Die drohenden Konsequenzen einer unpräzisen Beschränkung ähneln jenen, die auch gegen die Verwendung des Ausdrucks „parlamentarische Gepflogenheiten" sprechen.[440]

2. Die Linke

Noch problematischer im Hinblick auf die Bestimmtheit scheint die im Entwurf der Linken vorgesehene Beschränkung des § 108e StGB. Der Entwurf der Linken macht die Strafbarkeit davon abhängig, ob die zumindest einseitige Bereitschaft zum kausalen Austausch von Vorteil und Mandatshandlung der „aus dem Mandat folgenden rechtlichen Stellung [des Mandatsträgers] widerspricht".[441] Der Ausdruck „seiner rechtlichen Stellung widersprechend" ist zweifellos als normativ einzuordnen.[442] Da der Ausdruck aber nicht an ein einzelnes Merkmal anknüpft, sondern an das gesamte, den Tatbestand im Übrigen erfüllende Verhalten, wird er hier als gesamttatbewertendes Merkmal eingeordnet, obgleich er – anders als die Verwerflichkeitsklausel – keine Aussage über die Rechtswidrigkeit der Tat trifft.

Inwieweit das beschriebene Tatgeschehen der rechtlichen Stellung des Mandatsträgers widerspricht, ist unklar. Laut den Entwurfsverfassern soll dies anhand der Beziehung des Vorteils zu der damit verknüpften Handlung des Mandatsträgers ermittelt werden.[443] Die Anforderungen an die Beziehung zwischen Vorteil und Mandatshandlung bringt aber bereits die konkrete Unrechtsvereinbarung zum Ausdruck, die der Entwurf der Linken

---

[438] *Heinrich*, Stellungnahme, S. 30; ferner *Gärditz*, Stellungnahme 2012, S. 4.
[439] Vgl. *Schwarz*, Stellungnahme 2012, S. 4.
[440] Siehe oben 2.Teil B II 2 d) aa) (2).
[441] BT-Drucks. 17/1412, S. 4.
[442] BT-Drucks. 17/1412, S. 3, 5 und 7.
[443] BT-Drucks. 17/1412, S. 5 und 7.

C. Ausgestaltung durch einen Sondertatbestand 135

ebenfalls voraussetzt. Insofern ist damit für die Konkretisierung der zusätzlichen Beschränkung nichts gewonnen. Zudem fehlt es an Kriterien oder anderweitigen Anhaltspunkten für eine Abgrenzung. Anders als bei Amtsträgern ist die „Stellung" von Bundestagsabgeordneten einfachgesetzlich nicht vorgezeichnet.[444] Nach dem Willen des Verfassungsgebers ist vielmehr die in Art. 38 Abs. 1 S. 2 GG verankerte grundsätzliche Weisungsfreiheit des Abgeordneten das prägende Merkmal seines Status.

Aus dem gleichen Grund ist auch die Verwendung von Merkmalen wie „pflichtwidrig" oder „pflichtgemäß" zu vermeiden. Denn hierdurch würden die sich grundlegend voneinander unterscheidenden Stellungen von Abgeordneten und Amtsträgern in unzulässiger Weise miteinander vermengt. Zwar unterliegen auch Abgeordnete diversen Pflichten, wie etwa der Pflicht zur Anzeige bestimmter Nebentätigkeiten und Einkünfte, allerdings existieren für Abgeordnete keine Vorgaben darüber, unter welchen Umständen sie ihr Mandat auf welche Weise auszuüben haben. Anders als Amtsträger im Hinblick auf ihre Diensthandlungen, sind Abgeordnete in ihrer Mandatsausübung frei.[445]

Demnach ist auch die von der Linken vorgeschlagene Beschränkung mittels des Ausdrucks „seiner rechtlichen Stellung widersprechend" dem Vorwurf mangelnder Bestimmtheit ausgesetzt.

3. Ergebnis

Die von den Grünen und der Linken vorgeschlagenen Beschränkungen verdeutlichen, dass normative Tatbestandsmerkmale, die an den gesamten Tatbestand anknüpfen, einer inhaltlichen Konkretisierung bedürfen, um den Anforderungen des verfassungsrechtlichen Bestimmtheitsgebots zu genügen. Dies gilt unabhängig davon, welche Formulierung letztlich herangezogen wird. Zur inhaltlichen Konkretisierung kommt eine Heranziehung der für die Rechtsstellung von Abgeordneten maßgeblichen Vorschriften in Betracht, auch wenn diese Möglichkeit weder in dem Entwurf der Grünen noch in dem der Linken vorgesehen war. Der Grünen-Entwurf ordnet die Entgegennahme von Vorteilen, die nach den Verhaltensregeln

---

[444] Ähnlich *Gärditz*, Stellungnahme 2012, S. 3.
[445] Siehe hierzu 3.Teil B.

zulässig ist oder gegen die Spendenannahmeverbote des § 25 Abs. 2 PartG verstößt, unabhängig von der gesondert vorzunehmenden Verwerflichkeitsprüfung als rechtmäßig beziehungsweise rechtswidrig ein.[446] Im Entwurf der Linken dagegen werden die Verhaltensregeln und Annahmeverbote noch nicht einmal erwähnt.[447]

Aber selbst wenn die vorgeschlagenen Beschränkungen durch eine Heranziehung der für die Rechtsstellung von Abgeordneten maßgeblichen Vorschriften konkretisiert würden, ist deren hinreichende Bestimmtheit zweifelhaft. Denn im Strafrecht wird das Bestimmtheitsgebot als Optimierungsgebot verstanden.[448] Danach ist der Gesetzgeber gehalten, Strafnormen so bestimmt wie möglich auszugestalten, also jede unnötige Unbestimmtheit zu vermeiden.[449] Eine differenzierte Ausklammerung, wie gegenwärtig in § 108e Abs. 4 StGB vorgesehen, wird diesem Gebot aber deutlich besser gerecht. Absatz 4 beschränkt den Straftatbestand durch verschiedene Ausklammerungen. In Satz 1 unter Verweis auf die für die Rechtsstellung von Abgeordneten maßgeblichen Vorschriften und die offene Formulierung „insbesondere", in Satz 2 Nummer 1 durch eine konkrete Benennung und in Satz 2 Nummer 2 schließlich mittels eines Teilblankettverweises. Diese differenzierte Beschränkung ist bestimmter, als die Ausklammerung anhand eines einzigen Merkmals oder Ausdrucks, dessen Auslegung dem Gesetzesanwender überlassen wird. Insofern ist die gegenwärtige Ausklammerung in § 108e Abs. 4 StGB einer sich auf den gesamten Tatbestand beziehenden Beschränkung mittels eines normativen Merkmals vorzuziehen.

II. Beschränkung durch konkrete Auflistung von Vorteilen

Des Weiteren kommt eine Beschränkung des Straftatbestands durch eine konkrete Auflistung bestimmter Vorteile in Betracht. Hierzu könnten entweder sämtliche Konstellationen konkret beschrieben werden, in denen die

---

[446] Siehe BT-Drucks. 17/5933, S. 4.
[447] Siehe BT-Drucks. 17/1412.
[448] Siehe *Duttge*, S. 186 m.w.N; vgl. auch Leipold/Tsambikakis/Zöller-*Gaede*, § 1 Rn. 19.
[449] Hierzu *Duttge*, S. 186 m.w.N.; ferner *Heinrich*, Stellungnahme, S. 2 unter konkretem Bezug auf § 108e StGB.

C. Ausgestaltung durch einen Sondertatbestand

Entgegennahme von Vorteilen durch einen Abgeordneten strafbar sein soll, oder aber nur jene Vorteilsannahmen genannt werden, die nicht als strafwürdig einzuordnen sind. Konkret ist an die Aufnahme eines allgemeingültigen Katalogs mit Regelbeispielen für strafbare oder straflose Vorteile zu denken.[450]

Der große Vorteil einer solchen Konkretisierung liegt auf der Hand. Eine katalogartige Auflistung ermöglicht eine eindeutige Abgrenzung zwischen noch zulässigen und bereits strafbaren Verhaltensweisen und wahrt gleichzeitig die Anforderungen des verfassungsrechtlichen Bestimmtheitsgebots.[451] Nichtsdestotrotz scheidet eine vollständige Auflistung sowohl der strafbaren wie auch der zulässigen Vorteilszuwendungen zur Beschränkung des § 108e StGB aus. Einerseits birgt eine Auflistung sämtlicher Konstellationen strafbarer oder zulässiger Vorteilsannahmen die Gefahr von Strafbarkeitslücken, andererseits droht die Uferlosigkeit des Straftatbestands.[452] Das Problem einer ausufernden Strafnorm wird dadurch verstärkt, dass § 108e StGB ganz unterschiedliche Mandatsträger erfasst, für die unterschiedliche Regelungen gelten können, die wiederum jeweils vollständig erfasst werden müssten.[453] Dabei müssen Widersprüche zu bereits vorhandenen Regelungen anderer Gesetzgeber zur Wahrung der Einheit der Rechtsordnung vermieden werden. Unabhängig von der drohenden Uferlosigkeit steht zu befürchten, dass die Ausklammerung zu kasuistisch würde und den Besonderheiten des jeweiligen Einzelfalls nicht mehr gerecht werden könnte.[454] Schließlich wäre eine umfassende Regelung innerhalb des Strafgesetzbuchs unflexibel und würde eine schnelle Reaktion auf sich wandelnde Vorstellungen und Verhältnisse erschweren.[455]

Denkbar ist hingegen, nur bestimmte Vorteile durch eine konkrete Benennung aus dem Anwendungsbereich auszunehmen, wie das gegenwärtig in

---

[450] Hierzu BT-Drucks. 18/607, S. 8.
[451] Ähnlich BT-Drucks. 18/607, S. 8.
[452] Siehe oben 3.Teil C II.
[453] So auch BT-Drucks. 18/607, S. 8.
[454] Ähnlich BT-Drucks. 18/607, S. 8; BVerfGE 48, 48 (56); *Jäckle*, Stellungnahme 2012, S. 9 weist auf die große Gefahr von Gesetzeslücken hin.
[455] Vgl. BVerfGE 48, 48 (56); vgl. ferner BT-Drucks. 18/607, S. 8.

§ 108e Abs. 4 S. 2 Nr. 1 StGB der Fall ist. Danach stellen weder ein politisches Mandat noch eine politische Funktion einen ungerechtfertigten Vorteil dar. In ähnlicher Weise klammerten bereits die Gesetzesentwürfe der SPD[456] und des Landes Nordrhein-Westfalen[457] politische Mandate und politische Funktionen aus dem Vorteilsbegriff der Strafnorm aus. Diese Einschränkung ist sinnvoll, um Fälle sogenannter politischer Tausch- oder Gegenseitigkeitsgeschäfte dem Anwendungsbereich der Norm zu entziehen.[458] Ein auf diese Weise erlangtes Amt stellt keinen strafwürdigen Vorteil dar und sollte dementsprechend aus dem Anwendungsbereich des § 108e StGB ausgeklammert werden.[459]

III. Beschränkung durch Blankettgesetze

Weitere Möglichkeiten bei der Ausgestaltung eines Sondertatbestands bietet die Blanketttechnik. Ein Blankettgesetz liegt vor, wenn der Tatbestand bezüglich eines Teils oder des gesamten strafbaren Verhaltens auf Vorschriften außerhalb des Strafgesetzbuchs verweist, so dass sich ein vollständiger Straftatbestand erst durch eine Heranziehung der in Bezug genommenen Norm ergibt.[460] Aufgrund ihrer Bindung an Bezugsnormen anderer Regelungswerke werden Blankettstrafgesetze als akzessorisches Strafrecht bezeichnet. Blankettgesetze sind im deutschen Strafrecht allgegenwärtig und dem Gesetzgeber seit langem vertraut.[461] Die äußerst vielgestaltigen Erscheinungsformen der Blanketttechnik finden sich sowohl im Kern- als auch im Nebenstrafrecht sowie im Ordnungswidrigkeitenrecht.

---

[456] BT-Drucks. 17/8613.
[457] BR-Drucks. 174/13.
[458] Hierzu bereits oben 2.Teil B II 2 b) cc); ferner BT-Drucks. 17/5933, S. 5.
[459] So bereits *Heinrich*, Stellungnahme, S. 26 f. m.w.N.
[460] Ähnlich NK-*Puppe*, § 16 Rn. 18 f.
[461] Hierzu *Hohmann*, ZIS 2007, 38; ferner Maunz/Dürig-*Schmidt-Aßmann*, Art. 103 GG Rn. 202.

C. Ausgestaltung durch einen Sondertatbestand

1. Arten von Blankettgesetzen

Bei den Blankettstrafgesetzen sind zwei grundlegende Arten zu unterscheiden: zum einen die sogenannten reinen Blankettgesetze und zum anderen die sogenannten Teilblankettgesetze.

Reine Blankettstrafgesetze sind förmliche Gesetze, die selbst lediglich die Art und das Maß der Strafe bestimmen (sogenannte Blankettverweisungsnormen), die Festlegung von Ge- oder Verboten aber anderen Gesetzen, sonstigen Rechtsvorschriften oder Verwaltungsakten, den sogenannten Blankettausfüllungsnormen überlassen.[462] Der vollständige Straftatbestand ergibt sich somit erst aus dem Zusammenlesen von Verweisungsnorm und Ausfüllungsnorm, wobei der verfassungsrechtliche Bestimmtheitsgrundsatz des Art. 103 Abs. 2 GG für beide Normen gilt.[463]

Reine Blankettgesetze kennt das Strafgesetzbuch nicht, dafür aber einige Teilblankettgesetze.[464]. Als Teilblankettgesetze werden Strafnormen bezeichnet, die neben Art und Maß der Strafe auch einen Teil der Tatbestandsmerkmale enthalten, in denen aber auch ein oder mehrere Merkmale vorkommen, die lediglich auf die Tatbestände anderer Gesetze, sonstiger Vorschriften oder Verwaltungsakte verweisen.[465] Ein solches Blankettmerkmal ist beispielsweise „wer einer dem Schutz des Wahlgeheimnisses dienenden Vorschrift zuwiderhandelt" in § 107e StGB, „entgegen den Rechtsvorschriften über die Subventionsvergabe" in § 264 Abs. 1 Nr. 2 StGB, „gegen Rechtsvorschriften zur Sicherung der Schienenbahn, Schwebebahn, Schiffs- oder Luftverkehrs verstößt" in § 315a StGB, „unter Verletzung verwaltungsrechtlicher Pflichten" in §§ 324a, 325 und 325a StGB oder „entgegen einer aufgrund des Bundes-Immissionsschutzgesetzes erlassenen Rechtsverordnung" in § 329 StGB.[466]

---

[462] Siehe Maunz/Dürig-*Schmidt-Aßmann*, Art. 103 GG Rn. 199 m.w.N.
[463] *Walter*, S. 360.
[464] NK-*Puppe*, § 16 Rn. 18.
[465] NK-*Puppe* § 16 Rn. 19.
[466] NK-*Puppe*, § 16 Rn. 19 mit weiteren Beispielen.

2. Zweck von Blankettgesetzen

Es gibt verschiedene Gründe für den Gesetzgeber, auf die Blankettechnik zurückzugreifen. Die wichtigsten Gründe, die sowohl kumulativ als auch alternativ vorliegen können, sollen nachfolgend kurz dargestellt werden.

Zunächst bieten Blanketttatbestände die erforderliche Flexibilität, um kurzfristig auf Änderungen und Umbrüche in Gesellschaft, Politik und Wissenschaft reagieren zu können.[467] Insbesondere in den Bereichen Technik und Forschung können neue Erkenntnisse und Entwicklungen eine schnelle Anpassung bestehender Gesetze erforderlich machen. Der Verweis auf untergesetzliche Rechtsvorschriften, die ohne Durchlaufen eines förmlichen Gesetzgebungsverfahrens geändert werden können, ermöglicht eine schnelle Anpassung.

Ein weiterer Grund für den Einsatz von Blankettgesetzen ist die Sicherstellung des Gleichlaufs verschiedener, aber inhaltlich aufeinander bezogener und das gleiche Ziel verfolgender Regelungssysteme.[468] Beispielhaft sei der Gleichlauf einer strafrechtlichen Sanktionierung mit der zivil- oder verwaltungsrechtlichen Erheblichkeit eines bestimmten Vergehens genannt.[469] Gleichzeitig wird widersprüchlicher und inkohärenter Gesetzgebung vorgebeugt, die insbesondere dadurch droht, dass bei Gesetzesänderungen vergessen wird, eine inhaltlich zusammenhängende Norm entsprechend anzupassen.[470]

Schließlich dient die mit einer Blankettverweisung einhergehende Verlagerung der Umschreibung des Tatrechts auf die Ausfüllungsnorm der besseren Übersichtlichkeit des Gesetzes und beugt der Ausuferung des Straftatbestands vor.[471] Auch werden überflüssige Wiederholungen im Gesetz vermieden.[472]

---

[467] MüKo-*Freund*, Vor §§ 95 ff. AMG Rn. 51; ferner *Hohmann*, ZIS 2007, 38 (42).
[468] *Böxler*, S. 256; siehe ferner MüKo-*Schmitz*, Vor §§ 324 ff. Rn. 42; ähnlich auch *Karpen*, S. 12 f.
[469] *Böxler*, S. 256; siehe ferner MüKo-*Schmitz*, Vor §§ 324 ff. Rn. 42 f.
[470] *Böxler*, S. 256.
[471] Hierzu *Böxler*, S. 257; ebenso *Karpen*, S. 11 f. am Beispiel von § 684 S. 1 BGB.
[472] *Böxler*, S. 257.

C. Ausgestaltung durch einen Sondertatbestand 141

3. Ausgestaltung des § 108e StGB als Blankettgesetz

Für eine Ausgestaltung des § 108e StGB als Blankettgesetz ist zunächst das Vorhandensein geeigneter Ausfüllungsnormen erforderlich. Mit Blick auf den Regelungsgegenstand von § 108e StGB können zur Ausfüllung nur solche Vorschriften herangezogen werden, welche die Rechtsstellung von Abgeordneten betreffen. Entsprechende Regelungen finden sich im Abgeordnetengesetz, im Parteiengesetz und in der Geschäftsordnung des Deutschen Bundestages unter Einbeziehung der in Anlage 1 geregelten Verhaltensregeln einschließlich der dazugehörigen Ausführungsbestimmungen. Die von diesen Vorschriften als Ausfüllungsnormen in Betracht kommenden Regelungen lassen sich zwei Gruppen zuordnen. Das sind zum einen die an die Mitglieder des Deutschen Bundestages gerichteten Annahmeverbote. Dabei handelt es sich im Einzelnen um das Verbot von Interessentenzahlungen gemäß § 44a Abs. 2 S. 2 AbgG, das Verbot arbeitsloser Einkommen gemäß § 44a Abs. 2 S. 3 AbgG und die in § 4 Abs. 4 VR i.V.m. § 25 Abs. 2 PartG normierten Spendenannahmeverbote. Zum anderen bietet sich eine Ausfüllung durch diejenigen Vorschriften der Verhaltensregeln an, die konkrete Verhaltensgebote normieren. Das sind die Pflichten zur Anzeige bestimmter Tätigkeiten neben dem Mandat und der daraus resultierenden Einkünfte sowie anderweitiger Zuwendungen, insbesondere Spenden.

Die Heranziehung der Anzeigepflichten und Annahmeverbote als Blankettausfüllungsnormen ist in mehrfacher Hinsicht problematisch. Zunächst bestehen inhaltliche Bedenken, wobei diese in Abhängigkeit davon, ob es um die Ausfüllung eines reinen Blankettgesetzes oder eines Teilblankettgesetzes geht, variieren. Darüber hinaus muss die blankettgesetzliche Ausgestaltung mit dem Verfassungsrecht vereinbar sein. Von besonderer Bedeutung sind dabei die verfassungsrechtlichen Gewährleistungen aus Art. 103 Abs. 2 GG und Art. 104 Abs. 1 S. 1 GG. Mit Blick auf die neben Bundestagsabgeordneten von § 108e StGB erfassten Mandatsträger bestehen schließlich auch im Hinblick auf die praktische Umsetzung Bedenken.

a) Inhaltliche Bedenken

Zunächst ist zu prüfen, ob sich die Annahmeverbote und Anzeigepflichten inhaltlich dazu eignen, zur Ausfüllung von Blankettgesetzen herangezogen zu werden.

aa) Ausfüllung eines reinen Blankettgesetzes durch Annahmeverbote

Eine Heranziehung der Annahmeverbote zur Ausfüllung eines reinen Blankettgesetzes scheidet aus. Da die Verweisungsnorm eines reinen Blankettgesetzes keine Tatbestandsvoraussetzungen enthält, eignen sich als Ausfüllungsnormen nur solche Vorschriften, die das strafbare Verhalten vollständig und abschließend umschreiben. Hierfür müssten die Annahmeverbote das gesamte verbotene Verhalten einschließlich Normadressaten, Tathandlung und Tatobjekt umschreiben. Das ist aber nicht der Fall.

Das in § 25 Abs. 2 Nr. 7 PartG normierte Spendenannahmeverbot lautet „Von der Befugnis der Parteien, Spenden anzunehmen, ausgeschlossen sind: Spenden, die der Partei erkennbar in Erwartung oder als Gegenleistung eines bestimmten wirtschaftlichen oder politischen Vorteils gewährt werden". Dem Wortlaut nach richtet sich das Spendenannahmeverbot des § 25 Abs. 2 Nr. 7 PartG ebenso wie die übrigen in § 25 Abs. 2 PartG normierten Spendenannahmeverbote an Parteien. Für Spenden an Abgeordnete gelten die Verbote erst durch den ausdrücklichen Verweis in § 4 Abs. 4 VR. Schon deshalb eignet sich der Wortlaut – zumindest ohne einen entsprechenden Verweis auf die Verhaltensregeln – nicht als Ausfüllungsnorm eines reinen Blankettgesetzes. Ähnliches gilt hinsichtlich des in dem Verbot arbeitslosen Einkommens in § 44a Abs. 2 S. 3 AbgG enthaltenen Begriffs der angemessenen Gegenleistung, welcher durch § 8 Abs. 5 S. 2 VR näher bestimmt wird.

Zudem weist das Spendenannahmeverbot die gleichen Schwächen auf, aufgrund derer auch das in § 44a Abs. 2 S. 2 AbgG normierte Verbot von Interessentenzahlungen und das in § 44a Abs. 2 S. 3 AbgG normierte Verbot arbeitsloser Einkommen als Ausfüllungsnormen eines reinen Blankettgesetzes ausscheiden. Alle drei Verbote richten sich ausschließlich an Abgeordnete beziehungsweise Parteien. Würde ein reines Blankettgesetz auf

C. Ausgestaltung durch einen Sondertatbestand 143

die Verbote verweisen, würden nur Fälle von Bestechlichkeit erfasst werden, während das spiegelbildliche Verhalten des Vorteilsgebers, die Mandatsträgerbestechung, straflos bliebe. Des Weiteren erklären die Verbote lediglich die Annahme bestimmter Zuwendungen für unzulässig, während das vorgelagerte Fordern und Sich-Versprechen-Lassen nicht erwähnt werden. Insofern wäre die ein- oder auch beidseitig geäußerte Bereitschaft zur Vorteilsannahme straflos. Sowohl die Einbeziehung des Gewährens wie auch die Erfassung der Vorstufen der Annahme und Gewährung in Form der diesbezüglichen Bereitschaft sind unter Rechtsschutzgesichtspunkten unerlässlich. Ähnliches gilt in Bezug auf immaterielle Zuwendungen. Die Annahmeverbote beziehen sich ihrem Wortlaut nach nur auf geldwerte Zuwendungen. Die Notwendigkeit der Einbeziehung immaterieller Vorteile in den Anwendungsbereich des § 108e StGB wurde bereits erläutert.[473] Insofern eignen sich die drei Annahmeverbote weder ihrem Wortlaut nach noch inhaltlich als Ausfüllungsnormen eines reinen Blankettgesetzes.

bb) Ausfüllung eines reinen Blankettgesetzes durch Anzeigepflichten

Ebenso wenig eignen sich die in den Verhaltensregeln normierten Anzeigepflichten als Ausfüllungsnormen eines reinen Blankettgesetzes. Die in den Verhaltensregeln enthaltenen Anzeigepflichten beschreiben gar kein korruptives oder anderweitig strafwürdiges Verhalten von Abgeordneten, geschweige denn ein solches Verhalten gegenüber Abgeordneten. Die Anzeigepflichten enthalten lediglich Regelungen darüber, ob und wie der Abgeordnete bestimmte Zuwendungen offenzulegen hat. Zwar geht es dabei um die Anzeige von solchen Tätigkeiten und Einkünften, die grundsätzlich geeignet sind, Interessenkonflikte auszulösen. Dennoch kann der Verstoß gegen eine Anzeigepflicht nicht mit der unlauteren Verknüpfung von Vorteil und Mandatshandlung gleichgesetzt werden. Gerade diese Verknüpfung macht aber den Unrechtskern der Bestechung und Bestechlichkeit von Abgeordneten aus.

Auch unter Wertungsgesichtspunkten ist eine Heranziehung der Anzeigepflichten zur Ausfüllung eines reinen Blankettgesetzes abzulehnen. An-

---

[473] Siehe oben 1.Teil B II 3 u. 2.Teil B II 1 a).

dernfalls würde jeder Verstoß gegen eine der Anzeigepflichten eine strafrechtliche Sanktionierung nach sich ziehen. Dies widerspräche aber dem ultima-ratio-Grundsatz, wonach das Strafrecht erst dann zum Einsatz kommen soll, wenn alle anderen Maßnahmen versagen oder ungeeignet sind.[474] Zudem erscheint eine strafrechtliche Sanktionierung, insbesondere die Möglichkeit der Verhängung einer Freiheitsstrafe, angesichts der bloßen Verletzung einer Anzeigepflicht unverhältnismäßig.[475] Dies verdeutlicht der Blick auf das in §§ 44a Abs. 4 S. 2 bis 5, 44b Nr. 5 AbgG i.V.m. § 8 Abs. 1 bis 4 VR für Verstöße gegen die Anzeigepflichten geregelte Verfahren einschließlich der vorgesehenen Sanktionen. Die Verletzung von in den Verhaltensregeln festgeschriebenen Pflichten wird bei leichteren Verstößen mit einer Ermahnung und im Übrigen mit einer Veröffentlichung des Verstoßes als Drucksache geahndet, §§ 44a Abs. 4 S. 2 bis 5, 44b Nr. 5 AbgG i.V.m. § 8 Abs. 2 VR. Außerdem kann das Bundestagspräsidium gegen Mitglieder, die ihre Anzeigepflichten verletzt haben, gemäß § 44a Abs. 4 S. 2 AbgG, § 8 Abs. 4 VR ein Ordnungsgeld festsetzen, dessen Höhe die Hälfte der jährlichen Abgeordnetenentschädigung erreichen darf. Diese Sanktionen bleiben weit hinter einer strafrechtlichen Sanktionierung in Form einer Geld- oder gar Freiheitsstrafe zurück, die gegebenenfalls noch durch Nebenstrafen wie der Aberkennung des Wahlrechts in Kombination mit dem Verlust des Bundestagsmandats ergänzt werden kann.

cc) Ausfüllung eines Teilblanketts durch Annahmeverbote

Die Ausfüllung eines Blankettgesetzes kann allerdings auch durch Vorschriften erfolgen, die nur einen Teil der Strafbarkeitsvoraussetzungen enthalten oder spezifizieren. Die Annahmeverbote beschreiben Umstände, bei deren Vorliegen die Annahme bestimmter Zuwendungen beziehungsweise Spenden durch den Abgeordneten unzulässig ist. Insofern kommt eine Konkretisierung beziehungsweise Beschränkung des Vorteilsbegriffs durch die Annahmeverbote in Betracht.

Dabei müssen mehrere Ausgestaltungsmöglichkeiten unterschieden werden. Eine Möglichkeit besteht darin, allein anhand der Annahmeverbote zu

---

[474] So schon *Hartmann*, S. 175 f.
[475] *Hartmann*, S. 175 f.

C. Ausgestaltung durch einen Sondertatbestand 145

bestimmen, ob ein Vorteil als „ungerechtfertigt" im Sinne des § 108e StGB einzuordnen ist.[476] Als zweite Möglichkeit ist denkbar, einen Vorteil immer dann aus dem Anwendungsbereich von § 108e StGB auszunehmen, wenn seine Entgegennahme im Einklang mit den drei Annahmeverboten steht, also gegen keines dieser Verbote verstößt. Anknüpfungspunkt einer solchen Ausklammerung kann dabei entweder der Vorteilsbegriff selbst[477] sein oder aber der Zusatz „ungerechtfertigt".[478] Sofern dem Begriff „ungerechtfertigt" über die Ausklammerung hinaus kein eigenständiger Bedeutungsinhalt zukommt, ist von einer Anknüpfung an diesen Begriff abzusehen und die Ausklammerung stattdessen anhand des Vorteilsbegriffs selbst vorzunehmen. Die schwerwiegenden Probleme, die eine Anknüpfung an den Begriff „ungerechtfertigt" mit sich bringt, ohne dass diesem ein eigenständiger Anwendungsbereich zukommt, wurden bereits dargelegt.[479]

Insofern bleiben die Möglichkeiten einer positiven Bestimmung „ungerechtfertigter" Vorteile einerseits und einer Ausklammerung bestimmter Vorteile aus dem Anwendungsbereich des § 108e StGB andererseits übrig. Die jeweiligen Folgen dieser zwei Optionen weichen stark voneinander ab. Das ist vor allem darauf zurückzuführen, dass sich die Annahmeverbote nur auf geldwerte Zuwendungen beziehen. Eine Bestimmung des Begriffs „ungerechtfertigt" allein anhand der Annahmeverbote hätte daher zur Folge, dass nur geldwerte Vorteile der Strafnorm unterfallen können. Alle nicht geldwerten Vorteile wären schon deswegen nicht „ungerechtfertigt", weil sie mangels Geldwert keinem der Annahmeverbote unterfallen. Diese Folge ist nicht hinnehmbar, so dass eine Ausfüllung des Begriffs „ungerechtfertigt" allein anhand der Annahmeverbote ausscheidet. Die Erforderlichkeit der Einbeziehung von immateriellen Vorteilen in den Anwendungsbereich von § 108e StGB wurde bereits dargelegt.[480] Hinzu kommt,

---

[476] Beispiel: „Ein Vorteil ist ungerechtfertigt, wenn seine Annahme gegen eines der in §§ 44a Abs. 2 S. 2 bis 3, 44a Abs. 2 S. 3 AbgG oder § 25 Abs. 2 PartG i.V.m. § 4 Abs. 4 VR normierten Annahmeverbote verstößt."
[477] Beispiel: „Ein Vorteil im Sinne dieser Vorschrift liegt nicht vor, wenn seine Annahme im Einklang mit den in §§ 44a Abs. 2 S. 2, 44a Abs. 2 S. 3 AbgG oder § 25 Abs. 2 PartG i.V.m. § 4 Abs. 4 VR normierten Annahmeverboten steht."
[478] Beispiel: „Ein ungerechtfertigter Vorteil liegt nicht vor, wenn seine Annahme im Einklang mit den in §§ 44a Abs. 2 S. 2, 44a Abs. 2 S. 3 AbgG oder § 25 Abs. 2 PartG i.V.m. § 4 Abs. 4 VR normierten Annahmeverboten steht."
[479] Siehe hierzu unter 2.Teil B. II. 2. c) bb) (2).
[480] Siehe oben 1.Teil B II 3 u. 2.Teil B II 1 a).

dass eine Beschränkung des Anwendungsbereichs des § 108e StGB auf geldwerte Zuwendungen nicht zum Vorteilsbegriff des § 108e StGB passt, dem nicht nur materiell, sondern auch immateriell besserstellende Leistungen unterfallen.

Bei einer Ausklammerung bestimmter Vorteile aus dem Anwendungsbereich von § 108e StGB spielt es dagegen keine Rolle, wenn von dieser lediglich geldwerte Zuwendungen erfasst werden. In diesem Fall würde in Bezug auf geldwerte Zuwendungen geprüft, ob diese gegen eines der drei Annahmeverbote verstoßen oder nicht. Bezüglich aller anderen, nicht geldwerten Vorteile würde § 108e StGB ganz normal weitergeprüft werden, sie wären demnach nicht aus dem Anwendungsbereich ausgeklammert. Vor diesem Hintergrund scheint ein Teilblankettverweis auf die Annahmeverbote zur Ausklammerung bestimmter Vorteile möglich, wobei es ratsam wäre, auch bezüglich nicht geldwerter Vorteile Ausnahmen aus dem Vorteilsbegriff zu schaffen.

Schließlich ist zu beachten, dass eine Bezugnahme auf die Annahmeverbote zu einer weitgehenden Überschneidung mit einigen der übrigen Tatbestandsmerkmale führt. Den Kern des Straftatbestands der Mandatsträgerbestechung bildet die qualifizierte Unrechtsvereinbarung, die eine mindestens einseitige Bereitschaft zum Abschluss einer Verständigung über den kausalen Austausch von Vorteil und Mandatshandlung fordert.[481] Inhaltlich ist diese Forderung aber bereits weitgehend im Interessentenzahlungsverbot sowie dem Spendenannahmeverbot enthalten. Der wesentliche Unterschied besteht darin, dass die Formulierung der Unrechtsvereinbarung dem Normadressaten bereits aus anderen Tatbeständen des Strafgesetzbuchs hinlänglich bekannt ist. Darüber hinaus ist die Unrechtsvereinbarung auch klarer gefasst als die genannten Annahmeverbote, welche trotz inhaltlicher Parallelen recht unterschiedlich formuliert sind.[482] Zudem richten sich die Annahmeverbote ausschließlich an Abgeordnete, nicht aber an potentielle Vorteilsgeber. Die mit der Überschneidung einhergehende Doppelprüfung ist zwar nicht erstrebenswert, steht aber einem Teilblankettverweis auf die Annahmeverbote nicht entgegen. Immerhin wird

---

[481] Siehe oben 2.Teil B III 2.
[482] Siehe 2.Teil B II 2 b) aa) (2) (a) (bb) u. (cc) sowie 2.Teil B II 2 b) aa) (2) (b).

C. Ausgestaltung durch einen Sondertatbestand 147

auf diese Weise betont, dass Abgeordnete zur Entgegennahme bestimmter Vorteile grundsätzlich berechtigt sind.

Zusammenfassend kann festgehalten werden, dass sich die Annahmeverbote inhaltlich nicht zur Bestimmung des Begriffs „ungerechtfertigt" eignen. Denkbar ist hingegen eine Konkretisierung „ungerechtfertigter" Vorteile durch eine Ausklammerung bestimmter Vorteile mittels Teilblankettverweis auf die Annahmeverbote.

dd) Ausfüllung eines Teilblanketts durch Anzeigepflichten

Anders als bei einem reinen Blankettgesetz existiert bei der Ausfüllung eines Teilblanketts nicht das Problem, dass das strafbare Verhalten ausschließlich in einem Verstoß gegen die Anzeigepflichten besteht. Vielmehr würden die Anzeigepflichten nur eines von mehreren Tatbestandsmerkmalen des § 108e StGB ausfüllen beziehungsweise konkretisieren. Mit Blick auf den Regelungsgegenstand der Anzeigepflichten bietet sich eine Konkretisierung des Vorteilsbegriffs an. Für die Beurteilung der inhaltlichen Eignung der Anzeigepflichten als Ausfüllungsnormen kommt es – wie bei den Annahmeverboten – auf die konkrete Ausgestaltung einer solchen Teilblankettregelung an.

Eine Konkretisierung dergestalt, dass ungerechtfertigt nur solche Vorteile sind, bezüglich derer der Abgeordnete gegen seine Anzeigepflichten verstoßen hat, macht keinen Sinn. Denn auch bei der Konkretisierung nur eines Merkmals würde die Verletzung der Anzeigepflichten zu einer Strafbarkeitsvoraussetzung gemacht. Eine unterbliebene Anzeige kann aber nur ein Indiz für die Unzulässigkeit der jeweiligen Tätigkeit, Einkunft oder Spende sein und darf daher nicht als alleiniges Kriterium für die Bestimmung eines ungerechtfertigten Vorteils herangezogen werden. Gegen eine solche Anknüpfung spricht zudem, dass Abgeordneten die Ausübung von anzeigepflichtigen Tätigkeiten dem Grunde nach ebenso erlaubt ist wie die Entgegennahme von anzeigepflichtigen Einkünften oder Spenden. Wären Ausübung und Entgegennahme grundsätzlich unzulässig, würde die Pflicht zu ihrer Anzeige keinen Sinn ergeben. Insofern darf aus einem Verstoß gegen die Anzeigepflichten nicht auf das Vorliegen eines ungerechtfertigten Vorteils geschlossen werden. Eine diesbezügliche Konkretisierung kommt demnach nicht in Betracht. Aus den gleichen Gründen scheidet auch eine Ausklammerung nicht strafwürdiger Vorteile anhand der Anzeigepflichten aus. Dies gilt unabhängig davon, ob als Anknüpfungspunkt einer solchen Ausklammerung der Vorteilsbegriff selbst oder aber der Zusatz „ungerechtfertigt" gewählt wird.[483]

Denkbar ist allerdings eine Beschränkung des Vorteilsbegriffs durch Ausklammerung bestimmter Vorteile anhand der Anzeigepflichten in Verbindung mit den Annahmeverboten. Den Anzeigepflichten kann konkludent entnommen werden, welche Nebentätigkeiten ein Abgeordneter ausüben und welche Vorteile er dem Grunde nach entgegennehmen darf. Zu diesen Vorteilen zählen vor allem Einkünfte aus den besagten Nebentätigkeiten sowie Spenden. Konkrete Vorgaben darüber, in welchen Fällen die Annahme jener Vorteile unzulässig ist, lassen sich wiederum den Annahmeverboten entnehmen. Insofern könnte in einem ersten Schritt anhand der Anzeigepflichten ermittelt werden, welche Zuwendungen ein Abgeordneter grundsätzlich annehmen darf und in einem zweiten Schritt anhand der Annahmeverbote geprüft werden, ob die ermittelten Zuwendungen einen der drei Verbotstatbestände erfüllen. Ist dies zu verneinen, so liegt auch kein Vorteil im Sinne des § 108e StGB vor. Weil die Annahmeverbote sich nur auf geldwerte Zuwendungen beziehen, kann durch die Heranziehung der Anzeigepflichten in Kombination mit den Annahmeverboten aber lediglich ermittelt werden, wann kein Vorteil im Sinne des § 108e StGB vorliegt. Eine positive Bestimmung, ob ein „ungerechtfertigter" Vorteil vorliegt, ist dagegen nicht möglich.

ee) Zwischenergebnis

Weder die Annahmeverbote noch die Anzeigepflichten eignen sich inhaltlich zur Ausfüllung eines reinen Blankettgesetzes. Ein Teilblankettverweis auf die Annahmeverbote und Anzeigepflichten zur Ausklammerung nicht ungerechtfertigter Vorteile aus dem Anwendungsbereich von § 108e StGB kommt hingegen in Betracht.

---

[483] Vgl. hierzu oben 3.Teil C III 3 a) cc).

C. Ausgestaltung durch einen Sondertatbestand

b) Verfassungsrechtliche Bedenken (Art. 103 Abs. 2 und Art. 104 Abs. 1 S. 1 GG)

Ungeachtet der inhaltlichen Bedenken ist die Heranziehung der genannten Regelungen als Ausfüllungsnormen auch unter verschiedenen verfassungsrechtlichen Gesichtspunkten bedenklich. In Abhängigkeit von der konkreten Ausgestaltung des Blankettgesetzes ergeben sich dabei unterschiedliche verfassungsrechtliche Problemstellungen. Insofern muss bei der Beurteilung der Verfassungsmäßigkeit zum einen zwischen Verweisungen auf die Anzeigepflichten und Verweisungen auf die Annahmeverbote, zum zweiten zwischen dynamischen und statischen Verweisungen und zum Teil auch zwischen reinen Blankettgesetzen und Teilblankettgesetzen differenziert werden.

Blankettgesetze müssen in ihrer Gesamtheit, das heißt sowohl hinsichtlich der Verweisungsnorm als auch hinsichtlich der Ausfüllungsnorm, den verfassungsrechtlichen Anforderungen des Art. 103 Abs. 2 GG genügen.[484] Gemäß Art. 103 Abs. 2 GG kann eine Tat nur bestraft werden, wenn die Strafbarkeit gesetzlich bestimmt war, bevor die Tat begangen wurde. Hiervon erfasst werden in erster Linie das für die Gesetzgebung wesentliche Bestimmtheitsgebot, das an die Rechtsprechung gerichtete Verbot strafbegründender Analogie sowie die Verbote gewohnheitsrechtlicher und rückwirkender Strafbegründung.[485] Für den Gesetzgeber lässt sich aus diesen Vorgaben zweierlei ableiten. Einerseits geht es um den rechtsstaatlichen Schutz des Normadressaten. Der Gesetzgeber hat Strafnormen so zu fassen, dass der Einzelne den geschützten Wert der Norm, das Bestrafungsrisiko, das Verbot bestimmter Handlungsweisen sowie die staatliche Reaktion erkennen und vorhersehen kann.[486] Insofern hat Art. 103 Abs. 2 GG eine freiheitsgewährleistende Funktion.[487] Andererseits soll sichergestellt werden, dass der Gesetzgeber selbst abstrakt-generell über die Strafbarkeit entscheidet.[488] Insoweit enthält Art. 103 Abs. 2 GG einen strengen Gesetzesvorbehalt, der es der vollziehenden und der rechtsprechenden Gewalt

---

[484] *Hohmann*, ZIS 2007, 38 (43).
[485] Ständige Rechtsprechung, BVerfGE 126, 170 (194) m.w.N.
[486] Siehe hierzu BVerfGE 48, 48 (56 f).
[487] BVerfGE 75, 329 (341).
[488] BVerfGE 75, 329 (341).

verwehrt, die normativen Voraussetzungen einer Bestrafung festzulegen.[489] Ergänzt wird der Gesetzesvorbehalt durch Art. 104 Abs. 1 S. 1 GG, wonach der Gesetzgeber beim Erlass einer Freiheitsstrafe androhenden Strafvorschrift mit hinreichender Deutlichkeit selbst zu bestimmen hat, was strafbar sein soll, und die Art sowie das Maß der Freiheitsstrafe in einem förmlichen Gesetz festzulegen hat.[490]

Welchen Grad an gesetzlicher Bestimmtheit der einzelne Straftatbestand haben muss, lässt sich nach alldem nicht allgemein sagen.[491] Deshalb ist im Wege einer wertenden Gesamtbetrachtung unter Berücksichtigung möglicher Regelungsalternativen zu entscheiden, ob der Gesetzgeber seinen Verpflichtungen aus Art. 103 Abs. 2 GG im Einzelfall nachgekommen ist.[492] Zu prüfen sind die Besonderheiten des jeweiligen Straftatbestands einschließlich der Umstände, die zu der gesetzlichen Regelung führen, wobei der Gesetzgeber – auch im Hinblick auf Art. 104 Abs. 1 S. 1 GG – die Strafbarkeitsvoraussetzungen umso genauer festlegen und präziser bestimmen muss, je schwerer die von ihm angedrohte Strafe ist.[493] Auch der Kreis der Normadressaten ist von Bedeutung.[494]

aa) Dynamische Verweisungen

Bei Blankettgesetzen muss zwischen dynamischen und statischen Verweisungen unterschieden werden. Statische Verweisungen zeichnen sich dadurch aus, dass der Verweis auf Ausfüllungsnormen in einer zum Zeitpunkt des Erlasses der Verweisungsnorm bestimmten feststehenden Fassung gerichtet ist, weswegen nachträgliche Änderungen der Ausfüllungsnormen keinen Einfluss auf den Inhalt der Verweisungsnorm haben.[495] Dynamische Verweise beziehen sich dagegen auf die jeweils gültige Fassung

---

[489] BVerfGE 75, 329 (341).
[490] BVerfGE 75, 329 (342).
[491] BVerfGE 126, 170 (196).
[492] BVerfGE 126, 170 (196).
[493] BVerfGE 126, 170 (196) m.w.N.
[494] BVerfGE 126, 170 (196).
[495] Vgl. Leupold/Glossner-*Cornelius*, Teil 10 Rn. 8.

C. Ausgestaltung durch einen Sondertatbestand

der Ausfüllungsnorm.[496] Damit bewirkt jede nach Inkrafttreten der Verweisungsnorm vorgenommene Änderung der Ausfüllungsnorm eine Änderung des Inhalts des Straftatbestands insgesamt.[497] Dynamische Verweisungen können zwar einen ausdrücklichen Hinweis auf die „jeweils gültige Fassung" enthalten, zwingend ist eine solche Angabe allerdings nicht.[498]

Dynamische Verweisungen auf Vorschriften außerhalb des Strafgesetzbuchs sind verfassungsrechtlich äußerst problematisch. Zunächst erschweren dynamische Verweisungen das Auffinden der Norm und unterliegen ständigen Veränderungen, was im Hinblick auf die von Art. 103 Abs. 2 GG geforderte Vorhersehbarkeit problematisch ist. Des Weiteren sind Ausfüllungsnormen dynamischer Verweisungen häufig keine förmlichen Gesetze, sondern Rechtsverordnungen, Verordnungen der Europäischen Union oder sogar Verwaltungsakte. Verweisen Blankettgesetze auf andere Rechtsakte als förmliche Gesetze, bestehen Bedenken an der Vereinbarkeit mit dem in Art. 103 Abs. 2 GG enthaltenen strengen Gesetzesvorbehalt, demzufolge der Gesetzgeber selbst über die Strafbarkeit zu entscheiden hat und nicht die vollziehende oder rechtsprechende Gewalt. Gleichzeitig ist die aus den materiellen Grundrechten abgeleitete Wesentlichkeitstheorie tangiert, wonach der parlamentarische Gesetzgeber die wesentlichen Voraussetzungen staatlicher Eingriffe selber regeln muss.[499] Auch aus Art. 104 Abs. 1 S. 1 GG folgt, dass der Gesetzgeber beim Erlass einer Strafvorschrift, die Freiheitsstrafe androht, mit hinreichender Deutlichkeit selbst zu bestimmen hat, was strafbar sein soll.[500] Mit der Schwere der angedrohten Strafe steigen die Anforderungen an die Bestimmtheit der Strafbarkeitsvoraussetzungen.[501]

---

[496] Leupold/Glossner-*Cornelius*, Teil 10 Rn. 9.
[497] Leupold/Glossner-*Cornelius*, Teil 10 Rn. 8.
[498] Leupold/Glossner-*Cornelius*, Teil 10 Rn. 9.
[499] Siehe hierzu *Lagodny*, S. 16.
[500] BVerfGE 75, 329 (342).
[501] Hierzu BVerfGE 75, 329 (342).

(1) Verweis auf die Annahmeverbote

Zunächst soll geprüft werden, ob die genannten verfassungsrechtlichen Aspekte einem Blankettverweis auf die in Abgeordnetengesetz und Parteiengesetz geregelten Annahmeverbote entgegenstehen.

(a) Bestimmtheit des Wortlauts

Im Rahmen der Prüfung der verfassungsrechtlichen Bestimmtheit der Ausklammerungen durch § 108e Abs. 4 S. 1 StGB wurde bereits festgestellt, dass der Wortlaut aller drei Annahmeverbote den Anforderungen des allgemeinen, aus Art. 20 Abs. 3, 29 Abs. 2 GG abgeleiteten Bestimmtheitsgebots genügt.[502] Soweit es nun um die Ausfüllung einer Blankettverweisungsnorm geht, müssen die Annahmeverbote auch den strengeren Anforderungen des in Art. 103 Abs. 2 GG verankerten strafrechtlichen Bestimmtheitsgrundsatzes gerecht werden. Dies gilt unabhängig davon, ob es sich bei der Verweisungsnorm um ein reines Blankettgesetz oder ein Teilblankettgesetz handelt.

Hierzu ist zunächst zu klären, wodurch sich das allgemeine und strafrechtliche Bestimmtheitsgebot voneinander unterscheiden. Beide Gebote verpflichten den Gesetzgeber zu Normenbestimmtheit und Normenklarheit.[503] Darüber hinaus enthält das strafrechtliche Bestimmtheitsgebot des Art. 103 Abs. 2 GG einen strengen Gesetzesvorbehalt, der den Gesetzgeber dazu verpflichtet, selbst die Grenzen des strafbaren Verhaltens durch ein förmliches Gesetz zu bestimmen, anstatt die Entscheidung an eine andere Stelle zu delegieren.[504]

Danach wahren das Spendenannahmeverbot in § 25 Abs. 2 PartG und das Interessentenzahlungsverbot in § 44a Abs. 2 S. 2 AbgG auch die höheren Anforderungen des strafrechtlichen Bestimmtheitsgebots. Insoweit wird auf die obigen Ausführungen verwiesen. Problematischer ist dagegen die hinreichende Bestimmtheit des Verbots arbeitsloser Einkommen in § 44a Abs. 2 S. 3 AbgG. Denn dieses enthält den Ausdruck der „angemessenen

---

[502] Siehe oben 2.Teil B II 2 d) bb).
[503] Vgl. BVerfGE 110, 33 (52) und BVerfGE 113, 348 (375 f.).
[504] Siehe *Hohmann*, ZIS 2007, 38 (43) m.w.N.

C. Ausgestaltung durch einen Sondertatbestand

Gegenleistung", der wiederum durch die Verhaltensregeln, namentlich § 8 Abs. 5 S. 2 VR, konkretisiert wird. Die Verhaltensregeln sind aber kein förmliches Gesetz, sondern kommen durch einfachen Beschluss des Bundestages und ohne Beteiligung des Bundesrates zustande. Allerdings geht es lediglich um die Konkretisierung eines normativen Ausdrucks anhand weiterer, normativer Rechtsbegriffe. Insofern ist die Beeinträchtigung des – im Übrigen auch nicht ausnahmslos geltenden strengen Gesetzesvorbehalts – geringfügig und zudem auch behebbar. Insofern kann festgehalten werden, dass der Wortlaut von allen drei Annahmeverboten den Bestimmtheitsanforderungen des Art. 103 Abs. 2 GG genügt. Das gilt umso mehr in Anbetracht der Tatsache, dass das Bundesverfassungsgericht bislang sehr zurückhaltend darin ist, Blankettstrafgesetze mangels hinreichender Bestimmtheit für verfassungswidrig zu erklären.[505]

(b) Vorhersehbarkeit hinsichtlich Auffindbarkeit und Fachkompetenz

Des Weiteren ist zu prüfen, inwieweit eine dynamische Verweisung auf die Annahmeverbote die Auffindbarkeit der Strafbarkeitsvoraussetzungen für den Normadressaten beeinträchtigt. Eine die Auffindbarkeit hinreichend gewährleistende Angabe der genauen Fundstelle der Annahmeverbote ist bei dynamischen Verweisungen naturgemäß nicht möglich.[506] Die Angabe konkreter Normfundstellen steht nachträglichen Änderungen entgegen und widerspricht damit dem Kerngedanken dynamischer Verweisungen. Insofern kommt nur eine allgemeine Verweisung auf die in Abgeordnetengesetz und Parteiengesetz vorgesehenen Annahmeverbote in Betracht, ohne dabei die einschlägigen Normen konkret zu benennen. Das führt dazu, dass sämtliche Normadressaten des § 108e StGB die für die Strafbarkeit maßgeblichen Annahmeverbote selbst ermitteln müssen.

In die anhand einer wertenden Gesamtbetrachtung vorzunehmende Beurteilung der gesetzlichen Bestimmtheit eines Blankettgesetzes ist auch der Kreis der Normadressaten miteinzubeziehen.[507] Das gilt insbesondere

---

[505] Siehe *Ransiek*, HRRS 2009, 421 (422); ferner *Hohmann*, ZIS 2007, 38 (43).
[506] Vgl. hierzu *Satzger/Langheld*, HRRS 2011, S. 460 (463).
[507] Siehe BVerfGE 126, 170 (196).

dann, wenn das zu beurteilende Blankettgesetz auf Spezialvorschriften außerhalb des Strafgesetzbuchs verweist. Je nachdem, wie speziell die Vorschriften beziehungsweise deren Regelungsgegenstand ist, stellt sich die Frage, inwieweit einzelne Merkmale oder auch die Gesamtheit des Straftatbestands für die Normadressaten hinreichend vorhersehbar und damit gesetzlich bestimmt im Sinne des Art. 103 Abs. 2 GG sind. Dem Bundesverfassungsgericht zufolge darf die Kenntnis der Regelungen im Strafgesetzbuch, das die wesentlichen Straftatbestände zusammenfasst, im Allgemeinen erwartet werden.[508] Darüber hinaus darf von Personen, bei denen aufgrund ihrer Ausbildung oder praktischen Erfahrung bestimmte Fachkenntnisse regelmäßig vorauszusetzen sind, erwartet werden, dass sie die Tatbestände, auf die sich solche Kenntnisse zu beziehen pflegen, kennen und verstehen.[509]

Bei Ausgestaltung des § 108e StGB als Blankettgesetz würde die Norm hinsichtlich einzelner oder sämtlicher Tatbestandsmerkmale auf die in Parteiengesetz und Abgeordnetengesetz geregelten Annahmeverbote verweisen. Um welche Verbote es sich im Einzelnen handelt und wo diese konkret zu finden sind, müsste von den Adressaten der Norm selbst ermittelt werden. Von Bundestagsabgeordneten kann schon aufgrund ihres Mandats erwartet werden, dass sie mit den an sie gerichteten Annahmeverboten vertraut sind. § 108e StGB stellt in seiner gegenwärtigen Fassung aber nicht nur die Bestechlichkeit von Mandatsträgern unter Strafe, sondern auch die aktive Bestechung, die durch jedermann verwirklicht werden kann. Das ist insofern problematisch, als Normadressaten ohne Mandat regelmäßig nicht über dasselbe Fachwissen verfügen wie Bundestagsabgeordnete. Auch kann von mandatlosen Vorteilsnehmern nicht ohne weiteres verlangt werden, dass sie sich das entsprechende Wissen aneignen.

Zuzugeben ist zwar, dass viele potentielle Vorteilsgeber mit den Regeln und Gegebenheiten der Politik bestens vertraut sind. So stammen Nebentätigkeitsangebote und Spenden häufig von Unternehmern oder Lobbyisten. Von beiden Personengruppen dürfte das Vorhandensein des entsprechenden Fachwissens regelmäßig verlangt werden können. Andererseits gibt es auch zahlreiche Privatpersonen, die sich – ohne über nennenswerte Erfahrungen in Politik oder Wirtschaft zu verfügen – dazu entschließen,

---

[508] Siehe BVerfGE 75, 329 (343).
[509] Hierzu BVerfGE 48, 48 (57).

C. Ausgestaltung durch einen Sondertatbestand

einen Abgeordneten durch eine Spende gezielt zu unterstützen, oder denen die mediale Erscheinung eines Abgeordneten derart zusagt, dass sie ihn beispielsweise als Rechtsanwalt mandatieren. Von diesen Personen kann nicht verlangt werden, dass sie den Inhalt der Annahmeverbote ermitteln können beziehungsweise kennen.

Zwar geht es um einen Regelungsbereich, der von großem öffentlichem Interesse geprägt ist und über den die Medien in regelmäßigen Abständen berichten. Dennoch kann von einem durchschnittlich interessierten und aufgeklärten Bürger allenfalls erwartet werden, den ungefähren Inhalt der Annahmeverbote zu kennen. Weil sowohl das Abgeordnetengesetz als auch das Parteiengesetz recht umfangreiche Regelungswerke darstellen, kann von Normadressaten ohne besonderes Fachwissen nicht ohne weiteres erwartet werden, die einschlägigen Annahmeverbote ohne die Hilfe einer Fundstellenangabe zu ermitteln. Hinzu kommt, dass § 108e StGB bei einer Ausgestaltung als Blankettgesetz hinsichtlich zwei der drei Annahmeverbote zusätzlich auf die Verhaltensregeln verweisen müsste. Durch die notwendige Einbeziehung einzelner Verhaltensregeln wird die Normenkette erweitert und die Ermittlung des Inhalts der Annahmeverbote zusätzlich erschwert.

Die Spendenannahmeverbote des § 25 Abs. 2 PartG gilt ihrem Wortlaut nach nur für Parteien und finden erst durch die Überleitungsvorschrift des § 4 Abs. 4 VR auch auf Spenden an Mitglieder des Bundestages entsprechende Anwendung. Insofern müsste die entsprechende Anwendbarkeit für den Normadressaten in irgendeiner Form kenntlich gemacht werden, ohne dabei der dynamischen Ausgestaltung des § 108e StGB entgegenzustehen. Des Weiteren wird der in § 44a Abs. 2 S. 3 AbgG enthaltene Ausdruck der „angemessenen Gegenleistung" in § 8 Abs. 5 VR näher erläutert. Auch auf diese Erläuterung in den Verhaltensregeln müsste der Normadressat hingewiesen werden, ohne die dynamische Verweisung in eine zumindest teilweise, statische Verweisung zu verwandeln. Weitere Probleme bereitet der Umstand, dass § 8 Abs. 5 VR nicht im förmlichen Gesetzgebungsverfahren zustande kommt, sondern durch einfachen Mehrheitsbeschluss des Bundestages zu Beginn jeder Legislaturperiode in Kraft gesetzt wird.[510]

---

[510] Siehe hierzu 3.Teil C III 3 b) aa) (2).

Nach alldem ist bei einer dynamischen Verweisung auf die Annahmeverbote die Auffindbarkeit der Strafbarkeitsvoraussetzungen für einige der Normadressaten ohne konkrete Fundstellenangabe zwar nicht unmöglich, aber doch spürbar beeinträchtigt.

(c) Vorhersehbarkeit hinsichtlich Änderungshäufigkeit der Ausfüllungsnormen

Dynamisch verweisende Blankettgesetze genügen häufig noch aus einem anderen Grund nicht den verfassungsrechtlichen Anforderungen an die Vorhersehbarkeit einer Strafnorm. Zur Ausfüllung dynamischer Blankettgesetze bedient sich der Gesetzgeber oftmals solcher Vorschriften, die ohne Durchlaufen des förmlichen Gesetzgebungsverfahrens zustande kommen. Der Vorteil derartiger Ausfüllungsnormen besteht darin, dass erforderliche Änderungen schnell und unkompliziert vorgenommen werden können. Gleichzeitig wirkt sich allerdings jede Änderung der Ausfüllungsnorm auf die Blankettverweisungsnorm und damit auf die Strafbarkeitsvoraussetzungen aus. Bei häufigen Änderungen kann der Normadressat die Strafbarkeitsvoraussetzungen nicht in dem von Art. 103 Abs. 2 GG gefordertem Maße vorhersehen, so dass die Bestimmtheit des Blankettgesetzes beeinträchtigt ist.

Hinsichtlich einer dynamischen Verweisung des § 108e StGB auf an Abgeordnete gerichtete Annahmeverbote ist die Gefahr häufiger Änderungen sehr gering. Denn sowohl beim Abgeordnetengesetz als auch beim Parteiengesetz handelt es sich um Einspruchsgesetze, zu deren Änderung das gleiche förmliche Gesetzgebungsverfahren durchlaufen werden muss wie zur Änderung des Strafgesetzbuchs, bei dem es sich ebenfalls um ein Einspruchsgesetz handelt. Insofern sind häufige Änderungen nicht zu erwarten. Hierfür sprechen auch die wenigen überwiegend sprachlich bedingten

C. Ausgestaltung durch einen Sondertatbestand

Überarbeitungen der drei Annahmeverbote seit ihrer jeweiligen Einführung in den 80er Jahren.[511] Selbst wenn sich der Gesetzgeber zu einer Änderung oder Erweiterung der Annahmeverbote entschließen sollte, kann aufgrund der zu erwartenden großen medialen Beachtung eines derartigen Gesetzesvorhabens von einem durchschnittlich informierten Bürger erwartet werden, relevante Änderungen mitzubekommen. Erst recht gilt dies, soweit der Normadressat ein Bundestagsabgeordneter ist. Abgeordnete dürften schon kraft ihres Mandates über etwaige Erweiterungen oder anderweitige Änderungsvorhaben im Zusammenhang mit den Annahmeverboten im Bilde sein.

Weil es sich beim Abgeordnetengesetz wie auch beim Parteiengesetz um förmliche Gesetze handelt, ist zudem weder der strenge Gesetzesvorbehalt betroffen, noch wird das Wesentlichkeitsgebot beeinträchtigt. Demnach wird die Vorhersehbarkeit der Strafbarkeit durch eine Bezugnahme auf die in förmlichen Gesetzen geregelten Annahmeverbote trotz der dynamischen Ausgestaltung nicht beeinträchtigt.

(d) Gesamtbetrachtung

Nach den vorangegangenen Ausführungen bestehen an einer dynamischen Verweisung auf die Annahmeverbote lediglich im Hinblick auf die für einige Normadressaten erschwerte Auffindbarkeit der Strafbarkeitsvoraussetzungen Bedenken. In die zur Beurteilung der erforderlichen Gesetzesbestimmtheit vorzunehmende Gesamtbetrachtung sind auch die Besonderheiten des jeweiligen Straftatbestands einschließlich der Umstände, die zu der gesetzlichen Regelung führen, miteinzubeziehen.[512] Insofern ist auch

---

[511] Zum Abgeordnetengesetz: Die beiden Verbote in § 44a Abs. 2 S. 2 u 3 AbgG existieren in ihrer jetzigen Fassung unverändert seit 2005. Ursprünglich waren beide Verbote kumuliert Voraussetzungen der Vorgängernorm, § 44a Abs. 2 Nr. 4 AbgG a.F., die der Gesetzgeber 1987 in Umsetzung der Vorgaben des Diätenurteils des Bundesverfassungsgerichts erstmals in das Abgeordnetengesetz eingeführt hat.
Zum Parteiengesetz: Das Verbot in § 25 Abs. 2 Nr. 7 existiert in seiner jetzigen Fassung unverändert seit 2002. Es geht zurück auf eine ähnliche Fassung, die als § 25 Abs. 1 Nr. 6 PartG erstmals am 22. Dezember 1983 in das Parteiengesetz eingefügt wurde.

[512] Hierzu BVerfGE 126, 170 (196); siehe auch BVerfGE 28, 175 (183).

zu berücksichtigen, ob und wenn ja welche Gründe für den Einsatz der Blanketttechnik im Rahmen von § 108e StGB sprechen.

Der häufigste Grund für dynamische Verweisungen in Blanketttatbeständen dürfte sein, dass der zu regelnde Bereich einem starken Wandel unterliegt und es deswegen erforderlich macht, kurzfristig auf Änderungen reagieren zu können.[513] Des Weiteren kann auch die andernfalls drohende Ausuferung des Straftatbestands und die damit einhergehende Unübersichtlichkeit der Strafnorm ein Blankettgesetz notwendig machen.[514] Schließlich kann auch die Erforderlichkeit eines Gleichlaufs mit den bereits bestehenden außerstrafrechtlichen Regelungen Anlass für eine Verweisung auf diese sein. Die vorliegend zu beurteilende Ausgestaltungsmöglichkeit wird allerdings von keinem der genannten Gründe getragen.

Ungeachtet der Frage, ob es sich bei der Beurteilung der Zulässigkeit der Vorteilsannahme durch Abgeordnete um einen Flexibilität voraussetzenden Regelungsbereich handelt, vermag der Verweis auf die Annahmeverbote diese Flexibilität nicht zu gewährleisten. Bei den Annahmeverboten handelt es sich um Vorschriften, die wie die Normen des Strafgesetzbuchs im förmlichen Gesetzgebungsverfahren geändert werden müssen. Insofern wäre ein Verweis in § 108e StGB auf die Annahmeverbote ebenso flexibel oder unflexibel wie eine Aufnahme der Annahmeverbote in das Strafgesetzbuch selbst. In Anbetracht des gegenwärtig überschaubaren Umfangs der Annahmeverbote ist auch die Übersichtlichkeit des § 108e StGB kein Argument für eine dynamische Verweisung auf die Verbote. Ebenso wenig stehen die Annahmeverbote inhaltlich im Widerspruch zu der gegenwärtigen Fassung des § 108e StGB oder machen aus anderen Gründen eine Anpassung des § 108e StGB erforderlich. Schließlich ist auch kein anderer Grund ersichtlich, der eine Verweisung auf die Annahmeverbote notwendig erscheinen lässt.

Eine Abwägung der für und wider eine dynamische Ausgestaltung sprechenden Argumente fällt daher zuungunsten einer dynamischen Blankettverweisung auf die Annahmeverbote aus. Auch im Hinblick auf die wegen Art. 104 Abs. 1 S. 1 GG erhöhten Anforderungen an das Bestimmtheitsgebot sollte die Blanketttechnik nicht ohne eine entsprechende Veranlassung

---

[513] Siehe oben 3.Teil C III 2.
[514] Vgl. *Böxler*, S. 256.

C. Ausgestaltung durch einen Sondertatbestand 159

zum Einsatz kommen. Dieses Ergebnis gilt unabhängig davon, ob § 108e StGB als reines Blankettgesetz oder als Teilblankettgesetz ausgestaltet wird.

(2) Verweis auf die Verhaltensregeln

Bedeutend größer sind die verfassungsrechtlichen Bedenken hinsichtlich eines dynamischen Blankettverweises auf die Anzeigepflichten. Das betrifft vor allem die von Art. 103 Abs. 2 GG geforderte Vorhersehbarkeit.

(a) Bestimmtheit des Wortlauts

In Bezug auf den Wortlaut der Anzeigepflichten bestehen keine Bedenken an der verfassungsrechtlichen Bestimmtheit. Welche Tätigkeiten und Einkünfte in welchem Umfang anzuzeigen sind, ist allgemein verständlich geregelt.[515] Aus diesem Grund wurde eine Bezugnahme auf die Anzeigepflichten in der Lehre auch schon mehrfach vorgeschlagen.[516]

(b) Vorhersehbarkeit hinsichtlich Auffindbarkeit und Fachkompetenz

Hinsichtlich der Auffindbarkeit der Strafbarkeitsvoraussetzungen kann teilweise auf die diesbezüglichen Ausführungen zu den Annahmeverboten verwiesen werden. Auch bei einer dynamischen Verweisung auf die Anzeigepflichten scheidet eine die Auffindbarkeit sicherstellende Benennung der einzelnen Paragraphen aus. Würde hingegen pauschal auf die in den Verhaltensregeln enthaltenen Anzeigepflichten verwiesen, so bliebe es erneut den Normadressaten überlassen, die maßgeblichen Vorschriften aus der Anlage 1 der Geschäftsordnung des Deutschen Bundestages herauszusuchen. Da die Anzeigepflichten den Großteil der Verhaltensregeln ausmachen und der Gesamtumfang der Verhaltensregeln zudem überschaubar ist, dürfte allerdings von sämtlichen Normadressaten verlangt werden kön-

---

[515] So *Hartmann*, S. 174 m.w.N.
[516] *Hartmann*, S. 174 m.w.N.

nen, die Anzeigepflichten zu ermitteln. Zudem müssten sämtliche Normadressaten ungeachtet ihrer jeweiligen Sachkunde imstande sein, den allgemeinverständlichen Inhalt der Anzeigepflichten zu verstehen. Demnach liegt trotz der unterschiedlichen Fachkompetenz der Normadressaten hinsichtlich der Auffindbarkeit der Strafbarkeitsvoraussetzungen keine nennenswerte Beeinträchtigung der Vorhersehbarkeit vor.

(c) Änderungshäufigkeit, Gesetzesvorbehalt und Wesentlichkeitsgebot

Problematisch ist die Bezugnahme auf die in den Verhaltensregeln enthaltenen Anzeigepflichten dagegen mit Blick auf die Gefahr ständiger Veränderungen. Die als Anlage 1 der Geschäftsordnung des Bundestages beigefügten Verhaltensregeln sind gemäß § 18 GOBT Bestandteil der Geschäftsordnung und stellen nach einer verbreiteten Ansicht eine besondere Form des parlamentarischen Innenrechts dar.[517] Ungeachtet der Meinungsverschiedenheiten über die Rechtsnatur der Verhaltensregeln ist sowohl ihre Verbindlichkeit gegenüber Abgeordneten als auch ihre Verfassungsmäßigkeit weitgehend anerkannt.[518] Ebenso wie die Geschäftsordnung des Bundestages gelten auch die Verhaltensregeln nur für die jeweilige Wahlperiode und unterliegen damit dem Grundsatz der Diskontinuität. Aufgrund der Diskontinuität muss die Geschäftsordnung des Bundestages samt ihren Anlagen zu Beginn einer jeden neuen Legislaturperiode neu beschlossen beziehungsweise übernommen werden, wobei ein einfacher Mehrheitsbeschluss des Bundestages genügt. Eine Beteiligung des Bundesrates ist nicht vorgesehen. Auch für eine Änderung der Verhaltensregeln während der laufenden Legislaturperiode bedarf es lediglich einer einfachen Mehrheit des Bundestages.

Das ist mit Blick auf eine Ausgestaltung des § 108e StGB als Blankettverweisungsnorm insofern bedenklich, weil sich die Strafbarkeitsvoraussetzungen jederzeit ändern können und dadurch für den Normadressaten kaum absehbar sind. Insbesondere Normadressaten ohne Mandat laufen

---

[517] Schneider/Zeh-*Roll*, § 19 Rn. 21; *Hartmann*, S. 172 m.w.N.
[518] Siehe *Hartmann*, S. 172 unter Verweis auf *Schlosser*, S. 51 ff.; ferner BVerfGE 118, 277 (360).

C. Ausgestaltung durch einen Sondertatbestand

deswegen Gefahr, relevante Änderungen der Strafnorm nicht mitzubekommen. Gemildert wird dieser Einwand allerdings dadurch, dass das große mediale Interesse am Regelungsbereich der Verhaltensregeln weitgehend sicherstellt, dass relevante Änderungen der Anzeigepflichten zur Kenntnis sämtlicher Normadressaten gelangen.

Nichtsdestotrotz verlangen sowohl der für Strafgesetze geltende strenge Gesetzesvorbehalt als auch das Wesentlichkeitsgebot, dass der parlamentarische Gesetzgeber die wesentlichen Voraussetzungen staatlicher Eingriffe grundsätzlich selbst regelt. Mit dem Begriff des parlamentarischen Gesetzgebers ist aber nicht nur der Bundestag, sondern eben auch der Bundesrat angesprochen. Anders als förmliche Gesetze werden die Verhaltensregeln ohne Beteiligung des Bundesrates beschlossen und geändert. Für den Erlass und die Änderung von Strafgesetzen sieht das Grundgesetz in Art. 74 Abs. 1 S. 1, Art. 76 GG jedoch das förmliche Gesetzgebungsverfahren vor. Durch eine dynamische Verweisung auf die Verhaltensregeln würde dieses von der Verfassung vorgesehene förmliche Verfahren einschließlich der erforderlichen Beteiligung des Bundesrates umgangen.[519]

(d) Gesamtbetrachtung

Weil die Verhaltensregeln durch einen einfachen Mehrheitsbeschluss des Bundestages ohne Beteiligung des Bundesrates jederzeit geändert werden können, ist eine dynamische Verweisung auf die Verhaltensregeln im Hinblick auf den strengen Gesetzesvorbehalt und das Wesentlichkeitsgebot bedenklich. Allerdings gibt es Regelungsbereiche, die eine Aufweichung sowohl des strengen Gesetzesvorbehalts als auch der Wesentlichkeitstheorie rechtfertigen. In einer konkreten Normenkontrolle einer im Straßenverkehrsgesetz enthaltenen Blankettnorm hat das Bundesverfassungsgericht entschieden, dass die Blankettverweisung auf eine Rechtsverordnung dann mit Art. 103 Abs. 2, 104 Abs. 1 S. 1 GG vereinbar ist, wenn der zu regelnde Bereich wechselnde und mannigfaltige Einzelregelungen erforderlich macht.[520]

---

[519] So bereits *Hartmann*, S. 175.
[520] Gegenstand der konkreten Normenkontrolle war § 21 StVG a.F., welcher heute in § 24 StVG geregelt ist, BVerfGE 14, 245 (251).

Diese Rechtsprechung lässt sich allerdings nicht ohne weiteres auf die Verhaltensregeln übertragen, da diese keine Rechtsverordnung darstellen. Im Unterschied zu Rechtsverordnungen werden die Verhaltensregeln nicht von einem Regierungs- oder Verwaltungsorgan erlassen, sondern allein durch den Bundestag beschlossen. Andererseits durchlaufen die Verhaltensregeln ebenso wenig wie Rechtsverordnungen das förmliche Gesetzgebungsverfahren formell-materieller Gesetze. So wie Rechtsverordnungen auf einer gesetzlichen Ermächtigungsgrundlage beruhen, haben auch die Verhaltensregeln eine Rechtsgrundlage in einem förmlichen Gesetz. Die Rechtsgrundlage der Verhaltensregeln ist § 44b AbgG, der wiederum ein Ausführungsgesetz im Sinne des Art. 38 Abs. 3 GG ist.[521]

Danach kann eine Blankettverweisung auf die Verhaltensregeln zwar nicht mit einer Blankettverweisung auf eine Rechtsverordnung gleichgesetzt werden, jedoch sind bedeutsame Parallelen erkennbar, aus denen sich eine wichtige Erkenntnis folgern lässt. Wenn es mit Art. 103 Abs. 2, Art. 104 Abs. 1 S. 1 GG vereinbar ist, dass der Gesetzgeber Spezifizierungen des Straftatbestands in bestimmten Fällen dem Verordnungsgeber überlässt, so muss es auch verfassungsrechtlich zulässig sein, dass der Bundestag selber die entsprechenden Spezifizierungen vornimmt, ohne dabei das förmliche Gesetzgebungsverfahren zu durchlaufen.

Nach alldem verstößt ein dynamischer Blankettverweis auf die Anzeigepflichten nicht von vornherein gegen die Verfassung. Allerdings muss die mit einer dynamischen Verweisung verbundene Aufweichung des strengen Gesetzesvorbehalts und der Wesentlichkeitstheorie durch besondere Umstände des Einzelfalls gerechtfertigt sein. Solche besonderen Umstände sind im Wesentlichen dann zu bejahen, wenn die Regelungsmaterie sehr umfangreich ist oder einem raschen Wandel unterliegt. Auch die Erforderlichkeit des Gleichlaufs mit bereits bestehenden Regelungen außerhalb des Strafrechts kann Anlass für eine Verweisung sein. Reine Praktikabilitätserwägungen dürften hingegen nicht genügen.

In Bezug auf die Anzeigepflichten kann ein gewisser Regelungsumfang konstatiert werden, weswegen eine Aufnahme der entsprechenden Pflichten in das Strafgesetzbuch das Ausmaß der Norm strapazieren würde. Dieser Aspekt allein vermag die Beeinträchtigung von Wesentlichkeitsgebot

---

[521] *Hartmann*, S. 172; ferner *Schindler*, Datenhandbuch Bundestag 1949–1999, S. 3115.

C. Ausgestaltung durch einen Sondertatbestand 163

und strengem Gesetzesvorbehalt allerdings nicht zu rechtfertigen. Weitere Rechtfertigungsgründe sind nicht ersichtlich. Die Anzeigepflichten regeln die Pflicht zur Anzeige bestimmter Einkünfte einschließlich Spenden sowie bestimmter Tätigkeiten neben dem Mandat. Dabei handelt es sich nicht um eine Materie, welche regelmäßige Änderungen und Anpassungen erforderlich macht, wie das beispielsweise bei der Bezugnahme auf Vorschriften aus dem Bereich der Technik häufig der Fall ist. Ungeachtet der Erforderlichkeit sind häufige Änderungen auch mit Blick auf die Chronik der Änderungen der Geschäftsordnung des Deutschen Bundestages nicht zu erwarten. Seit ihrer Einführung im Jahre 1972 wurden die Verhaltensregeln lediglich fünfmal geändert.[522] Schließlich ist eine Verweisung auf die Anzeigepflichten auch nicht zur Sicherstellung eines Gleichlaufs mit den Verhaltensregeln erforderlich. Die Anzeigepflichten dienen – wie auch die übrigen Verhaltensregeln – vermehrter Transparenz. Dem steht die Strafnorm des § 108e StGB in keiner Weise entgegen. Insofern ist auch keine Angleichung des Straftatbestands an die Anzeigepflichten geboten. Vielmehr wäre eine strafrechtliche Sanktionierung von Verstößen gegen die Anzeigepflichten sogar unverhältnismäßig.[523]

Somit scheidet eine dynamische Verweisung des § 108e StGB auf die Verhaltensregeln aus. Wie bei den Annahmeverboten gilt dies sowohl im Falle der Ausgestaltung des § 108e StGB als reines Blankettgesetz als auch bei einer Teilblankettregelung, wobei die Beeinträchtigung des Bestimmtheitsgebots bei einem reinen Blankettgesetz in Ermangelung weiterer Strafbarkeitsvoraussetzungen schwerer wiegen dürfte.

bb) Statische Verweisung

Verfassungsrechtlich weit weniger problematisch als dynamische Verweisungen sind statische Blankettverweisungen. Statische Blankettverweisungen zeichnen sich dadurch aus, dass der Verweis auf Ausfüllungsnormen

---

[522] Siehe im Einzelnen *Schindler*, Datenhandbuch Bundestag 1949-1999, S. 3102 ff. und *Feldkamp*, Datenhandbuch Bundestag 1990–2010, Kapitel 12.1, beide abrufbar unter: http://www.bundestag.de/dokumente/datenhandbuch/datenhandbuch_archiv (Stand: 30.11.2016)
[523] Siehe oben 3.Teil C III 3 a).

in einer zum Zeitpunkt des Erlasses der Verweisungsnorm bestimmten feststehenden Fassung gerichtet ist.[524] Nachträgliche Änderungen der Ausfüllungsnormen haben somit keinen Einfluss auf den Inhalt der Verweisungsnorm und wirken sich deswegen auch nicht auf die Strafbarkeit aus.[525] Erkennen lassen sich statische Verweisungen daran, dass zusätzlich zu der in Bezug genommenen Vorschrift auch das Datum der jeweils geltenden Fassung angegeben wird.[526] Soweit nicht gesondert erwähnt, gelten die nachfolgenden Ausführungen für die statische Ausgestaltung des § 108e StGB als reines Blankettgesetz und Teilblankettgesetz gleichermaßen.

(1) Bestimmtheit des Wortlauts

Es wurde bereits im Rahmen der Ausführungen zu einer dynamischen Verweisung festgestellt, dass der Wortlaut sowohl der Annahmeverbote als auch der in den Verhaltensregeln enthaltenen Anzeigepflichten hinreichend bestimmt ist. Dies gilt auch im Falle einer statischen Ausgestaltung des § 108e StGB.

(2) Vorhersehbarkeit hinsichtlich Auffindbarkeit und Fachkompetenz

Auch hinsichtlich der Auffindbarkeit der Strafbarkeitsvoraussetzungen für den Normadressaten genügt eine statische Verweisung der verfassungsrechtlich geforderten Vorhersehbarkeit. Anders als bei einer dynamischen Verweisung können in einer statischen Blankettverweisungsnorm die konkreten Fundstellen der einschlägigen Ausfüllungsnormen angegeben werden. Durch die konkrete Benennung wird sichergestellt, dass sämtliche Normadressaten die maßgeblichen Ausfüllungsvorschriften unabhängig von vorhandenem Fachwissen kennen beziehungsweise ermitteln können. Insofern stehen der Auffindbarkeit der Strafbarkeitsvoraussetzungen bei

---

[524] *Hohmann*, ZIS 2007, 38 (40).
[525] Vgl. Leupold/Glossner-*Cornelius*, Teil 10 Rn. 8; siehe auch BVerfGE 47, 285 (312).
[526] Hierzu *Hohmann*, ZIS 2007, 38 (40).

C. Ausgestaltung durch einen Sondertatbestand

einer statischen Verweisung auf die drei Annahmeverbote weder der Umfang der in Bezug genommenen Regelungswerke noch die notwendige Einbeziehung einzelner Verhaltensregeln entgegen.

Auch eine statische Verweisung auf die in den Verhaltensregeln enthaltenen Anzeigepflichten beeinträchtigt die Auffindbarkeit der Strafbarkeitsvoraussetzungen für den Normadressaten nicht. Diesbezüglich kann auf die entsprechenden Ausführungen zu der dynamischen Ausgestaltung des § 108e StGB verwiesen werden.[527] Zudem dürften sämtliche Normadressaten ungeachtet ihrer jeweiligen Sachkunde dazu imstande sein, den allgemeinverständlichen Inhalt der Annahmeverbote und Anzeigepflichten zu erfassen.

(3) Änderungshäufigkeit, Gesetzesvorbehalt und Wesentlichkeitstheorie

Bei statischen Verweisungen stellt sich das Problem der mangelnden Vorhersehbarkeit aufgrund ständiger Veränderungen insofern nicht, als dass nachträgliche Änderungen der Ausfüllungsnormen nicht auf die Verweisungsnorm durchschlagen. Die Strafbarkeitsvoraussetzungen des Blankettgesetzes ergeben sich entweder vollständig oder teilweise aus jener Fassung der Ausfüllungsnormen, die diese zum Zeitpunkt des Inkrafttretens des Blankettgesetzes hatten. Insoweit bestehen keine Bedenken an der verfassungsrechtlichen Vorhersehbarkeit einer statischen Ausgestaltung des § 108e StGB und zwar unabhängig davon, ob auf Annahmeverbote oder die Anzeigepflichten verwiesen wird.

Allerdings besteht auch bei einer statischen Verweisung auf die Anzeigepflichten das Problem, dass die Ausfüllung des Blankettgesetzes durch Vorschriften erfolgt, die nicht das förmliche Gesetzgebungsverfahren durchlaufen haben, sondern durch einen einfachen Beschluss des Bundestages ohne Beteiligung des Bundesrates zustande kommen. Sowohl der für Strafgesetze geltende strenge Gesetzesvorbehalt als auch das aus allgemeinen Verfassungsprinzipien abgeleitete Wesentlichkeitsgebot verlangen aber, dass der parlamentarische Gesetzgeber die wesentlichen Voraussetzungen staatlicher Eingriffe grundsätzlich selbst regelt. Insofern muss im

---
[527] Siehe oben 3.Teil C III 3 b) aa) (1) (b).

Rahmen einer Gesamtabwägung geprüft werden, ob die Heranziehung der Anzeigepflichten als Ausfüllungsnormen mit dem Verfassungsrecht vereinbar ist.

(4) Gesamtwürdigung

Eine statische Verweisung des § 108e StGB auf die Annahmeverbote ist verfassungsrechtlich unbedenklich. Eine Abwägung der einzelnen Umstände ist somit entbehrlich.

Gegen eine statische Verweisung auf die Anzeigepflichten bestehen hingegen deswegen Bedenken, weil die Anzeigepflichten nicht im förmlichen Gesetzgebungsverfahren zustande kommen und damit sowohl dem strengen Gesetzesvorbehalt wie auch dem Wesentlichkeitsgebot widersprechen. Eine Beeinträchtigung der Vorhersehbarkeit der Strafbarkeitsvoraussetzungen aufgrund sich häufig ändernder Ausfüllungsnormen kann bei statischen Verweisungen hingegen ausgeschlossen werden.

Die Heranziehung der Anzeigepflichten als Ausfüllungsnorm ist nur dann verfassungsrechtlich unbedenklich, wenn sie nach einer wertenden Gesamtbetrachtung sämtlicher Umstände gerechtfertigt erscheint.[528] Im Wesentlichen gelten die gleichen Überlegungen, die auch die Verneinung der verfassungsrechtlichen Bestimmtheit einer dynamischen Verweisung auf die Anzeigepflichten tragen. Der einzige Grund, der für eine statische Verweisung auf die Anzeigepflichten spricht, ist die andernfalls, also bei einer Aufnahme der entsprechenden Pflichten in § 108e StGB, drohende übermäßige Ausdehnung des Straftatbestands. Auch hier kann allein der erweiterte Umfang der Strafnorm die Beeinträchtigung der genannten Verfassungsprinzipien nicht aufwiegen. Weitere Gründe für eine statische Verweisung sind nicht ersichtlich. Weder der rasche Wandel der Regelungsmaterie noch die Erforderlichkeit des Gleichlaufs mit bereits bestehenden Regelungen außerhalb des Strafrechts machen eine statische Verweisung auf die Anzeigepflichten erforderlich. Unabhängig davon, dass die Verpflichtung zur Anzeige von Nebentätigkeiten und Zuwendungen durch Bundestagsabgeordnete keine änderungsintensive Regelungsmaterie darstellt, vermag eine statische Verweisung eine solche Flexibilität ohnehin

---

[528] Siehe oben 3.Teil C III 3 b) aa) (1) (d); ferner BVerfGE 126, 170 (196).

C. Ausgestaltung durch einen Sondertatbestand 167

nicht zu ermöglichen. Die Sicherstellung eines Gleichlaufs mit den Verhaltensregeln ist aus den bereits genannten Gründen nicht erforderlich.

Nach alldem scheidet eine statische Verweisung des § 108e StGB auf die Anzeigepflichten aus. Dabei dürfte die Beeinträchtigung des Bestimmtheitsgebots bei einem reinen Blankettgesetz in Ermangelung weiterer Tatbestandsmerkmale schwerer wiegen als bei einer Teilblankettregelung.

c) Exkurs: Problem der Ausfüllung bei Erfassung verschiedener Mandatsträger

Die Ausgestaltung des § 108e StGB als Blankettgesetz setzt voraus, dass für alle von der Strafnorm erfassten Mandatsträger Vorschriften existieren, die zur vollständigen oder teilweisen Ausfüllung des Tatbestands herangezogen werden können. Dieses Erfordernis ist im Hinblick auf den Großteil der nach bisherigem Recht einbezogenen Mandatsträger äußerst problematisch und zwar unabhängig davon, ob entsprechende Vorschriften bereits existieren oder noch geschaffen werden müssen. Bundestagsabgeordnete, um die es in der vorliegenden Arbeit geht, sind hiervon zwar nicht unmittelbar betroffen, aufgrund der Brisanz sowie der weitreichenden Folgen für die Vorschrift des § 108e StGB insgesamt, soll die Problematik dennoch kurz dargestellt werden.

Soll an einer gemeinsamen Regelung für alle bisher von § 108e StGB erfassten Mandatsträger festgehalten werden, dann müssen für jeden dieser Mandatsträger geeignete Ausfüllungsnormen existieren. Soweit entsprechende Vorschriften fehlen, wie es insbesondere im Hinblick auf kommunale Mandatsträger der Fall sein dürfte, müssen solche geschaffen werden. Für den Erlass derartiger Vorschriften sind unterschiedliche Gesetzgeber zuständig: für Landtagsabgeordnete das jeweilige Landesparlament, für Kommunalabgeordnete die jeweilige Volksvertretung der Gemeinde oder des Gemeindeverbands und für Europaparlamentarier das Europäische Parlament.

Das Fehlen eines einheitlichen Gesetzgebers hat inhaltlich divergierende Ausfüllungsnormen und damit auch unterschiedliche Strafbarkeitsvoraussetzungen zur Folge. Vor dem Hintergrund der gemeinsamen Blankettverweisungsnorm begründet dies die Gefahr einer Ungleichbehandlung. Dabei geht es weniger um eine unterschiedliche Behandlung von Angehörigen verschiedener Mandatsträgergruppen, wie etwa Bundestagsabgeordnete im Vergleich zu kommunalen Mandatsträgern. Diesbezügliche Unterschiede mögen durch die Besonderheiten der jeweiligen Mandatsträgergruppe gerechtfertigt sein. Problematisch ist dagegen eine Ungleichbehandlung von Mandatsträgern innerhalb derselben Mandatsträgergruppe. Als wichtigstes Beispiel sei auf inhaltlich divergierende Gemeindeordnungen verschiedener Länder oder Gemeinden verwiesen. Im Extremfall kann die unterschiedliche Ausgestaltung der Ausfüllungsnormen dazu führen, dass ein bestimmtes Verhalten eines Kommunalabgeordneten der Gemeinde A strafbar ist, während das gleiche Verhalten eines Kommunalabgeordneten der Gemeinde B nicht strafbar ist.

Diese Problematik muss bei der Diskussion über alternative Ausgestaltungsmöglichkeiten berücksichtigt werden. Grundsätzlich ist zwar die Schaffung von Musterausfüllungsnormen für die verschiedenen Mandatsträgergruppen denkbar; eine Gleichbehandlung der Mandatsträger innerhalb derselben Gruppe würde durch Musterregelungen allerdings nur dann sichergestellt, wenn die Umsetzung ihrer Vorgaben für die verschiedenen Gesetzgeber verbindlich wäre. Eine verbindliche Ausgestaltung von Musterregelungen ist dem Bundesgesetzgeber jedoch verwehrt, wenn hierdurch in verfassungsrechtlich abgesicherte Zuständigkeitsregelungen eingegriffen wird, beispielsweise dem aus Art. 28 Abs. 2 GG abgeleiteten kommunalen Selbstverwaltungsrecht. Stellt der Gesetzgeber entsprechende Musterausfüllungsnormen dagegen nur als unverbindliche Orientierungshilfe auf, ist in Bezug auf die drohende Ungleichbehandlung nichts gewonnen.

Auch eine analoge Anwendung der für die Rechtsstellung von Bundestagsabgeordneten maßgeblichen Vorschriften auf jene Mandatsträger, deren Rechtsstellung in Bezug auf die Annahme von Vorteilen nur teilweise oder überhaupt nicht geregelt ist, vermag das Problem nicht zu lösen. Soweit es lediglich um die Ausklammerung von Vorteilen aus dem Anwendungsbe-

C. Ausgestaltung durch einen Sondertatbestand

reich von § 108e StGB geht, stünde das aus Art. 103 Abs. 2 GG abgeleitete und für Teilblankette in ihrer Gesamtheit geltende Analogieverbot einer analogen Anwendung zwar nicht entgegen, da dieses nur zu Lasten des Täters gilt;[529] einer den Normadressaten lediglich begünstigenden Ausnahme aus dem Straftatbestand steht es nicht entgegen. Allerdings setzt eine Analogie eine planwidrige gesetzliche Regelungslücke voraus, weswegen eine analoge Anwendung bei Vorhandensein entsprechender Ausfüllungsnormen regelmäßig ausscheiden dürfte. Insofern bestünde weiterhin die Gefahr, dass für Mandatsträger derselben Gruppe unterschiedliche Strafbarkeitsvoraussetzungen gelten.

d) Ergebnis

Eine Ausgestaltung des § 108e StGB als reines Blankettgesetz scheidet aus. Weder die Annahmeverbote noch die Anzeigepflichten eignen sich inhaltlich als Ausfüllungsnormen eines reinen Blankettgesetzes, wobei dies für eine dynamische und statische Ausgestaltung gleichermaßen gilt. Auch aus verfassungsrechtlicher Sicht ist ein reines Blankettgesetz problematisch. Einer dynamischen oder statischen Vollblankettverweisung auf die nicht im förmlichen Gesetzgebungsverfahren zustande gekommenen Anzeigepflichten stehen das Wesentlichkeitsgebot und der strenge Gesetzesvorbehalt entgegen. Bei einer dynamischen Verweisung auf die Annahmeverbote sind aufgrund des erheblichen Umfangs von Abgeordneten- und Parteiengesetz sowie der zusätzlich erforderlichen Einbeziehung der Anzeigepflichten die Strafbarkeitsvoraussetzungen ohne explizite Fundstellenangabe für den Normadressaten nicht hinreichend vorhersehbar. Verfassungsrechtlich unbedenklich ist demnach einzig eine statische Vollblankettverweisung auf die Annahmeverbote. Mangels inhaltlicher Eignung scheidet aber auch diese Möglichkeit aus.

Etwas anderes gilt hinsichtlich einer Ausgestaltung des § 108e StGB als Teilblankettgesetz. Bei der Beurteilung der inhaltlichen Eignung von Annahmeverboten und Anzeigepflichten als Ausfüllungsnormen des § 108e StGB müssen zwei Ausgestaltungsmöglichkeiten unterschieden

---

[529] Zur grundsätzlichen Geltung des Analogieverbots für das Teilblankett in seiner Gesamtheit siehe 3.Teil C III 3 b).

werden. Soweit es darum geht, anhand der Annahmeverbote und Anzeigepflichten zu bestimmen, ob ein Vorteil „ungerechtfertigt" ist, scheidet eine Ausgestaltung als Teilblankettgesetz mangels inhaltlicher Eignung aus. Grundsätzlich denkbar ist hingegen, ähnlich der gegenwärtigen Regelung in § 108e Abs. 4 S. 2 Nr. 2 StGB, anhand von außerstrafrechtlichen Ausfüllungsnormen bestimmte Vorteile aus dem Anwendungsbereich von § 108e Abs. 1 S. 4 StGB auszuklammern. Mit Blick auf die inhaltliche Eignung kommt für eine solche Ausklammerung sowohl eine isolierte Heranziehung der Annahmeverbote als auch eine Bezugnahme in Kombination mit den Anzeigepflichten in Betracht.

Die verfassungsrechtlichen Probleme bei der Ausgestaltung des § 108e StGB als Teilblankettverweisung entsprechen dem Grunde nach jenen, die auch einer Ausgestaltung als reines Blankettgesetz entgegenstehen. Weder eine dynamische noch ein statische Teilblankettverweisung auf die Verhaltensregeln sind mit dem Wesentlichkeitsgebot und dem strengen Gesetzesvorbehalt vereinbar. Bei einer dynamischen Teilblankettverweisung auf die Annahmeverbote sind die Strafbarkeitsvoraussetzungen für den Normadressaten nicht hinreichend vorhersehbar. Aus verfassungsrechtlicher Sicht verbleibt damit einzig die Möglichkeit einer statischen Teiblankettverweisung durch § 108e StGB auf die Annahmeverbote.

Allerdings dürfte die verfassungsrechtliche Beeinträchtigung bei einer Teilblankettregelung grundsätzlich weniger stark ausfallen als bei einem reinen Blankettgesetz. Im Rahmen eines Teilblanketts ist immer nur ein Teil des Straftatbestands betroffen, während sich bei einem reinen Blankettgesetz sämtliche Strafbarkeitsvoraussetzungen aus den in Bezug genommenen Ausfüllungsnormen ergeben.

Nach alldem kommt eine statische Teilblankettverweisung auf die Annahmeverbote in Verbindung mit den Anzeigepflichten zur Ausklammerung bestimmter Vorteile aus dem Anwendungsbereich von § 108e StGB in Betracht. Dabei empfiehlt es sich, die Verhaltensregeln mit Gesetzesrang auszustatten, idealerweise durch eine Einfügung in das Abgeordnetengesetz.[530] Die Anforderungen, die das Verfassungsrecht an die genannte Teilblankettverweisung stellt, könnten zwar auch durch eine konkrete

---

[530] So sieht es beispielsweise das Abgeordnetengesetz des Landes Nordrhein-Westfalen vor.

C. Ausgestaltung durch einen Sondertatbestand

Fundstellenangabe sichergestellt werden, allerdings trägt eine Einfügung in das Abgeordnetengesetz zu einer besseren Übersichtlichkeit bei und erleichtert so das Verständnis des Straftatbestands insgesamt. Aus dem gleichen Grund bietet sich zudem eine Aufnahme der in § 25 Abs. 2 PartG geregelten Spendenannahmeverbote in das Abgeordnetengesetz an. Auf diese Weise wären alle gegenwärtig bestehenden, für die Rechtsstellung von Bundestagsabgeordneten maßgeblichen Vorschriften in einem Gesetz gebündelt und die hinreichende Auffindbarkeit für den Normadressaten gesichert. In diesem Zusammenhang sollten das Spendenannahmeverbot gemäß § 25 Abs. 2 Nr. 7 PartG und das Verbot von Interessentenzahlungen gemäß § 44a Abs. 2 S. 2 AbgG sprachlich aneinander angeglichen werden und mit den übrigen Sätzen des § 44a Abs. 2 AbgG in Einklang gebracht werden.

IV. Beschränkung durch ein normatives Tatbestandsmerkmal

Schließlich besteht die Möglichkeit, die notwendige Beschränkung des § 108e StGB anhand eines normativen Tatbestandsmerkmals vorzunehmen. Tatbestände mit normativen Tatbestandsmerkmalen sind solche, die zwar eine vollständige Strafnorm enthalten, von denen aber einzelne Merkmale einer rechtlichen Wertung bedürfen und daher anhand anderer Normen ausgelegt werden müssen.[531] Als klassisches Beispiel wird häufig das Merkmal „fremd" in §§ 242, 246, 249 und 303 StGB genannt, dessen Vorliegen anhand der Eigentumsregelungen des Bürgerlichen Rechts zu ermitteln ist.[532]

Aufgrund ihrer Anbindung an die Vorschriften anderer Regelungswerke werden normative Tatbestandsmerkmale ebenso wie Blankettverweisungen als eine Erscheinungsform des akzessorischen Strafrechts eingeordnet. Der wesentliche Unterschied zu einem Teilblankettmerkmal liegt darin, dass die zur Auslegung eines normativen Tatbestandsmerkmals herangezogenen Normen lediglich dem allgemeinen rechtsstaatlichen Be-

---

[531] Siehe Leupold/Glossner-*Cornelius*, Teil 10 Rn. 7; ferner *Schlüchter*, S. 26.
[532] KK-*Rengier*, § 11 Rn. 28; Maunz/Dürig-*Schmidt-Aßmann*, Art. 103 GG Rn. 200; MüKo-*Schmitz*, § 1 Rn. 43.

stimmtheitsgebot des Art. 20 Abs. 3 GG unterliegen, während die Ausfüllungsnormen eines Teilblankettgesetzes den Anforderungen des Art. 103 Abs. 2 GG genügen müssen.[533] Zu den durch Art. 103 Abs. 2 GG statuierten grundlegenden rechtsstaatlichen Anforderungen an das Strafrecht zählen neben dem Bestimmtheitsgebot auch das Rückwirkungsverbot, das Verbot von Gewohnheitsrecht und das Analogieverbot.[534] Insoweit gewährt die Verwendung normativer Tatbestandsmerkmale dem Gesetzgeber bei der Schaffung von Gesetzen einen größeren Freiraum, als es bei einem Einsatz der Blanketttechnik der Fall ist. Von einem gesamttatbewertenden Merkmal ist das normative Tatbestandsmerkmal dadurch abzugrenzen, dass es nur das unrechtsbegründende Verhalten umschreibt und sich auf einzelne Tatbestandsmerkmale beschränkt. Ein gesamttatbewertendes Merkmal weist zwar auch einen hohen normativen Gehalt auf, umfasst aber regelmäßig die sonst dem allgemeinen Rechtswidrigkeitsmerkmal vorbehaltene Gesamtbewertung des unrechtsbegründenden Verhaltens.[535]

1. Denkbare Ausgestaltungsmöglichkeiten

Auch bei der Beschränkung des § 108e StGB durch ein normatives Tatbestandsmerkmal kommen mehrere Ausgestaltungsmöglichkeiten in Betracht. Dabei sind einige Parallelen zu der Beschränkung durch eine Teilblankettverweisung erkennbar.

a) „ungerechtfertigt" als normatives Tatbestandsmerkmal

Zum einen ist denkbar, den Vorteilsbegriff durch den normativen Zusatz „ungerechtfertigt" zu konkretisieren. Ähnlich wie bei dem Merkmal „fremd" gemäß §§ 242, 246, 303 StGB müsste anhand außerstrafrechtlicher Vorschriften bestimmt werden, ob ein Vorteil „ungerechtfertigt" ist. Als Auslegungshilfe bieten sich die für die Rechtsstellung von Bundestagsabgeordneten maßgeblichen Vorschriften an, namentlich die Annahmeverbote und die Verhaltensregeln. Hierfür müsste zunächst anhand der

---

[533] BVerfGE 78, 205 (209); siehe auch BVerfGE 126, 170 (196); ferner *Walter*, S. 360 m.w.N.
[534] *Hohmann*, ZIS 2007, 38 (43).
[535] Siehe hierzu 3.Teil C I.

C. Ausgestaltung durch einen Sondertatbestand

Anzeigepflichten ermittelt werden, ob es sich bei dem in Rede stehenden Vorteil um eine Zuwendung handelt, zu deren Annahme der Abgeordnete gemäß den Anzeigepflichten grundsätzlich berechtigt ist. Sodann wäre zu prüfen, ob die sich aus den Annahmeverboten ergebenden Grenzen gewahrt wurden.[536]

Eine Bestimmung des Begriffs „ungerechtfertigt" anhand der genannten Vorschriften ist aber in mehrerlei Hinsicht problematisch. Zum einen beziehen sich die Annahmeverbote nur auf geldwerte Zuwendungen. Eine Auslegung des Begriffs „ungerechtfertigt" anhand der Annahmeverbote hätte daher zur Folge, dass nur geldwerte Vorteile von § 108e StGB erfasst würden.[537] Den in den Verhaltensregeln enthaltenen Anzeigepflichten kann konkludent entnommen werden, welche Tätigkeiten ein Abgeordneter neben dem Mandat ausüben darf und zur Annahme welcher Zuwendungen er dem Grunde nach berechtigt ist.[538] Der Anzeigepflicht unterfallen auch unbezahlte Tätigkeiten eines Abgeordneten, etwa die ehrenamtliche Tätigkeit als Vorstand eines gemeinnützigen Vereins. Gleichzeitig kann die Erlangung einer solchen Position einen Abgeordneten objektiv besserstellen – etwa aufgrund der Prestigeträchtigkeit des Amtes – und damit als ein Vorteil im Sinne des § 108e StGB einzuordnen sein. In einem solchen Fall läge ein Vorteil im Sinne des § 108e StGB vor. Dieser wäre mangels Anwendbarkeit der auf geldwerte Zuwendungen zugeschnittenen Annahmeverbote jedoch niemals „ungerechtfertigt" und damit auch nicht strafbar; und zwar unabhängig davon, ob eine strafwürdige Verknüpfung des Vorteils mit einer Mandatshandlung des Abgeordneten vorliegt oder nicht. In Anbetracht der bereits festgestellten Notwendigkeit der Einbeziehung immaterieller Vorteile ist dieses Ergebnis nicht akzeptabel.[539] Ferner stünde eine derartige Bestimmung auch im Widerspruch zum Vorteilsbegriff, der materiell und immateriell besserstellende Leistungen gleichermaßen erfasst.

Demnach scheidet eine positive Bestimmung des Begriffs „ungerechtfertigt" anhand der Annahmeverbote, sei es allein oder in Kombination mit

---

[536] Vgl. hierzu oben 2.Teil B II 2 b) aa) (2).
[537] Siehe oben 3.Teil C III 3 a) cc).
[538] Siehe oben 2.Teil B II 2 b) aa) (2).
[539] Siehe oben 1.Teil B II u. 2.Teil B II 1 a).

den Anzeigepflichten, zur Konkretisierung des Vorteilsbegriffs aus. Eine Auslegung allein anhand der Verhaltensregeln kommt ebenfalls nicht in Frage, weil den Verhaltensregeln keine Aussage über die Zulässigkeit beziehungsweise Unzulässigkeit der Annahme von Zuwendungen entnommen werden kann.[540] Aus diesem Grund kommt eine Beschränkung des Vorteilsbegriffs anhand des normativen Tatbestandsmerkmals „ungerechtfertigt" nicht in Betracht.

b) Normative Ausklammerung durch außerstrafrechtliche Vorschriften

Eine weitere Möglichkeit besteht darin, ein normatives Tatbestandsmerkmal lediglich zur Ausklammerung bestimmter Vorteile aus dem Anwendungsbereich von § 108e StGB einzusetzen. Wie bei den Teilblanketten kommen dabei zwei Anknüpfungspunkte in Betracht. Anknüpfungspunkt kann zum einen der Vorteilsbegriff selbst sein oder aber – entsprechend der gegenwärtigen Regelung in § 108e Abs. 1 S. 1 StGB – der Zusatz „ungerechtfertigt".[541] Weil dem Begriff „ungerechtfertigt" über die Ausklammerung hinaus kein eigenständiger Bedeutungsinhalt zukommt, ist von einer Anknüpfung an diesen Begriff abzusehen und die Ausklammerung stattdessen anhand des Vorteilsbegriffs selbst vorzunehmen. Bezüglich der Probleme, die eine solche Anknüpfung mit sich bringt, wird auf die obigen Ausführungen verwiesen.[542]

Verfassungsrechtlich bestehen – anders als bei einem Teilblankettverweis – keine Bedenken dagegen, die Anzeigepflichten und Annahmeverbote als Auslegungshilfe zur Ausklammerung bestimmter Vorteile aus § 108e StGB heranzuziehen. Das ist darauf zurückzuführen, dass die zur Auslegung eines normativen Tatbestandsmerkmals herangezogenen Regelungen nicht den strengen Bestimmtheitsanforderungen des Art. 103 Abs. 2 GG unterliegen, sondern lediglich dem allgemeinen rechtsstaatlichen Bestimmtheitsgebot genügen müssen. Insofern ist unbeachtlich, dass die Verhaltensregeln kein förmliches Gesetz sind, sondern

---

[540] Siehe oben 3.Teil C III 3 a) bb).
[541] Vgl. die Beispiele in Fn. 479 und 480.
[542] Siehe hierzu unter 2.Teil B. II. 2. c) bb) (2).

C. Ausgestaltung durch einen Sondertatbestand 175

durch schlichten Beschluss des Bundestages ohne Beteiligung des Bundesrates zustande kommen.

c) Ausklammerung durch „anerkannte Gepflogenheiten"

Schließlich ist noch eine weitere Beschränkung des § 108e StGB durch eine Ausklammerung bestimmter Vorteile denkbar: eine Ausklammerung anhand des normativen Tatbestandsmerkmals der „anerkannten parlamentarischen Gepflogenheiten". Auch hier kann das Merkmal entweder an den Vorteilsbegriff selbst anknüpfen oder zur Ausklammerung nicht ungerechtfertigter Vorteile herangezogen werden. Letzteres sieht die gegenwärtige Fassung des § 108e Abs. 4 S. 1 StGB zumindest indirekt durch die Formulierung „insbesondere" vor, hinter der sich laut Gesetzesbegründung der Begriff der parlamentarischen Gepflogenheiten verbirgt.[543] Aus den bereits bekannten Gründen ist von einer Ausklammerung unter Anknüpfung an den Begriff „ungerechtfertigt" Abstand zu nehmen. Das gilt sowohl für den Fall, dass die Formulierung „anerkannte parlamentarische Gepflogenheiten" in den Gesetzestext des § 108e StGB selbst aufgenommen wird, als auch für den Fall, dass die anerkannten parlamentarische Gepflogenheiten über die Wendung „liegt insbesondere nicht vor" zur Ausklammerung nicht ungerechtfertigter Vorteile herangezogen werden.[544]

Insofern verbleibt nur die Möglichkeit einer Anknüpfung an den Vorteilsbegriff selbst. Eine entsprechende Beschränkung des Vorteilsbegriffs war in der vorangegangenen Legislaturperiode sowohl von der SPD als auch durch das Bundesland Nordrhein-Westfalen vorgeschlagen worden. Der Entwurf Nordrhein-Westfalens weist dabei einen entscheidenden Vorteil gegenüber dem Vorschlag der SPD auf. Gemäß dem Entwurf der SPD stellt „eine Zuwendung, die im Rahmen der Wahrnehmung des Mandates parlamentarischen Gepflogenheiten entspricht, [...] keinen Vorteil [im Sinne der Vorschrift] dar."[545] Nach dem Vorschlag Nordrhein-Westfalens stellt hingegen „eine Zuwendung, die im Rahmen der Wahrnehmung des

---

[543] Siehe hierzu und zur Kritik an dieser Formulierung 2.Teil B. II. 2. c) bb) (2).
[544] Siehe hierzu 3.Teil C IV 1 b) sowie 2.Teil B. II. 2. c) bb) (2).
[545] BT-Drucks. 17/8613.

176 3. Teil: Möglichkeiten einer alternativen Ausgestaltung

Mandats in der Volksvertretung, dem Gesetzgebungsorgan des ausländischen Staates, dem Europäischen Parlament oder der parlamentarischen Versammlung der internationalen Organisation anerkannten Gepflogenheiten entspricht, [...] keinen Vorteil im Sinne dieser Vorschrift dar".[546]

Im Unterschied zum SPD-Entwurf knüpfen die Entwurfsverfasser aus Nordrhein-Westfalen nicht an die „parlamentarischen Gepflogenheiten", sondern an die in den jeweiligen Volksvertretungen „anerkannten Gepflogenheiten" an. Damit entgeht der Entwurf dem Problem, dass es sich bei Kommunalvertretungen zwar um Volksvertretungen, nicht aber um Parlamente im Sinne des Staatsrechts handelt, weswegen der Verweis auf parlamentarische Gepflogenheiten ungenau ist.[547] Insoweit ist der Gesetzesentwurf aus Nordrhein-Westfalen vorzugswürdig.

Hinsichtlich der Vereinbarkeit mit dem Verfassungsrecht, insbesondere dem strafrechtlichen Bestimmtheitsgebot, bestehen an einer Beschränkung des § 108e StGB durch Ausklammerung bestimmter Vorteile anhand des normativen Ausdrucks der „anerkannten Gepflogenheiten" keine Bedenken.[548] Allerdings sollte an der erstinstanzlichen Sonderzuständigkeit des Oberlandesgerichts festgehalten werden.[549]

2. Ergebnis

Eine positive Bestimmung des Vorliegens eines „ungerechtfertigten" Vorteils scheidet mangels inhaltlicher Eignung der Annahmeverbote und Anzeigepflichten als Auslegungshilfen aus. Eine bloße Ausklammerung bestimmter Vorteile ist hingegen sowohl anhand der Anzeigepflichten und Annahmeverbote als auch mittels des Begriffs der „anerkannten Gepflogenheiten" möglich. In beiden Fällen sollte die Ausklammerung jedoch an den Vorteilsbegriff selbst anknüpfen, statt „nicht ungerechtfertigte" Vorteile aus dem Anwendungsbereich von § 108e StGB auszunehmen.

---

[546] BR-Drucks. 174/13.
[547] So die wohl herrschende Meinung, hierzu *Heinrich*, Stellungnahme, S. 36; ferner BR-Drucks. 174/13, S. 6.
[548] Siehe hierzu 2.Teil B II 2 d) aa).
[549] Siehe hierzu 2.Teil B II 2 d) aa) (2).

C. Ausgestaltung durch einen Sondertatbestand

V. Vereinbarkeit mit internationalen Abkommen

An der Vereinbarkeit der genannten Beschränkungsmöglichkeiten mit den Vorgaben der VN-Konvention und des Europaratübereinkommens bestehen keine Bedenken. Beide Abkommen setzen einen ungerechtfertigten Vorteil („undue advantage") voraus.[550] Dabei dient der Zusatz „ungerechtfertigt" der Ausklammerung bestimmter Vorteile und schränkt auf diese Weise den Vorteilsbegriff ein. Hinsichtlich des Europaratübereinkommens geht das aus dem Bericht hervor, der das Übereinkommen erläutert. In Nummer 38 des erläuternden Berichts zum Europaratübereinkommen wird „ungerechtfertigt" als etwas definiert, zu dessen Annahme oder Empfang der Mandatsträger gesetzlich nicht berechtigt ist, und zudem klargestellt, dass dem Begriff weder geringwertige noch sozialadäquate Zuwendungen unterfallen.[551]

In Bezug auf die VN-Konvention findet sich dagegen weder im Konventionstext selbst noch in dem offiziellen Leitfaden zur Implementierung der Konvention eine nähere Umschreibung des Begriffs „ungerechtfertigt". Allerdings sieht die Konvention in Artikel 8 Nummer 5 vor, dass Mitgliedsstaaten in Übereinstimmung mit den wesentlichen Grundsätzen ihres innerstaatlichen Rechts Regelungen darüber zu treffen haben, dass Amtsträger den zuständigen Behörden gegenüber Erklärungen über Nebentätigkeiten, Beschäftigungsverhältnisse, Kapitalanlagen, Vermögenswerte und erhebliche Geschenke oder Vergünstigungen abgeben, die in Bezug auf ihre Aufgaben als Amtsträger zu einem Interessenkonflikt führen können. Aus dieser Verpflichtung zur Offenlegung gegenüber den zuständigen Behörden folgt, dass die Annahme der genannten Vorteile grundsätzlich erlaubt sein muss.[552] Eine gleichzeitige Strafbarkeit wäre widersprüchlich.

---

[550] Siehe oben 2.Teil B II.
[551] Nummer 38 Satz 2 bis 3 des erläuternden Berichts lautet:
„*Undue* for the purposes of the Convention should be interpreted as something that the recipient is not lawfully entitled to accept or receive. For the drafters of the Convention, the adjective *undue* aims at excluding advantages permitted by the law or by administrative rules as well as minimum gifts, gifts of very low value or socially acceptable gifts.", Explanatory Report to the Criminal Law Convention on Corruption, https://rm.coe.int/CoERMPublicCommonSearchServices/DisplayDCTMContent?documentId=09000016800cce44 (Stand: 30.11.2016).
[552] Siehe hierzu oben 2.Teil B II 2 b) aa) (2).

178   3. Teil: Möglichkeiten einer alternativen Ausgestaltung

Insofern steht eine Ausklammerung der genannten Vorteile aus der Strafbarkeit auch im Einklang mit der VN-Konvention.

Demnach ist die Beschränkung des Tatbestands der Mandatsträgerbestechung mittels einer Ausklammerung bestimmter Vorteile mit beiden Abkommen vereinbar. Inwieweit diese Beschränkung anhand eines gesamttatbewertenden Tatbestandsmerkmals, anhand einer Auflistung der auszunehmenden Vorteile, mittels eines Blankettverweises oder anhand eines normativen Tatbestandsmerkmals erfolgt, ist unerheblich. Auch ist der nationale Gesetzgeber nicht gezwungen, den Zusatz „ungerechtfertigt" in § 108e StGB zu übernehmen. Ebenso kann er ein anderes Wort, beispielsweise „unbillig",[553] einsetzen oder auch gänzlich auf einen Zusatz verzichten. Solange der von den Übereinkommen vorgesehene Zweck der Beschränkung erreicht wird, sind die Details der Zweckerreichung dem Ermessen der Mitgliedsstaaten überlassen.[554]

VI. Ergebnis

Die Beschränkung des § 108e StGB anhand eines normativen Merkmals, das an den gesamten Tatbestand anknüpft, scheidet im Hinblick auf das Optimierungsverbot aus.[555] Auch eine vollständige Auflistung ungerechtfertigter Vorteile kommt angesichts der Gefahr von Strafbarkeitslücken einerseits und einer drohenden Uferlosigkeit des Straftatbestands nicht in Betracht.[556] In Ermangelung inhaltlich geeigneter Ausfüllungsnormen sowie diverser verfassungsrechtlicher Probleme scheidet auch eine Ausgestaltung des § 108e StGB als reines Blankettgesetz aus.[557]

Hinsichtlich der gegenwärtigen Beschränkung des § 108e StGB kann festgehalten werden, dass die Anknüpfung an den Begriff „ungerechtfertigt" weder erforderlich noch angezeigt ist. Die Bedeutung des Begriffs erschöpft sich in den verschiedenen Ausklammerungen nicht ungerechtfertigter Vorteile. Insofern empfiehlt es sich, den Begriff „ungerechtfertigt"

---

[553] Siehe hierzu den Vorschlag von *Stünker*, in: FS Meyer, S. 589 (604).
[554] Ähnlich bereits *Hartmann*, S. 170.
[555] Siehe hierzu 3.Teil C I.
[556] Siehe hierzu 3.Teil C II.
[557] Siehe hierzu 3.Teil C III 3.

C. Ausgestaltung durch einen Sondertatbestand

aus den Absätzen 1 und 2 zu streichen und in Absatz 4 schlicht an den Vorteilsbegriff anzuknüpfen, statt nicht ungerechtfertigte Vorteile aus dem Anwendungsbereich von § 108e StGB auszuklammern.

In Bezug auf die Ausklammerung in Absatz 4 Satz 1 sollte an der bisherigen, nicht abschließenden Ausgestaltung eines normativen Verweises auf die für die Rechtsstellung des Mitglieds maßgeblichen Vorschriften festgehalten werden. Eine Ausgestaltung der Ausklammerung als Teilblankettverweisung kommt nur in Betracht, soweit der Blick auf Bundestagsabgeordnete gerichtet wird. Unter Einbeziehung jener Mandatsträgergruppen, für die es keine entsprechenden oder unterschiedlich ausgestalteten Vorschriften gibt, scheidet eine Teilblankettverweisung dagegen aus. Zudem sollte die Formulierung „liegt insbesondere nicht vor" aus Satz 1 gestrichen und stattdessen ausdrücklich darauf abgestellt werden, ob der zu beurteilende Vorteil „anerkannten Gepflogenheiten" entspricht.

Die Ausklammerung durch konkrete Benennung in Absatz 4 Satz 2 Nummer 1 sollte ebenso beibehalten werden wie die Teilblankettverweisung auf das Parteiengesetz und diesem entsprechende Gesetze in Absatz 4 Satz 2 Nummer 2.

Unter Berücksichtigung des im Strafrecht als Optimierungsgebot verstandenen Bestimmtheitsgrundsatzes hat der Gesetzgeber die Beschränkung des § 108e StGB so bestimmt wie möglich auszugestalten.[558] Eine kombinierte Anwendung der unterschiedlichen Ausklammerungen ist praxisnah und wird gleichzeitig den Anforderungen des Verfassungsrechts, insbesondere denen des Bestimmtheitsgebots, gerecht. Demnach sollte die Kombination der verschiedenen Tatbestandsbeschränkungen unter Einarbeitung der genannten Änderungsempfehlungen beibehalten werden.

Abschließend wird in Bezug auf die für die Rechtsstellung von Bundestagsabgeordneten maßgeblichen Vorschriften eine Übernahme derjenigen Änderungen empfohlen, die bereits im Rahmen der Erörterung über die Ausgestaltung des § 108e Abs. 4 S. 1 AbgG als Teilblankettverweisung vorgeschlagen wurden.[559] Zur Ermöglichung einer besseren Übersicht über

---

[558] Zum Optimierungsgebot siehe *Duttge*, S. 186 m.w.N.; ferner *Heinrich*, Stellungnahme, S. 2 unter konkretem Bezug auf § 108e StGB.
[559] Siehe oben 3.Teil C III d).

den Straftatbestand sollten alle gegenwärtig bestehenden, für die Rechtsstellung von Bundestagsabgeordneten maßgeblichen Vorschriften in einem Gesetz gebündelt werden. Hierzu empfiehlt sich eine Aufnahme sowohl der Verhaltensregeln als auch des in § 25 Abs. 2 PartG geregelten Spendenannahmeverbots in das Abgeordnetengesetz. Zudem sollten das Spendenannahmeverbot gemäß § 25 Abs. 2 Nr. 7 PartG und das Verbot von Interessentenzahlungen gemäß § 44a Abs. 2 S. 2 AbgG sprachlich aneinander angeglichen und mit den übrigen Sätzen des § 44a Abs. 2 AbgG in Einklang gebracht werden.

D. Ergänzung durch außerstrafrechtliche Regelungen

In diesem dritten Teil der Untersuchung wurden bisher die verschiedenen Möglichkeiten einer Beschränkung des § 108e StGB diskutiert und anhand der gewonnenen Erkenntnisse einige Änderungsempfehlungen hinsichtlich der gegenwärtigen Beschränkung des Straftatbestands in Absatz 4 herausgearbeitet. Zur Entschärfung oder gar Lösung des Problems der Nachweisbarkeit der qualifizierten Unrechtsvereinbarung, können die bisherigen Erkenntnisse allerdings nicht beitragen.

Allein mit Mitteln des Strafrechts lässt sich weder das Problem der schwierigen Nachweisbarkeit beheben noch ein hinreichender Schutz gegen politische Korruption im Allgemeinen erzielen.[560] Über das Vorliegen einer qualifizierten Unrechtsvereinbarung muss das Gericht im Wege einer Gesamtwürdigung aller in Betracht kommenden Umstände der Tat entscheiden.[561] Um das stark subjektiv geprägte Erfordernis einer Unrechtsvereinbarung zwischen Vorteilsgeber und Mandatsträger nachweisen zu können, müssen in erster Linie die äußeren Tatumstände herangezogen werden.[562] Je mehr Informationen im Einzelfall zur Verfügung stehen, desto wahrscheinlicher ist eine erfolgreiche Beweisführung. Vor diesem Hintergrund bedarf es einer möglichst umfangreichen Quelle an entsprechenden Informationen. Als solche kommen sowohl an Abgeordnete als auch an Interessenvertreter ohne Mandat gerichtete Offenlegungspflichten in Betracht.

---

[560] Siehe hierzu *Kubiciel*, ZRP 2014, 48 (49).
[561] BGHSt 53, 6 (17); siehe ferner oben 2.Teil B III 3.
[562] Vgl. hierzu BT-Drucks. 18/476, S. 8.

D. Ergänzung durch außerstrafrechtliche Regelungen 181

I. Verhaltensregeln und §§ 44a, 44b AbgG

Die wichtigsten außerstrafrechtlichen Vorschriften zur Bekämpfung politischer Korruption bei Bundestagsabgeordneten sind die Verhaltensregeln für Mitglieder des Deutschen Bundestages in Verbindung mit den §§ 44a, 44b AbgG. Die Verhaltensregeln regeln zunächst, ob und wie der Abgeordnete bestimmte geldwerte Zuwendungen und Tätigkeiten neben dem Mandat anzuzeigen hat und welche dieser Zuwendungen und Tätigkeiten im Amtlichen Handbuch und auf der Internetseite des Deutschen Bundestages veröffentlicht werden. Zudem verpflichtet § 6 VR jedes Mitglied des Bundestages, das entgeltlich mit einem Gegenstand beschäftigt ist, der in einem Ausschuss des Bundestages zur Beratung ansteht, als Mitglied dieses Ausschusses vor der Beratung eine Interessenverknüpfung offenzulegen, soweit diese nicht aus den gemäß § 3 VR veröffentlichten Angaben ersichtlich ist.

Für Verstöße gegen die in den Verhaltensregeln und den Annahmeverboten festgeschriebenen Pflichten ist in den §§ 44a Abs. 3 u. 4, 44b Nr. 5 AbgG i.V.m. § 8 VR ein parlamentsrechtliches Sanktionsverfahren vorgesehen. Eine Pflichtverletzung wird bei leichteren Verstößen mit einer Ermahnung und im Übrigen mit einer Veröffentlichung des Vorgangs geahndet. Bei Verstößen gegen das Verbot der Entgegennahme unzulässiger Zuwendungen oder Vermögensvorteile ist das Erlangte beziehungsweise dessen Gegenwert dem Haushalt des Bundes zuzuführen und die Pflichtverletzung im Bundesanzeiger zu veröffentlichen. Die härteste Sanktion sieht der Gesetzgeber für die Verletzung von Anzeigepflichten vor: die Festsetzung eines Ordnungsgeldes, dessen Höhe die Hälfte der jährlichen Abgeordnetenentschädigung erreichen darf.

Sowohl aus den veröffentlichten Angaben zu Nebentätigkeiten und Einkünften als auch aus den veröffentlichten Verstößen gegen die Verhaltensregeln lassen sich wertvolle Rückschlüsse auf das Bestehen einer Unrechtsvereinbarung ziehen. Je mehr Informationen zur Verfügung stehen, desto leichter dürfte der Tatbestand des § 108e StGB nachzuweisen sein. Insofern ist es wichtig, dass die Bundestagsabgeordneten durch ein wirksames Sanktionssystem dazu angehalten werden, ihren Verpflichtungen aus den Verhaltensregeln nachzukommen und die Annahmeverbote einzuhalten.

Daneben ermöglicht die Veröffentlichung der anzeigepflichtigen Tätigkeiten und Einkünfte neben dem Mandat sowie der festgestellten Verstöße gegen die Verhaltensregeln und Annahmeverbote eine Kontrolle der einzelnen Sachverhalte außerhalb des Strafrechts. Die veröffentlichten Angaben sind die wichtigste Informationsquelle für den Bürger und werden darüber hinaus von den Medien sowie einigen gemeinnützigen Organisationen analysiert, bewertet und publiziert. Zu den genannten Organisationen zählen beispielsweise Parlamentwatch e.V.,[563] Transparency International Deutschland[564] sowie LobbyControl – Initiative für Transparenz und Demokratie e.V.[565] Besonders hervorzuheben ist das Internetportal „abgeordnetenwatch.de", welches eines der Hauptprojekte des gemeinnützigen Vereins Parlamentwatch e.V. ist. Unter Auswertung der vom Bundestag veröffentlichten Informationen dokumentiert das Portal unter anderem das Abstimmungsverhalten von Bundestagsabgeordneten, gibt Aufschluss über deren Nebentätigkeiten, weist auf konkrete Interessenkonflikte hin und ermöglicht einen interaktiven Frage-Antwort-Austausch zwischen Bundestagsabgeordneten und Bürgern. Nach eigenen Angaben ist „abgeordnetenwatch.de" mit monatlich fast 400.000 Besucherinnen und Besuchern sowie gut 4 Millionen Seitenabrufen das größte politische Dialogportal Deutschlands.[566]

Verletzt ein Abgeordneter eine der ihm durch die Verhaltensregeln auferlegten Pflichten oder verstößt er gegen eines der in §§ 44a, 44b AbgG, § 25 Abs. 2 PartG enthaltenen Annahmeverbote, muss er mit einer entsprechenden Veröffentlichung rechnen. Diese kann sein öffentliches Ansehen erheblich beschädigen, was sowohl seine Wiederaufstellung durch die Partei als auch seine Wiederwahl durch das Volk gefährdet. Je nach Schweregrad des Verstoßes kann auch das gegenwärtige Mandat bedroht sein und den Träger zu einer Niederlegung desselben zwingen. Insoweit entfalten die genannten Vorschriften auch eine abschreckende Wirkung.

---

[563] Siehe https://www.abgeordnetenwatch.de/ueber-uns/impressum (Stand: 30.11.2016).
[564] Siehe https://www.transparency.de/ (Stand: 30.11.2016); ferner *Mayer*, S. 109 ff.
[565] Klärt eigenen Angaben zufolge über Machtstrukturen und Einflussstrategien in Deutschland und der EU auf und setzt sich für eine lebendige und transparente Demokratie ein, siehe https://www.lobbycontrol.de/ (Stand: 30.11.2016).
[566] Siehe https://www.abgeordnetenwatch.de/ueber-uns (Stand: 30.11.2016).

D. Ergänzung durch außerstrafrechtliche Regelungen 183

II. Lobbyistenregister

Der Deutsche Bundestag verfügt seit 1972 über eine Lobbyistenvorschrift. Gemäß Absatz 1 Anlage 2 der GOBT werden Verbände, die Interessen gegenüber dem Bundestag oder der Bundesregierung vertreten, auf einen entsprechenden Antrag hin in eine öffentliche, vom Bundestagspräsidenten geführte Liste eingetragen. Die Liste ist gemäß Absatz 5 Anlage 2 jährlich im Bundesanzeiger zu veröffentlichen und darüber hinaus auch auf der Internetseite des Deutschen Bundestages einsehbar.

Die Registrierung ist für die Verbände zwar freiwillig, allerdings sollen deren Vertreter gemäß Absatz 2 Anlage 2 nur dann im Bundestag angehört werden, wenn sie sich in die öffentliche Liste eingetragen und dabei folgende Angaben gemacht haben: Name und Sitz des Verbandes, Zusammensetzung von Vorstand und Geschäftsführung, Interessenbereich des Verbandes, Mitgliederzahl, Namen der Verbandsvertreter sowie Anschrift der Geschäftsstelle am Sitz von Bundestag und Bundesregierung. Ob die Bundestagsgremien sich auch tatsächlich an das Erfordernis einer Eintragung halten, ist zweifelhaft. Laut *Gerig* werden Verbandsvertreter auch dann als Sachverständige bei Anhörungen in den Bundestagsausschüssen gehört, wenn sie keine konkreten Angaben etwa zu der Zusammensetzung des Vorstands und der Geschäftsführung gemacht und sich nicht in die Liste eingetragen haben.[567]

Nicht registriert werden Körperschaften, Anstalten und Stiftungen des öffentlichen Rechts und deren Dachorganisationen.[568] Auch Einzelfirmen und selbstständig tätige Lobbyisten werden nicht in die Liste eingetragen.[569]

Bei entsprechender Ausgestaltung kann ein öffentliches Lobbyistenregister ähnliche Wirkungen entfalten wie die Veröffentlichungen gemäß den Verhaltensregeln. So könnte ein verbindliches Register Auskunft über

---

[567] *Gerig*, ZRP 2014, 247 (249).
[568] Deutscher Bundestag, Öffentliche Liste über die Registrierung von Verbänden und deren Vertretern, Bemerkung 1, https://www.bundestag.de/blob/189456/f766eef1f26877ed8e995db28001bf66/lobbylisteamtlich-data.pdf (Stand: 30.11.2016).
[569] Hierzu *Gerig*, ZRP 2014, 247 (249).

sämtliche Verbände, Unternehmen und Einzelpersonen geben, die Interessen gegenüber dem Bundestag vertreten. Ferner ist die Erfassung von Informationen über die Finanzierung der Interessenvertreter denkbar.[570] Diese Angaben würden Rückschlüsse sowohl auf den Gegenstand als auch auf die Beteiligten von Interessenkonflikten ermöglichen. Um die Einhaltung der Registrierung zu gewährleisten, sollten Sanktionen für Verstöße gegen die Registrierungspflichten eingeführt werden.[571]

III. Ergebnis

Für eine effektive Prävention und Bekämpfung von Abgeordnetenkorruption sind außerstrafrechtliche Vorschriften, insbesondere das Abgeordnetenrecht, unerlässlich. Eine Verbesserung der Transparenz erleichtert nicht nur die Nachweisbarkeit des Straftatbestands des § 108e StGB, sondern ermöglicht auch eine wirksame Kontrolle außerhalb des Strafrechts, in welche die Medien, bestimmte gemeinnützige Organisationen und nicht zuletzt die wahlberechtigten Bürger eingebunden sind.

Insofern bedarf es einer fortlaufenden Weiterentwicklung des Abgeordnetenrechts.[572] Hinsichtlich der Verhaltensregeln und Annahmeverbote wurden bereits einige Änderungen vorgeschlagen, die in Hinblick auf die Ausklammerung bestimmter Vorteile aus dem Anwendungsbereich des § 108e StGB empfehlenswert sind: die maßgeblichen Vorschriften sollen gebündelt in das Abgeordnetengesetz eingefügt sowie sprachlich aufeinander abgestimmt werden und zudem künftig auch nicht geldwerte Zuwendungen erfassen. Das gegenwärtige Lobbyistenregister sollte inhaltlich erweitert, verbindlich ausgestaltet und um ein Sanktionsverfahren ergänzt werden. Mit Blick auf das Abgeordnetenrecht aber auch im Hinblick auf das Register sollte die Etablierung eines unabhängigen Verhaltensbeauftragten in Erwägung gezogen werden, der – gegebenenfalls in Zusammenarbeit mit dem Bundestagspräsidenten – die Einhaltung der Vorschriften des Abgeordnetenrechts überwacht und bei Verstößen das Sanktionsverfahren durchführt. Auf diese Weise würde der Bundestagspräsident entlastet, dem in Anbetracht seiner zahlreichen anderweitigen Verpflichtungen ohnehin

---

[570] So *Hoppe*, ZRP 2009, 39 (41).
[571] So *Hoppe*, ZRP 2009, 39 (41).
[572] Hierzu *Kubiciel*, ZRP 2014, 48 (49).

D. Ergänzung durch außerstrafrechtliche Regelungen   185

die Zeit fehlen dürfte, die genannten Aufgaben mit der gebotenen Sorgfalt zu erledigen.

4. Teil: Änderungsvorschlag und Ausblick

A. Zusammenfassung der Änderungsempfehlungen

Mit dem neuen § 108e StGB kommt der Gesetzgeber der seit zwanzig Jahren durch die Rechtslehre und später auch die Rechtsprechung geforderten Reformierung des § 108e StGB a.F. nach und leistet damit einen nicht nur symbolischen Beitrag zu der Bekämpfung von Mandatsträgerkorruption.

Die Ausgestaltung des § 108e StGB als eines an die Grundkonzeption der allgemeinen Bestechungsdelikte angelehnten Sondertatbestands erfüllt einerseits die Vorgaben internationaler Abkommen und trägt andererseits der unterschiedlichen Stellung von Mandatsträgern und Amtsträgern Rechnung. Anders als Amtsträgern ist Abgeordneten die Entgegennahme bestimmter Vorteile grundsätzlich erlaubt; ferner haben sie – im Gegensatz zu Amtsträgern – als Inhaber eines freien Mandats keinen klar umrissenen Zuständigkeitsbereich und unterliegen auch keinem vorgezeichneten Pflichtenkatalog. Diesen Unterschieden will der Gesetzgeber zum einen durch eine Beschränkung des Vorteilsbegriffs und zum anderen durch eine Begrenzung des Handlungsbegriffs gerecht werden.

I. Beschränkung des Vorteilsbegriffs

Durch die Ausklammerung nicht ungerechtfertigter Vorteile in § 108e Abs. 4 StGB bringt der Gesetzgeber zum Ausdruck, dass Abgeordnete zur Entgegennahme bestimmter Vorteile grundsätzlich berechtigt sind. Vor diesem Hintergrund ist die Tatbestandsbeschränkung einschließlich des in Absatz 4 Satz 1 enthaltenen Verweises auf das Abgeordnetenrecht nicht zu beanstanden. Allerdings sollte von der gegenwärtigen Konstruktion, namentlich dem Erfordernis eines „ungerechtfertigten" Vorteils in Verbindung mit der sprachlich umständlichen Ausklammerung durch die Negation ungerechtfertigter Vorteile, abgesehen werden. Andernfalls müssten alle nicht über Absatz 4 aus dem Tatbestand ausgeklammerten Vorteile automatisch als „ungerechtfertigt" eingeordnet werden und zwar unabhängig davon, ob hinsichtlich des jeweiligen Vorteils ein Verstoß gegen das Abgeordnetenrecht festgestellt werden konnte oder aber gar keine Prüfung stattgefunden hat.[573]

Stattdessen empfiehlt es sich, den Begriff „ungerechtfertigt" aus § 108e StGB zu streichen und für die Ausklammerung an den Vorteilsbegriff anzuknüpfen. Hierzu sollte die Formulierung „Ein ungerechtfertigter Vorteil liegt insbesondere nicht vor, […]" durch „Ein Vorteil im Sinne dieser Vorschrift liegt insbesondere nicht vor, […]" und die Formulierung „Keinen ungerechtfertigten Vorteil stellen dar […]" durch „Keinen Vorteil im Sinne dieser Vorschrift stellen dar […]" ersetzt werden. Diese Ausgestaltung entspricht zwar nicht dem von der VN-Konvention und dem Europaratübereinkommen vorgeschlagenen Wortlaut, steht aber dennoch mit beiden Abkommen im Einklang. Systematische Auswirkungen auf die Auslegung des Vorteilsbegriffs im Rahmen der allgemeinen Amtsbestechungsdelikte, bei denen sozialadäquate Vorteilszuwendungen bislang ohne ausdrücklichen Hinweis aus der Strafbarkeit ausgeklammert werden, sind hierdurch nicht zu befürchten.[574]

Darüber hinaus sollte anstelle des Wortes „insbesondere" der Ausdruck „anerkannte Gepflogenheiten" in § 108e Abs. 4 S. 1 StGB eingearbeitet werden. Von der Verwendung des Zusatzes „parlamentarisch" sollte hingegen abgesehen werden, weil Kommunalvertretungen keine Parlamente im staatsrechtlichen Sinne sind, aber dem Anwendungsbereich von § 108e StGB unterfallen.[575] Vorzugswürdig ist eine Bezugnahme auf die Gepflogenheiten desjenigen Mandatsträgerkreises, dem der jeweils betroffene Mandatsträger angehört.[576] Konkret empfiehlt es sich, den durch Streichung von „insbesondere" bereinigten Wortlaut von § 108e Abs. 4 S. 1 StGB um den Zusatz „[...] oder den anerkannten Gepflogenheiten des jeweils betroffenen Mandatsträgerkreises entspricht" zu ergänzen.

---

[573] Siehe hierzu 2.Teil B II 2 c) bb) (2).
[574] Siehe hierzu *Heinrich*, Stellungnahme, S. 31.
[575] Siehe oben 2.Teil B II 2 b) bb) (2).
[576] Vgl. hierzu den Gesetzesentwurf Nordrhein-Westfalens, BR-Drucks. 174/13.

A. Zusammenfassung der Änderungsempfehlungen

Schließlich ist es mit Blick auf das Abgeordnetenrecht ratsam, die Annahmeverbote und die Verhaltensregeln gebündelt in das Abgeordnetengesetz einzufügen, sprachlich zu überarbeiten und aneinander anzugleichen.[577] Zudem ist eine Abdeckung sämtlicher, also auch nicht geldwerter Zuwendungen an Abgeordnete empfehlenswert. Hierdurch würden nicht nur die Möglichkeiten einer akzessorischen Ausgestaltung des § 108e StGB erweitert, sondern auch die Transparenz verbessert und dadurch die außerstrafrechtliche Kontrolle gestärkt.

II. Beschränkung der Handlung

Das zweite Merkmal, anhand dessen der Gesetzgeber die unterschiedliche Stellung von Mandatsträgern und Amtsträgern zum Ausdruck bringt, ist die Handlung des Mandatsträgers. Diese ist sogar zweifach eingeschränkt. § 108e StGB setzt voraus, dass die Handlung zum einen „bei der Wahrnehmung [des] Mandats" und zum anderen „im Auftrag oder auf Weisung" erfolgte. Die Begrenzung auf Handlungen „bei der Wahrnehmung [des] Mandats" ist sinnvoll und erforderlich.[578] Gegen das Erfordernis einer Handlung „im Auftrag oder auf Weisung" spricht hingegen die schwierige Nachweisbarkeit in Kombination mit der mangelnden Gebotenheit in Hinblick auf den Schutzzweck der Norm. Insofern ist die Beschränkung des Straftatbestands auf Handlungen „im Auftrag oder auf Weisung" überflüssig und sollte gestrichen werden.

III. Erweiterung um Mandatsbewerber

Mit Blick auf den gleichen Unrechtsgehalt sollten auch Mandatsbewerber in den Straftatbestand des § 108e StGB einbezogen werden. Dies lässt sich am besten durch das Einfügen eines gesonderten Absatzes in Anschluss an Absatz 3 erreichen. Der neue Absatz 4 sollte lauten: „Den in den Absätzen 1, 2 und 3 genannten Mitgliedern stehen Personen gleich, die sich um ein

---

[577] Eine Überarbeitung der Verhaltensregeln und eine Anpassung an das Abgeordnetengesetz fordert auch die Fraktion CDU/CSU, BT-Drucks 18/607, S. 7.
[578] Siehe hierzu 2.Teil B V 3.

4. Teil: Änderungsvorschlag und Ausblick

Mandat in einer Volksvertretung oder einem Gesetzgebungsorgan bewerben."[579]

B. § 108e StGB-E

Unter Einbeziehung sämtlicher Änderungsvorschläge sollte § 108e StGB wie folgt geändert werden:

§ 108e StGB-E Bestechlichkeit und Bestechung von Mandatsträgern

„(1) Wer als Mitglied einer Volksvertretung des Bundes oder der Länder einen Vorteil für sich oder einen Dritten als Gegenleistung dafür fordert, sich versprechen lässt oder annimmt, dass er bei der Wahrnehmung seines Mandates eine Handlung vornehme oder unterlasse, wird mit Freiheitsstrafe bis zu fünf Jahren oder mit Geldstrafe bestraft.

(2) Ebenso wird bestraft, wer einem Mitglied einer Volksvertretung des Bundes oder der Länder einen Vorteil für dieses Mitglied oder einen Dritten als Gegenleistung dafür anbietet, verspricht oder gewährt, dass es bei der Wahrnehmung seines Mandates eine Handlung vornehme oder unterlasse.

(3) Den in den Absätzen 1 und 2 genannten Mitgliedern gleich stehen Mitglieder

1. einer Volksvertretung einer kommunalen Gebietskörperschaft,
2. eines in unmittelbarer und allgemeiner Wahl gewählten Gremiums einer für ein Teilgebiet eines Landes oder einer kommunalen Gebietskörperschaft gebildeten Verwaltungseinheit,
3. der Bundesversammlung,
4. des Europäischen Parlaments,
5. einer parlamentarischen Versammlung einer internationalen Organisation und
6. eines Gesetzgebungsorgans eines ausländischen Staates.

---

[579] Vgl. BT-Drucks. 17/5933.

C. Abschließende Bewertung und Ausblick   191

(4) Den in den Absätzen 1, 2 und 3 genannten Mitgliedern stehen Personen gleich, die sich um ein Mandat in einer Volksvertretung oder einem Gesetzgebungsorgan bewerben.

(5) Ein Vorteil im Sinne dieser Vorschrift liegt nicht vor, wenn die Annahme des Vorteils im Einklang mit den für die Rechtsstellung des Mitglieds maßgeblichen Vorschriften steht oder den anerkannten Gepflogenheiten des jeweils betroffenen Mandatsträgerkreises entspricht. Keinen Vorteil im Sinne dieser Vorschrift stellen dar

1. ein politisches Mandat oder eine politische Funktion sowie
2. eine nach dem Parteiengesetz oder entsprechenden Gesetzen zulässige Spende.

(6) Neben einer Freiheitsstrafe von mindestens sechs Monaten kann das Gericht die Fähigkeit, Rechte aus öffentlichen Wahlen zu erlangen, und das Recht, in öffentlichen Angelegenheiten zu wählen oder zu stimmen, aberkennen."

C. Abschließende Bewertung und Ausblick

Eine perfekte Regelung der Mandatsträgerbestechung kann auch durch eine akzessorische Verknüpfung mit dem Abgeordnetenrecht nicht erreicht werden. In Deutschland ist die finanzielle Unterstützung von Abgeordneten grundsätzlich zulässig. Deshalb bereitet die Abgrenzung zwischen noch zulässiger und bereits strafwürdiger Vorteilszuwendungen an Abgeordnete im Einzelfall Schwierigkeiten. Bisher wird das Abgrenzungsproblem durch den Verweis auf die Vorschriften des Abgeordnetenrechts zwar weniger entschärft als vielmehr verlagert. Allerdings bietet eine akzessorische Ausgestaltung des § 108e StGB – in Abhängigkeit von der jeweiligen Ausgestaltung des in Bezug genommenen Parlamentsrechts – vielfältige Möglichkeiten, die Abgrenzung sukzessive zu erleichtern. Der hierfür erforderliche erste Schritt ist durch die Schaffung des gegenwärtigen § 108e StGB bereits getan. Nun liegt es in der Hand des Gesetzgebers, durch eine inhaltliche Überarbeitung der für die Rechtsstellung von Bundestagsabgeordneten maßgeblichen Vorschriften diese Möglichkeiten auch zu nutzen.

Eine Überarbeitung des Abgeordnetenrechts mit dem Ziel der Verbesserung der Transparenz ist zur Gewährleistung eines effektiven Korruptionsschutzes ohnehin erforderlich. Die Offenlegung von Zuwendungen an Abgeordnete ist die Grundvoraussetzung für eine Kontrolle außerhalb des Strafrechts, deren äußerste Konsequenz der Vertrauensentzug durch den Wähler und der damit verbundene Verlust des Mandats ist.

Literaturverzeichnis

Bannenberg, Britta, Korruption, in: Wabnitz/Janovsky, Handbuch des Wirtschafts- und Steuerstrafrechts, 4. Auflage, München 2014, S. 695–773 (zit.: *Bannenberg,* in: Wabnitz/Janovsky)

Barton, Stephan, Der Tatbestand der Abgeordnetenbestechung (§ 108e StGB), Neue Juristische Wochenschrift 1994, S. 1098–1101 (zit.: *Barton,* NJW 1994)

Battis, Ulrich, Stellungnahme für die öffentliche Anhörung zum Thema „Gesetzentwürfe zur Änderung des Abgeordnetengesetzes (§§ 24, 24a) – Sicherung der Unabhängigkeit der Abgeordneten; Verfahren bei Verstößen; Veröffentlichung der Einkünfte – Drucksachen 13/6524, 13/6525 und 13/6526", online veröffentlicht unter: https://www.landtag.nrw.de/portal/WWW/dokumentenarchiv /Dokument?Id=MMZ13%2F4811, zuletzt abgerufen: 23.02.2016 (zit.: *Battis,* Stellungnahme NRW)

Becker, Michaela, Korruptionsbekämpfung im parlamentarischen Bereich unter besonderer Berücksichtigung des § 108e StGB sowie der Verhaltensregeln des Bundestages, Bonn 1998 (zit.: *Becker*)

Binding, Karl, Lehrbuch des Gemeinen Deutschen Strafrechts, Besonderer Teil, Band 2, Abteilung 2, Leipzig 1905 (zit.: *Binding*)

Bock, Dennis / Borrmann, Lisa, Vorteilsannahme (§ 331 StGB) und Vorteilsgewährung (§ 333 StGB) durch Kultursponsoring?, Zeitschrift für das Juristische Studium 2009, S. 625–636 (zit.: *Bock/Borrmann,* ZJS 2009)

Böxler, Bernhard, Markenstrafrecht – Geschichte – Akzessorietät– Legitimation – Perspektiven, Tübingen 2013 (zit.: *Böxler*)

Bülte, Jens, Zur Strafbarkeit der Verschleierung von Sanktionsansprüchen als Umsatzsteuerhinterziehung, Onlinezeitschrift für Höchstrichterliche Rechtsprechung zum Strafrecht 2011, S. 465–471 (zit.: *Bülte,* HRRS 2011)

Deiters, Mark, Die UN-Konvention gegen Korruption – Wegweiser für eine Revision der deutschen Strafvorschriften?, in: von Alemann, Ulrich, Dimensionen politischer Korruption – Beiträge zum Stand der internationalen Forschung, Wiesbaden 2005, S. 424–443 (zit.: *Deiters,* in: v. Alemann (Hrsg.), Dimensionen politischer Korruption)

Dölling, Dieter, Empfehlen sich Änderungen des Straf- und Strafprozessrechts, um der Gefahr von Korruption in Staat, Wirtschaft und Gesellschaft wirksam zu begegnen? – Gutachten C für den 61. Deutschen Juristentag, in: Verhandlungen des 61. Deutschen Juristentages, Karlsruhe 1996, Band 1, S. C1–C115 (zit.: *Dölling,* Gutachten DJT)

Dölling, Dieter, Die Neuregelung der Strafvorschriften gegen Korruption, Zeitschrift für die gesamte Strafrechtswissenschaft 112 (2000), S. 334–355 (zit.: *Dölling,* ZStW 112 (2000))

Duttge, Gunnar, Zur Bestimmtheit des Handlungsunwerts von Fahrlässigkeitsdelikten, Tübingen 2001 (zit.: *Duttge*)

Fätkinhäuer, Hans Jürgen, Strafandrohung und Strafrechtslage in Deutschland, in: Friedrich-Ebert-Stiftung (Hrsg.), Korruption in Deutschland – Ursachen, Erscheinungsformen, Bekämpfungsstrategien – Eine Tagung der Friedrich-Ebert-Stiftung am 16. Und 17. Februar 1995, Berlin 1995, S. 71–78 (zit.: *Fätkinhäuer,* in: Friedrich-Ebert-Stiftung (Hrsg.), Korruption)

Feldkamp, Michael, Datenhandbuch zur Geschichte des Deutschen Bundestages 1990 bis 2010 – Ergänzungsband, Baden-Baden 2011 (zit.: *Feldkamp,* Datenhandbuch Bundestag 1990–2010)

Fischer, Thomas, Strafgesetzbuch mit Nebengesetzen, Kommentar, 61. Auflage, München 2014 (zit.: *Fischer,* 2014)

Fischer, Thomas, Strafgesetzbuch mit Nebengesetzen, Kommentar, 63. Auflage, München 2016 (zit.: *Fischer*)

Francuski, Ramona, Die Neuregelung der Abgeordnetenbestechung (§ 108e StGB), Onlinezeitschrift für Höchstrichterliche Rechtsprechung zum Strafrecht 2014, S. 220–230 (zit.: *Francuski,* HRRS 2014)

Frank, Reinhard, Das Strafgesetzbuch für das deutsche Reich nebst dem Einführungsgesetz, 18. Auflage, 43.–46. Tausend, Tübingen 1931 (zit.: *Frank*)

Gärditz, Klaus, Stellungnahme zur Verfassungskonformität der Gesetzesentwürfe zur Einführung eines Straftatbestandes der Abgeordnetenbestechung, online veröffentlicht unter: http:// webarchiv.bundestag.de/cgi/show.php?fileToLoad=2930&id=1223, zuletzt abgerufen: 23.02.2016 (zit.: *Gärditz,* Stellungnahme 2012)

Literaturverzeichnis

Geilen, Gerd, Verfassungsorgane, Wahlen, Abstimmungen (Straftaten), in: Ulsamer, Gerhard (Hrsg.) Lexikon des Rechts – Strafrecht, Strafverfahrensrecht, 2. Auflage, Neuwied 1996, S. 1106–1119 (zit.: *Geilen,* in: Ulsamer (Hrsg.), Lexikon)

Gerig, Martin, Der rechtliche Rahmen für Lobbyisten, Zeitschrift für Rechtspolitik 2014, S. 247–250 (zit.: *Gerig,* ZRP 2014)

Hackmack, Gregor, Abgeordnetenbestechung – Stellungnahme zum Gesetzentwurf der Fraktionen der CDU/CSU und SPD – Entwurf eines Strafrechtsänderungsgesetzes – Erweiterung des Straftatbestands der Abgeordnetenbestechung (GroKo Entwurf), online veröffentlicht unter: http://www.bundestag.de/blob/195442 /39e1d125c16579740008e68c5a610703/stellungnahme_hackmack-data.pdf, zuletzt abgerufen: 23.02.2016 (zit.: *Hackmack,* Stellungnahme)

Haffke, Bernhard, Politik und Korruption – Strafrechtliche Notizen zu den jüngsten Bestechungsskandalen, in: Tondorf, Günter (Hrsg.) Staatsdienst und Ethik – Korruption in Deutschland, Baden-Baden 1995, S. 11–40 (zit.: *Haffke,* in: Tondorf (Hrsg.), Korruption)

Hartmann, Marcus, Reformmodelle zur Abgeordnetenbestechung, Berlin 2013 (zit.: *Hartmann*)

Heinrich, Bernd, Schriftliche Stellungnahme zum Entwurf eines Strafrechtsänderungsgesetzes – Erweiterung des Straftatbestands der Abgeordnetenbestechung, BT-Drucks. 18/476, öffentliche Anhörung des Ausschusses für Recht und Verbraucherschutz des Deutschen Bundestages am Montag, den 17. Februar 2014, online veröffentlicht unter: http://www.bundestag.de/blob/195446/80ade0dbefc651210 ebb14a769c147fc/stellungnahme_heinrich-data.pdf, zuletzt abgerufen: 23.02.2016 (zit.: *Heinrich,* Stellungnahme)

Heisz, Janina, Die Abgeordnetenbestechung nach § 108e StGB – Schließung einer Regelungslücke?, Aachen 1998 (zit.: *Heisz*)

Hohmann, Olaf, Gedanken zur Akzessorietät des Strafrechts, Zeitschrift für internationale Strafrechtsdogmatik 2007, S. 38–48 (zit.: *Hohmann,* ZIS 2007)

Hoppe, Tilman, Transparenz per Gesetz? – Zu einem künftigen Lobbyisten-Register, Zeitschrift für Rechtspolitik 2009, S. 39–41 (zit.: *Hoppe,* ZRP 2009)

Hoven Elisa, Die Strafbarkeit der Abgeordnetenbestechung – Wege und Ziele einer Reform des § 108e StGB, Zeitschrift für internationale Strafrechtsdogmatik 2013, S. 33–44 (zit.: *Hoven*, ZIS 2013)

Jäckle, Wolfgang, Stellungnahme – Novellierung von § 108e StGB (Öffentliche Sitzung des Rechtsausschusses des Dt. Bundestages am 17.10.2012), online veröffentlicht unter: http://webarchiv. bundestag.de/cgi/show.php?fileToLoad=2930&id=1223, zuletzt abgerufen: 23.02.2016 (zit.: *Jäckle*, Stellungnahme 2012)

Jäckle, Wolfgang, Stellungnahme: Erweiterung des Straftatbestands des § 108e StGB, online veröffentlicht unter: http://www.bundestag.de /blob/195458/47a11dd22ebe3339fe6e3952c19f5e4a/stellungnahme_jaeckle-data.pdf, zuletzt abgerufen: 23.02.2016 (zit.: *Jäckle*, Stellungnahme 2014)

Jescheck, Hans-Heinrich / Ruß, Wolfgang / Willms, Günther (Hrsg.), Leipziger Kommentar Strafgesetzbuch, Band 4: §§ 80–184c, 10. Auflage, Berlin 1988 (zit.: LK-*Bearbeiter*, 1988)

Joecks, Wolfgang / Miebach, Klaus, Münchener Kommentar zum Strafgesetzbuch, Band 3: §§ 80–184g, 2. Auflage, München 2012; Band 5: §§ 263–358, 2. Auflage, München 2014; Band 6: Nebenstrafrecht I, 2. Auflage, München 2013; Band 7: Nebenstrafrecht II, 2. Auflage, München 2015 (zit.: MüKo-*Bearbeiter*)

Karpen, Hans-Ulrich, Die Verweisung als Mittel der Gesetzgebungstechnik, Berlin 1970 (zit.: *Karpen*)

Kempf, Eberhard, Gesetzentwürfe unter BT-Drs. 17/1412 (Die Linke), 17/5932 (Bündnis 90/Die Grünen) und 17/8613 (SPD) – Neufassung von § 108e StGB – Abgeordnetenbestechung, online veröffentlicht unter: http://webarchiv.bundestag.de/cgi/show.php?fileToLoad= 2930&id=1223, zuletzt abgerufen: 23.02.2016 (zit.: *Kempf*, Stellungnahme 2012)

Kindhäuser, Urs / Neumann, Ulfrid / Paeffgen, Hans-Ullrich (Hrsg.), Nomos-Kommentar zum Strafgesetzbuch, Band 1: Allgemeiner Teil, §§ 1–79b, Band 2: Besonderer Teil, §§ 80–231, Band 3: Besonderer Teil, §§ 232–358, 4. Auflage, Baden-Baden 2013 (zit.: NK-*Bearbeiter*)

Korte, Matthias, Der Einsatz des Strafrechts zur Bekämpfung der internationalen Korruption, Zeitschrift für Wirtschafts- und Steuerstrafrecht 1999, S. 81–88 (zit.: *Korte*, wistra 1999)

Korte, Matthias, Korruptionsprävention im öffentlichen Bereich, in: Dölling, Dieter (Hrsg.) Handbuch der Korruptionsprävention – für Wirtschaftsunternehmen und öffentliche Verwaltung, München 2007, S. 292–350 (zit.: *Korte,* in: Dölling (Hrsg.), Korruptionsprävention)

Kretschmer, Gerald, Stellungnahme zu der Anhörung des Rechtsausschusses des Deutschen Bundestages am 17. Oktober 2012, online veröffentlicht unter: http://webarchiv.bundestag.de /cgi/show.php?fileToLoad=2930&id=1223, zuletzt abgerufen: 23.02.2016 (zit.: *Kretschmer,* Stellungnahme 2012)

Kubiciel, Michael, Politische Korruption: Diskussion in einer Ethikkommission?, Zeitschrift für Rechtspolitik 2014, S. 48–50 (zit.: *Kubiciel,* ZRP 2014)

Lackner, Karl / Kühl, Kristian, Strafgesetzbuch, Kommentar, 28. Auflage, München 2014 (zit.: Lackner/*Kühl*)

Lagodny, Otto, Strafrecht vor den Schranken der Grundrechte – die Ermächtigung zum strafrechtlichen Vorwurf im Lichte der Grundrechtsdogmatik dargestellt am Beispiel der Vorfeldkriminalisierung, Tübingen 1996 (zit.: *Lagodny*)

Laufhütte, Heinrich Wilhelm / Rissing-van Saan, Ruth / Tiedemann, Klaus (Hrsg.), Leipziger Kommentar Strafgesetzbuch, Band 4: §§ 80–109k, 12. Auflage, Berlin 2007 (zit.: LK-*Bearbeiter*)

Leipold, Klaus / Tsambikakis, Michael / Zöller, Mark (Hrsg.), Heidelberger Kommentar, Anwaltkommentar StGB, 2. Auflage, München 2015 (zit.: Leipold/Tsambikakis/Zöller-*Bearbeiter*)

Lenski, Sophie-Charlotte, Parteiengesetz und Recht der Kandidatenaufstellung, Handkommentar, Baden-Baden 2011, (zit.: *Lenski*)

*Leupold, Andreas / Glossner, Silk*e (Hrsg.), Münchener Anwaltshandbuch IT-Recht, 3. Auflage, München 2013 (zit.: Leupold/Glossner-*Bearbeiter*)

Maunz, Theodor / Dürig, Günter (Begr.), Grundgesetz Kommentar, Loseblattsammlung, München, Stand: 78. Ergänzungslieferung September 2016 (zit.: Maunz/Dürig-*Bearbeiter*)

Mayer, Fabian, Abgeordnetenbestechung (§ 108e a.F. StGB) – eine Vorschrift auf dem Prüfstand, Heidelberg 2014 (zit.: *Mayer*)

Michalke, Regina, Abgeordnetenbestechung (§ 108e StGB) – Plädoyer gegen die Erweiterung einer ohnehin zu weiten Vorschrift, in: Michalke, Regina et al. (Hrsg.), Festschrift für Rainer Hamm zum 65. Geburtstag am 24. Februar 2008, Berlin 2008, S. 459–475 (zit.: *Michalke,* in: FS Hamm)

Michalke, Regina, Der neue § 108e StGB – „Bestechlichkeit und Bestechung von Mandatsträgern", Compliance-Berater 2014, S. 215–220 (zit.: *Michalke,* CB 2014)

Möhrenschlager, Manfred Ernst, Die Struktur des Straftabestandes der Abgeordnetenbestechung auf dem Prüfstand – Historisches und Künftiges, in: Heinrich, Bernd (Hrsg.), Festschrift für Ulrich Weber zum 70. Geburtstag, Bielefeld 2004, S. 217–233 (zit.: *Möhrenschlager,* in: FS Weber)

Nagler, Johannes / Jagusch, Heinrich / Mezger, Edmund (Hrsg.), Leipziger Kommentar Strafgesetzbuch, Band 1: §§ 1–152, 7. Auflage, Berlin 1954 (zit.: LK-*Bearbeiter,* 1954)

Otto, Harro, Grundkurs Strafrecht: Allgemeine Strafrechtslehre, 7. Auflage, Berlin 2004 (zit.: *Otto,* GK-StGB I)

Otto, Harro, Grundkurs Strafrecht: Die einzelnen Delikte, 7. Auflage, Berlin 2005 (zit.: *Otto,* GK-StGB II)

Pieroth, Bodo / Roth, Tobias, Das Verbot von Zuwendungen an Mitglieder des Landtags gem. § 16 Abs. 1 AbgG NRW, Rechtsgutachten für den Landtag Nordrhein-Westfalen, online veröffentlicht unter: http://www.landtag.nrw.de/portal/WWW/GB_I /I.5/PBGD/Ausarbeitungen_14._Wahlperiode/20052006/Rechtsgut achten_zu__16_Abs__1_Abg_NRW_-_neu.pdf, zuletzt abgerufen: 23.02.2016 (zit.: *Pieroth/Roth,* Gutachten NRW)

Ransiek, Andreas, Strafrecht und Korruption, Strafverteidiger 1996, S. 446–453 (zit.: *Ransiek,* StV 1996)

Ransiek, Andreas, § 370 AO und Steuerbefreiungen für innergemeinschaftliche Lieferungen, Onlinezeitschrift für Höchstrichterliche Rechtsprechung zum Strafrecht 2009, S. 421–429 (zit.: *Ransiek,* HRRS 2009)

Richter, Carolin, Lobbyismus und Abgeordnetenbestechung – Legitimität und Grenzen der Einflussnahme von Lobbyisten auf Abgeordnete, Aachen 1997 (zit.: *Richter*)

Literaturverzeichnis

Rönnau, Thomas, Grundwissen – Strafrecht: Sozialadäquanz, Juristische Schulung 2011, S. 311–313 (zit.: *Rönnau,* JuS 2011)

Rudolphi, Hans-Joachim / Horn, Eckhard / Samson, Erich (Begr.), Systematischer Kommentar zum Strafgesetzbuch, Loseblattsammlung, Neuwied, 6. Auflage, Stand: 53. Lieferung, Oktober 2001 (zit.: SK-*Bearbeiter,* 2001)

Rudolphi, Hans-Joachim / Horn, Eckhard / Samson, Erich (Begr.), Systematischer Kommentar zum Strafgesetzbuch, Loseblattsammlung, Köln, Stand: 148. Lieferung, Dezember 2014 (zit.: SK-*Bearbeiter*)

Satzger, Helmut / Langheld, Georg, Europarechtliche Verweisungen in Blankettstrafgesetzen und ihre Vereinbarkeit mit dem Bestimmtheitsgebot, Onlinezeitschrift für Höchstrichterliche Rechtsprechung zum Strafrecht S. 460–464 (zit.: *Satzger/Langheld,* HRRS 2011)

Schaller, Heiner, Strafrechtliche Probleme der Abgeordnetenbestechung, Tübingen 2002 (zit.: *Schaller*)

Schaupensteiner, Wolfgang, Bekämpfung von Korruptionsdelinquenz – Vom Unwesen des Bestechens und Bestochenwerdens, Kriminalistik 1994, S. 514–524 (zit.: *Schaupensteiner,* Kriminalistik 1997)

Schindler, Peter, Datenhandbuch zur Geschichte des Deutschen Bundestages 1949 bis 1999, Eine Veröffentlichung der Wissenschaftlichen Dienste des Deutschen Bundestages, Gesamtausgabe in drei Bänden, Band 1: Kapitel 1–6; Band 2: Kapitel 7–13; Band 3: Kapitel 14–36, Baden-Baden 1999 (zit.: *Schindler,* Datenhandbuch Bundestag 1949–1999)

Schenk, Ariane, Rechtsfragen im Kontext der Abgeordnetenkorruption, Wissenschaftliche Dienste des Bundestages, online veröffentlicht unter: https://netzpolitik.org/wp-upload/Abgeordnetenkorruption .pdf, zuletzt abgerufen: 23.02.2016 (zit.: *Schenk*)

Schlosser, Uwe, Die Verhaltensregeln für die Mitglieder des Deutschen Bundestages vom 25. 6. 1980 – Anlage 1 GeschOBT, Heidelberg 1986 (zit.: *Schlosser*)

Schlüchter, Ellen, Irrtum über normative Tatbestandsmerkmale im Strafrecht, Tübingen 1983 (zit.: *Schlüchter*)

Schneider, Hans-Peter / Zeh, Wolfgang (Hrsg.), Parlamentsrecht und Parlamentspraxis in der Bundesrepublik Deutschland – ein Handbuch, Berlin 1989 (zit.: Schneider/Zeh-*Bearbeiter*)

Schönke, Adolf (Begr.) / *Schröder, Horst*, Strafgesetzbuch, Kommentar, 29. Auflage, München 2014 (zit.: Schönke/Schröder-*Bearbeiter*)

Schwarz, Kyrill-Alexander, Sachverständige Stellungnahme zu dem a) Gesetzentwurf der Fraktion der SPD („Entwurf eines Strafrechtsänderungsgesetzes – Bekämpfung der Abgeordnetenbestechung"), BT-Drs. 17/8613, b) Gesetzentwurf der Fraktion DIE LINKE („Entwurf eines Gesetzes zur Bekämpfung der Abgeordnetenbestechung"), BT-Drs. 17/1412 und c) Gesetzentwurf der Fraktion BÜNDNIS 90/DIE GRÜNEN („Entwurf eines Strafrechtsänderungsgesetzes – Bestechung und Bestechlichkeit von Abgeordneten"), BT-Drs. 17/5933, online veröffentlicht unter: http:// webarchiv.bundestag.de/cgi/show.php?fileToLoad=2930&id=1223, zuletzt abgerufen: 23.02.2016 (zit.: *Schwarz*, Stellungnahme 2012)

Schwarz, Kyrill-Alexander, Sachverständige Stellungnahme zu dem Gesetzentwurf der Fraktionen CDU/CSU und SPD („Entwurf eines Strafrechtsänderungsgesetzes – Erweiterung des Straftatbestandes der Abgeordnetenbestechung"), BT-Drucks. 18/476, online veröffentlicht unter: http://www.bundestag.de/blob/195454/c611e60 a9c279891e78e7f5c836ce35b/stellungnahme_schwarz-data.pdf, zuletzt abgerufen: 23.02.2016 (zit.: *Schwarz*, Stellungnahme 2014)

Senge, Lothar (Hrsg.), Karlsruher Kommentar zum Ordnungswidrigkeitengesetz, 4. Auflage, München 2014 (zit.: KK-*Bearbeiter*)

Sobolewski, Frank / Raue, Frank, Geldwerte Zuwendungen an Abgeordnete – Rechtslage nach dem Abgeordnetengesetz und den Verhaltensregeln, Infobrief, Wissenschaftliche Dienste, Deutscher Bundestag, online veröffentlicht unter: https://www.bundestag.de /blob/294932/da77f9e63b7c3c6d4ae86a39be666c4d/geldwerte-zuwendungen-an-abgeordnete-data.pdf, zuletzt abgerufen: 23.02.2016 (zit.: *Sobolewski/Raue*, WD-Infobrief)

Stünker, Joachim, Strafbarkeit der Einflussnahme auf Volksvertreter, in: Derra, Hans Jörg (Hrsg.), Freiheit, Sicherheit und Recht: Festschrift für Jürgen Meyer zum 70. Geburtstag, Baden-Baden 2006, S. 589–605 (zit.: *Stünker*, in: FS Meyer)

Ulsenheimer, Klaus, Zur Genehmigung der Vorteilsannahme im Klinikbereich gem. § 331 Abs. 3 StGB, in: Fahl, Christian et al. (Hrsg.), Festschrift für Werner Beulke zum 70. Geburtstag, Heidelberg 2015, S. 567–580 (zit.: *Ulsenheimer,* in: FS Beulke)

Walter, Tonio, Der Kern des Strafrechts – Die allgemeine Lehre vom Verbrechen und die Lehre vom Irrtum, Tübingen 2006 (zit.: *Walter*)

Wolf, Sebastian, Der Beitrag internationaler und supranationaler Organisationen zur Korruptionsbekämpfung in den Mitgliedstaaten, Speyerer Forschungsberichte 253, Speyer 2007 (zit.: *Wolf,* Korruptionsbekämpfung)

Wolf, Sebastian, Die Modernisierung des deutschen Antikorruptionsstrafrechts durch internationale Vorgaben – Momentaufnahme und Ausblick, Neue Juristische Wochenschrift 2006, S. 2735–2738 (zit.: *Wolf,* NJW 2006)

Wolf, Sebastian, Maßnahmen internationaler Organisationen zur Korruptionsbekämpfung auf nationaler Ebene – Ein Überblick, FÖV Discussion Paper Nr. 31, Speyer 2006 (zit.: *Wolf,* FÖV 31)

Van Aaken, Anne, Genügt das deutsche Recht den Anforderungen der VN-Konvention gegen Korruption?, Zeitschrift für ausländisches öffentliches Recht und Völkerrecht, Band 65 (2005), S. 407–446 (zit.: *van Aaken,* ZaöRV 65 (2005))

Von Heintschel-Heinegg, Bernd (Hrsg.), Beck'scher Online-Kommentar StGB, 32. Edition, München 2016 (zit.: BeckOK-*Bearbeiter*)

Wiehen, Michael, Nationale Strategien zur Bekämpfung der politischen Korruption, in: von Alemann, Ulrich, Dimensionen politischer Korruption – Beiträge zum Stand der internationalen Forschung, Wiesbaden 2005, S. 397–423 (zit.: *Wiehen,* in: v. Alemann (Hrsg.), Dimensionen politischer Korruption)

Zieschang, Frank, Das EU-Bestechungsgesetz und das Gesetz zur Bekämpfung internationaler Bestechung, Neue Juristische Wochenschrift 1999, S. 105–107 (zit.: *Zieschang,* NJW 1999)

Markus Fuderer
Hochschullehrer als Sponsor einer klinischen Prüfung nach dem Arzneimittelgesetz
Der Sponsor als zentrale Figur einer klinischen Prüfung von Arzneimitteln kann an Universitätsklinika ein Hochschullehrer sein. Wird eine solche klinische Prüfung mit Drittmitteln finanziert, agiert der als Sponsor tätige Hochschullehrer in einem Spannungsfeld zwischen amtlicher Neutralität und den Interessen der Mittelgeber.
Die vorliegende Arbeit beleuchtet hierzu die rechtlichen Freiräume und Kontrollmöglichkeiten der wesentlichen Akteure (Sponsor, Drittmittelgeber, Hochschule und Universitätsklinikum) unter dem Blickwinkel des Hochschulrechts, des Nebentätigkeitsrecht und des Strafrechts.
2016, 312 S., 39,90 €, br., ISBN 978-3-643-13414-1

Hartmut Brenneisen; Alexander Hahn (Hg.)
Korruption
Ansätze zur präventiven und repressiven Bekämpfung korruptiver Strukturen
In dem vorliegenden Band 4 geht es um die präventive und repressive Bekämpfung der Korruption. Es wird verdeutlicht, dass Korruption kein Kavaliersdelikt ist, sondern vielmehr eine nicht zu unterschätzende Gefahr für die Volkswirtschaft, das Vertrauen der Bevölkerung sowie das rechtsstaatliche Gefüge einer Demokratie darstellt.
2008, 192 S., 24,90 €, br., ISBN 978-3-8258-1694-0

Imke Röhl
Das Primat der Mittelmäßigkeit – Politische Korruption in Deutschland
Ein Kompendium
Das Primat der Mittelmäßigkeit in der Politik und dessen fatale Folgen für das Niveau der Bundesrepublik Deutschland aufzudecken, ist die Absicht dieses Buches.
Dieses Kompendium zur Politischen Korruption – zu allen Formen des Missbrauchs von Macht – soll Studierenden der Politikwissenschaft eine umfassende Einführung in das Thema vermitteln.
Das Buch ist vor allem auch geeignet, kritischen Bürgern und Mitwirkenden der „politischen Klasse" wirkungsvoll zu vermitteln, wie destruktive Erscheinungen wie Bereicherung, Parteisoldatentum und unkluge politische Entscheidungen langfristig abzuwenden sind. Es liefert Beurteilungskriterien zur besseren Rekrutierung von Amtsinhabern.
2007, 352 S., 29,90 €, br., ISBN 978-3-8258-0720-7